职业教育一体化课程改革系列教材——汽车技术服务与营销

二手车鉴定与评估

主 编 李 杨 杨晓明 钱 芬 魏 强 张雅婷
参 编 罗彩茹 李基胜 李肖铮 唐 莉 郑少燕 罗 蕾

西南交通大学出版社
·成都·

图书在版编目（CIP）数据

二手车鉴定与评估 / 李杨等主编. -- 成都：西南交通大学出版社，2024.10. -- ISBN 978-7-5774-0160-7

Ⅰ．U472.9；F766

中国国家版本馆 CIP 数据核字第 2024PT3563 号

Ershouche Jianding yu Pinggu
二手车鉴定与评估

主编　李　杨　杨晓明　钱　芬　魏　强　张雅婷

策划编辑	李　伟
责任编辑	李　伟
封面设计	墨创文化
出版发行	西南交通大学出版社 （四川省成都市金牛区二环路北一段 111 号 西南交通大学创新大厦 21 楼）
营销部电话	028-87600564　028-87600533
邮政编码	610031
网址	http://www.xnjdcbs.com
印刷	成都中永印务有限责任公司
成品尺寸	210 mm×285 mm
印张	14
字数	413 千
版次	2024 年 10 月第 1 版
印次	2024 年 10 月第 1 次
书号	ISBN 978-7-5774-0160-7
定价	42.00 元

课件咨询电话：028-81435775
图书如有印装质量问题　本社负责退换
版权所有　盗版必究　举报电话：028-87600562

前 言

汽车市场竞争越来越激烈，产品、价格优势通常不能维持很久，因此汽车市场竞争在经历了价格战和产品质量竞争阶段后，服务成为竞争的有力武器，并成为企业争取差异化优势的源泉。而二手车鉴定评估师作为汽车服务企业的一个重要岗位，在现在的汽车后市场中发挥着越来越重要的作用。《二手车鉴定与评估》一体化教材是汽车技术服务与营销专业系列教材之一。本书是为培养学生能胜任二手车鉴定评估师岗位知识和操作能力而编写的。本书紧密联系二手车企业生产实际，符合行业需求，内容新颖全面、图文并茂、通俗易懂、易学好教。

本书所编写的学习任务根据二手车鉴定评估师的职业发展特点，以就业为导向，由5个学习任务组成，即二手车鉴定评估前期准备、现场鉴定实施、二手车价值评估计算、二手车鉴定评估报告的撰写、二手车交易作业。从简单到复杂的任务设计，符合二手车鉴定评估企业真实的企业场景。

本书是深圳鹏城技师学院汽车技术服务与营销专业实施工学一体化改革的成果，由深圳鹏城技师学院给予经费资助。本书可作为职业院校汽车技术服务与营销专业的教学用书，也可作为二手车鉴定评估师职业技能培训、鉴定考核和其他从事相关专业人员的参考书。

由于编者水平有限、时间仓促，书中不妥之处在所难免，恳请读者和专家批评指正。

编 者

2024 年 6 月

目 录

学习任务一　二手车鉴定评估前期准备　001
　　学习活动一　评估理论概述　002
　　学习活动二　签订二手车鉴定评估委托书　017
　　学习活动三　拟定鉴定评估作业方案　029

学习任务二　现场鉴定实施　032
　　学习活动一　检查核对证件　033
　　学习活动二　车辆静态检查　050
　　学习活动三　车辆动态检查　082
　　学习活动四　车辆技术状况鉴定　091
　　学习活动五　新能源二手车的鉴定　104

学习任务三　二手车价值评估计算　117
　　学习活动一　确定二手车成新率　118
　　学习活动二　二手车价格估算　122

学习任务四　二手车鉴定评估报告的撰写　152
　　学习活动　撰写二手车评估报告　153

学习任务五　二手车交易作业　162
　　学习活动一　二手车收购定价　163
　　学习活动二　二手车交易实务　166

附　录　182
　　附录一　《二手车流通管理办法》　182
　　附录二　机动车强制报废标准规定　186
　　附录三　新能源乘用车二手车鉴定评估技术规范 第1部分：纯电动汽车　188
　　附录四　机动车鉴定评估师国家职业技能标准　217

参考文献　218

学习任务一　二手车鉴定评估前期准备

工作任务	二手车鉴定评估前期准备	教学模式	任务驱动
建议学时	12学时	教学地点	一体化实训室
任务描述	作为一名二手车评估专员，每一次进行评估前都要熟悉业务流程，了解客户的基本情况及要求，了解车辆使用性质及车辆基本情况，验明车辆的合法性，并签署二手车鉴定评估委托书、拟定评估计划		
学习目标	（1）能描述二手车评估岗位职责及工作流程； （2）掌握车辆基本情况及车辆使用性质； （3）能对车辆的合法性进行验明； （4）能填写二手车评估委托书； （5）能拟定评估计划		
学习活动	学习内容		学时分配
	学习活动一　评估理论概述		4
	学习活动二　签订二手车鉴定评估委托书		4
	学习活动三　拟定鉴定评估作业方案		4

学习活动一　　评估理论概述

一、学习目标

（1）能阐述我国二手车市场发展状况；
（2）能正确解释汽车报废标准、报废汽车、二手车、二手车鉴定、二手车评估等内容；
（3）能正确描述二手车鉴定评估的目的和范围；
（4）能正确描述二手车鉴定评估依据的原则。

二、建议学时

4学时。

三、学习地点

汽车营销实训室。

四、学习资料

计算机、网络资源、工作页、实训车。

五、学习准备

问题1　什么是二手车？
_____
问题2　二手车鉴定评估的目的（用途）：_____
_____
问题3　二手车评估的任务，识别_____
_____
问题4　二手车鉴定评估的定义：由_____人员按照特定的目的，遵循_____的标准程序，运用_____的手段和方法，对二手车进行_____及对_____进行预测的过程。

六、情景描述

侯先生来店要求对他的2015款大众帕萨特轿车进行评估，请你了解评估对象并完成评估作业表。

七、计划与实施

（1）根据《二手车交易管理办法》规定，哪些情况下车辆禁止进行交易？

（2）根据 2013 年 5 月 1 日施行的《机动车强制报废标准规定》判断下列情况下的报废时间。

◆ 某幼儿园 2018 年 9 月购买了一辆 19 座校车，该车强制报废年限为＿＿＿＿＿＿。

◆ 老王 2013 年 9 月申请了一条 A 城至 B 城的小客车经营权，并购买了一辆 19 座中巴车进行营运，他需要更换该车的最后时间为＿＿＿＿＿＿。

◆ 小赵 2018 年结婚时购买了一辆卡罗拉汽车，2022 年 7 月打算置换一辆大众迈腾，请问他原来的卡罗拉是否可以进行二手车交易？＿＿＿＿＿＿。

◆ 某运输公司 2010 年购买了一批集装箱拖车，该车正常报废的时间为＿＿＿＿＿＿。

◆ 某出租车公司本年度 7 月申请报废的车辆是＿＿＿＿年＿＿＿＿月购买的小轿车。

◆ 某出租公司今年购买了 5 台 55 座大客车用于社会租赁，这批车预计报废的时长为＿＿＿＿年。

（3）报废车辆是一种＿＿＿＿商品。报废汽车所有人应当将报废汽车及时交给具有合法资格的报废汽车回收＿＿＿＿＿＿。国家鼓励＿＿＿＿＿＿报废更新，并制定了＿＿＿＿＿＿报废更新补贴资金管理办法，符合有关规定的报废汽车所有人可申请相应的＿＿＿＿＿＿。回收站对送交的车辆的五大总成：＿＿＿＿、＿＿＿＿、＿＿＿＿、＿＿＿＿、＿＿＿＿不得流入社会。其他小件可以销售，但必须有明确的标志。

（4）拼装汽车是指使用报废汽车的＿＿＿＿、＿＿＿＿、＿＿＿＿、＿＿＿＿、＿＿＿＿以及＿＿＿＿＿＿的机动车辆。

（5）汽车改装后的尾气排放要达标，不能对车的＿＿＿＿＿＿大幅改变，要与行驶证上的＿＿＿＿＿＿，也不能改变汽车的＿＿＿＿＿＿和＿＿＿＿＿＿。

（6）二手车评估的依据。

（7）二手车评估的原则。

（8）车辆的贬值分别体现在哪几个方面？

（9）请根据给出的车辆资料判断其是否符合二手车交易条件并说明原因。

① 张先生来店要求评估 2013 款迈腾 1.8T A/M 舒适型轿车，现行驶里程为 38 万千米，曾因无保险水浸后找朋友更换过一台同款发动机。

② 黄先生是个汽车爱好者，三年前他与朋友一起从香港购买了一套三菱进气增压系统和减震系统，现在行驶了 8 万千米，请你对该车进行评估。

八、拓展与反思

（1）请分析二手车交易中私下交易、二手车经营公司交易及4S店置换各有哪些利弊？

（2）根据学习状况与小组成员一起完成学习评价表（见表1-1-1）。

表1-1-1　学习评价表

项目	评价内容	评价等级		
		好	中	差
自我评价	学到的知识点：			
	学到的技能点：			
	不理解的有：			
	还需要深化学习并提升的有：			
组内评价	○按时到场　　○工装齐备　　○书、本、笔齐全			
	○安全操作　　○责任心强　　○7S*管理规范			
	○学习积极主动　○合理使用教学资源　○主动帮助他人			
	○接受工作分配　○有效沟通　　○高效完成工作任务			

九、备忘录

注：7S管理是一种现场管理方法，主要包括整理（Seiri）、整顿（Seiton）、清扫（Seiso）、清洁（Seiketsu）、素养（Shitsuke）、安全（Safty）和节约（Saving）。

十、学习材料

（一）二手车及二手车交易

1. 二手车

二手车（Used Automobile）的标准术语为旧机动车。商务部、公安部、国家工商行政管理总局（现更名为国家市场监督管理总局）、国家税务总局在2005年颁布的《二手车流通管理办法》中第二条对二手车的定义为"二手车是指从办理完注册登记手续到达到国家强制报废标准之前进行交易并转移所有权的汽车（包括三轮汽车、低速载货汽车）、挂车和摩托车。"

此《二手车流通管理办法》取代了1998年出台的《旧机动车交易管理办法》，并首次明确地指出"二手车"的内涵与"旧机动车"的内涵相同。为了与《二手车流通管理办法》保持一致，本书将采用"二手车"的概念。

尽管只是说法上的不同，但是"旧机动车"会让人感觉车辆很破旧，从而在一定程度上影响人们的消费情绪。其实二手车不等于旧车，通常认为只要上了牌照的车就是二手车，实际上有很多七八成新的车流入二手车市场。"二手车"则通俗易懂，说法上也更中性，同时与国际惯例接轨。

在国外，二手车确实不等于旧车。不少国家对新车销售年限有严格的规定，比如年生产600万辆新车，销售了500万辆，剩下的100万辆车过了规定的新车销售时间，就不能再进入新车的销售渠道，从而进入拍卖场，也就归入"二手车"一族。

2. 二手车交易

二手车交易是指以二手车为交易对象，在国家规定的二手车交易市场或其他经合法审批的交易场所中进行的二手车交换和产权交易。

在二手车交易中，由于车辆技术状况各不相同，判定难度大，交易价格构成复杂，因此二手车交易在技术和管理难度上远远超过一般旧货交易行为。为了规范交易双方的行为，保证交易双方的合法权益，1998年，国内贸易部发布了《旧机动车交易管理办法》，首次对二手车交易做出了规范。为适应新的市场环境，2005年10月1日，商务部等部门联合颁布了《二手车流通管理办法》，对二手车交易规定做出了调整。《二手车流通管理办法》指出，所有二手车交易必须在经合法审批后设立的二手车交易市场或其他经合法审批的交易场所进行，并接受工商、税务、公安交通管理、环保、治安等部门的相应管理，涉及国有资产的交易行为还要受国有资产管理部门的监督。所有的交易车辆必须是办理了机动车注册登记等手续，距报废标准规定年限1年以上的汽车（含摩托车）及特种车辆。交易完成后，还应到有关管理部门办理过户登记等手续，以确保该交易车辆在以后使用过程中责任、权利的明晰。

相关的二手车经营行为还包括二手车经销、拍卖、经纪、鉴定评估、置换、寄卖等，具体定义如下所述：

（1）二手车经销是指二手车经销企业收购、销售二手车的经营活动。

（2）二手车拍卖是指二手车拍卖企业以公开竞价的形式将二手车转让给最高应价者的经营活动。

（3）二手车经纪是指二手车经纪机构以收取佣金为目的，为促成他人交易二手车而从事的居间、行纪或者代理等经营活动。各种二手车网站即为新兴的二手车经纪形式，它们是为二手车交易双方提供评估、看车、网络代卖、代办过户等相关服务的二手车经纪机构。

（4）二手车鉴定评估是指二手车鉴定评估机构对二手车技术状况及其价值进行鉴定评估的经营活动。

（5）二手车置换就是通常所说的以旧换新。狭义的置换就是以旧换新业务，即经销商通过二手车的收购与新车的对等销售获取利益。广义的置换则是指在以旧换新业务的基础上还同时兼容二手车的整新、跟踪服务，二手车再销售乃至折抵、分期付款等项目的一系列业务组合，从而成为一种有机而独立运营的营销方式。不同于以往二手车交易的是，由于可以推动新车销售，二手车置换业务往往背靠汽车品牌专营店，可获得汽车制造厂商的强大技术支持，经销商为二手车的再销售提供一定程度上的质量担保，这大大降低了二手车交易中消费者的购买风险，规范了交易双方的交易行为，其发展潜力巨大。

（6）二手车寄卖。我国的委托寄卖主要分为3种形式：一是自行定价型，即由消费者自行定价，委托商家代卖，等到成交后再支付佣金；二是二次付款型，即由商家先行支付部分费用，等到成交后再付余款，佣金以利润比例来确定；三是周期寄卖型，即由商家向车主承诺交易周期，车价由双方共同确定，而佣金则以成交时间和成交金额双重标准来确定。

3. 二手车交易市场及其行政管理

在二手车交易中，由于每一辆二手车在技术状况、使用情况和交易条件上千差万别，交易信息难以完备，因此交易过程复杂，交易风险大。为了保护交易双方的合法权益，规避道德风险，国家有关部门制定了一系列法律法规，以规范二手车交易市场和交易双方的行为。其中一个十分重要的内容就是所有二手车交易必须在依法设立的二手车交易市场或其他经合法审批的交易场所进行。《二手车流通管理办法》关于二手车交易市场的概念描述为"二手车交易市场是指依法设立、为买卖双方提供二手车集中交易和相关服务的场所，是二手车信息和资源的集散地，是买、卖双方进行二手车商品交换和产权交易的场所"。同时该办法规定：二手车交易市场经营者应当为二手车经营主体（从事二手车经销、拍卖、经纪、鉴定评估的企业）提供固定场所和设施，并为客户提供办理二手车鉴定评估、转移登记、保险、纳税等手续的条件，二手车经销企业、经纪机构应当根据客户要求，代办二手车鉴定评估、转移登记、保险、纳税等手续。

国务院商务主管部门、工商行政管理部门、税务部门在各自的职责范围内负责二手车流通的有关监督管理工作。省、自治区、直辖市和计划单列市（以下简称省级）商务主管部门、工商行政管理部门、税务部门在各自的职责范围内负责辖区内二手车流通的有关监督管理工作。

二手车交易市场经营者和二手车经营主体需建立备案制度。凡经工商行政管理部门依法登记，取得营业执照的二手车交易市场经营者和二手车经营主体，应当自取得营业执照之日起2个月内向省级商务主管部门申请备案。省级商务主管部门应当将二手车交易市场经营者和二手车经营主体有关备案情况定期报送国务院商务主管部门。

二手车交易市场经营者和二手车经营主体应当定期将二手车交易量、交易额等信息通过所在地（市、县）商务主管部门报送省级商务主管部门。省级商务主管部门将上述信息汇总后报送国务院商务主管部门。国务院商务主管部门定期向社会公布全国二手车流通信息。国务院工商行政管理部门会同商务主管部门建立二手车交易市场经营者和二手车经营主体信用档案，定期公布违规企业名单。

（二）二手车鉴定评估

二手车鉴定评估（Appraisal and Inspection）是指对二手车进行技术状况检测、鉴定，确定二手车在某一时点价值的过程。二手车鉴定评估包含二手车技术状况鉴定和二手车价值评估两层含义：二手车技术状况鉴定是对二手车技术状况进行缺陷描述和等级评定的过程；二手车价值评估是根据二手车技术状况鉴定结果和鉴定评估目的，对目标车辆价格进行计算估价的过程。

1. 基本要素

二手车评估属于资产评估，因此二手车鉴定评估理论和方法以资产评估学为基础。评估主要由8个要素构成，包括评估的主体、客体、原则、目的、依据、程序、标准和方法，具体如下所述：

（1）主体。二手车鉴定评估的主体指二手车鉴定评估业务的承担者，指评估机构或评估师。

（2）客体。二手车鉴定评估的客体指被评估的车辆。

（3）原则。二手车鉴定评估的原则指二手车鉴定评估中应遵循的行为准则。

（4）目的。二手车鉴定评估的目的指二手车发生经济行为的性质，如交易、典当、资产清查、抵押贷款、司法咨询（裁决）、拍卖等。

（5）依据。二手车鉴定评估的依据指二手车鉴定评估中所依据的理论、价格及相关标准、法规等。

（6）程序。二手车鉴定评估的程序指二手车鉴定评估工作从开始到结束的工作流程。GB/T 30323—2013《二手车鉴定评估技术规范》明确规定了二手车鉴定评估的程序。

（7）标准。二手车鉴定评估的标准指鉴定评估时采用的计价标准。

（8）方法。二手车鉴定评估的方法指确定二手车评估值的手段和途径。

2. 基本要求

二手车鉴定评估应当本着买卖双方自愿的原则，不得强制进行；属国有资产的二手车应当按国家有关规定进行鉴定评估。二手车鉴定评估机构应当遵循客观、真实、公正和公开的原则，依据国家法律法规开展二手车鉴定评估业务，出具车辆鉴定评估报告，并对鉴定评估报告中车辆技术状况包括是否属事故车辆等评估内容负法律责任。

《二手车流通管理办法》等相关法规明确规定，二手车评估人员必须经过专业培训，通过国家有关部门组织的资格考试，取得二手车评估师职业资格证书，方可上岗从事有关鉴定评估业务。但2017年，人力资源和社会保障部颁布文件，取消了二手车评估师这一职业资格证书，这就意味着二手车评估师的执业资格不再由国家统一管理。由于社会的需要，目前，部分行业组织仍然在进行二手车评估师的能力培训、考核与能力证书核发工作。

鉴于以上原因，本书后面不再述及二手车评估师职业资格证书及其相关事宜。

3. 意 义

对二手车鉴定评估的过程不仅仅是原有价值的重置和现实价值的形成过程，其背后还隐含着很多深层次的重要意义。具体而言，二手车鉴定评估的意义如下所述：

（1）促进二手车交易。二手车鉴定评估人员以第三方角色进行二手车的鉴定评估，其评估结果易于被交易双方接受，从而有助于促成交易。

（2）保证合理税收。二手车进入市场再流通，属固定资产转移和处置的范畴，按国家有关规定，进行该过程时应缴纳一定的税费。目前，各地对这种税费的征管，基本是以交易额为计征依据，实行比例税（费）率，采用从价计征的办法，而这里的计征依据实质上就是评估价格。因此，二手车鉴定评估的准确与否直接关系到国家税收和财政收入的多少及其公正合理性。目前，大部分地区已经减免二手车交易税。

（3）参与国有资产管理。我国很多车辆为国家和集体所有，这是车辆管理方面有别于其他发达国家的明显之处。因此，对二手车的鉴定评估很大程度上就是对国有资产的评估，评估结果直接关系到国有资产是否流失的问题。

（4）防止非法交易。二手车流通涉及车辆管理、交通管理、环保管理、资产管理等多方面，属特殊商品流通的范畴。目前，我国对进入二级市场再流通的二手车有严格的规定，鉴定评估恰是防止非法交易发生的重要环节。

（5）促进相关行业业务的有序开展。二手车鉴定评估还关系到金融系统有关业务的健康有序开展，司法裁决公平、公正进行及企业依法破产、重组等诸多经济和社会问题。特别是在目前二手车市场已逐步成为我国汽车市场不可分割的重要组成部分的情况下，应该把科学准确地对二手车进行鉴定评估提高到促进汽车工业进步、有效扩大需求，乃至保障国民经济持续稳定发展和社会安定的高度来认识和把握。

4. 目　的

二手车鉴定评估的目的是正确反映二手车的价值及其波动，为将要发生的经济行为提供公平的价格尺度。具体而言，二手车鉴定评估的目的如下所述：

（1）提供车辆交易的参考价格。车辆交易即二手车的买卖，是二手车业务中最常见的一种经济行为。在二手车的交易过程中，买卖双方对交易价格的期望值是不同的。而二手车鉴定评估人员对交易的二手车进行的鉴定评估是第三方评估，可以作为双方议价的基础，从而起到协助确定二手车交易成交额的作用，进而协助二手车交易的达成。评估人员必须站在公正、独立的立场对交易车辆进行评估，并提供一个评估值，作为买卖双方协商的参考价格。

（2）确定车辆置换时的旧车价格。随着2005年商务部《汽车贸易政策》的颁布，越来越多的品牌专卖店（如 4S 店）展开以旧换新的置换业务，为使车辆置换顺利进行，必须对待置换的二手车进行鉴定评估并提供评估值。

（3）确定资产价值。在公司合作、合资、联营、分设、合并、兼并等经济活动中，往往会牵涉资产所有权的转移，车辆作为固定资产的一部分，自然也存在产权变更的问题，在车辆产权变更时，必须对其价值进行评估。

（4）提供车辆拍卖的底价。法院罚没车辆、企业清算车辆、海关获得的抵税车辆和放弃车辆、个人或单位的抵债车辆、公车改革的公务用车等均须经过拍卖市场公开拍卖变现，拍卖前必须对车辆进行评估，为拍卖公司提供拍卖的底价。

（5）提供贷款额度参考基数。银行为了确保放贷安全，要求贷款人以一定的资产作为抵押，如以在用汽车为抵押物，给予贷款人与汽车价格相适应的贷款。这个抵押物到底价值多少，也只有经过评估才能确定。因此，需要专业评估人员对汽车的价格进行评估。对于贷款人而言，汽车价格评估值的高低可决定其申请贷款的额度；对于放贷者而言，评估的准确性一定程度上影响着贷款回收的安全性。

（6）提供车辆投保额度。出险车主因车辆损坏从保险公司所获得的赔付额最多不得超过出险前的车辆价值，故必须对出险前车辆进行评估。

（7）为司法部门鉴定非法车辆或提供判决证据。当事人遇到涉及车辆诉讼的情况时，委托鉴定评估人员对车辆进行评估，有助于把握事实真相；同时，法院判决时，可以依据评估结果进行宣判，这种评估也可由法院委托评估机构进行。此外，评估机构也接受法院等司法部门或个人的委托，鉴定和识别走私车、盗抢车、拼装车等非法车辆。

（8）提供事故车辆维修范围。汽车修理厂应根据鉴定评估人员提供的查勘定损清单资料确定更换部件的名称、数量、金额和修理部件的范围、工时定额费用及附加费，从而控制事故车辆总的修理费用，防止修理范围任意扩大。

（9）提供车辆的可担保额度。担保是指车辆所有人以其拥有的机动车为其他单位或个人的经济行为提供担保，并承担连带责任的行为。担保额度的大小取决于车辆的评估价格。

（10）提供典当时放款额度参考。为了保障典当业务的正常进行，典当行可以委托二手车鉴定评估机构对典当车辆的价值进行评估，并以此为放款的依据。当典当车辆发生绝当时，对绝当车辆的处理，同样也需要委托二手车鉴定评估机构为其提供鉴定评估服务。

5. 范　围

随着汽车与经济和社会活动联系的紧密及功能的拓展，二手车鉴定评估也逐步渗透到社会的各个领域，成为资产评估的重要组成部分。二手车评估的范围包括以下领域：

（1）流通领域。二手车在不同消费能力群体中互相转手，需要鉴定估价。

（2）二手车经营企业。收购、代购、代销、租赁、置换、回收（拆解）等二手车经营业务需要鉴定估价。

（3）金融系统。银行、信托机构及保险公司开展抵押贷款、典当、保险理赔业务时，需要对机关车辆进行鉴定评估。

（4）企事业单位。通过拍卖形式处理罚没车辆、抵押车辆、企业清算车辆的，需要对车辆进行鉴定评估以获取拍卖底价。公司注册、合资、合作、联营及合并、兼并、重组过程中也会涉及二手车鉴定评估业务。

（5）司法部门。在处理相关案件时，需要以涉案车辆的鉴定评估结果作为裁定依据。

除此以外，二手车鉴定评估的一个重要任务就是要鉴定或识别走私车、盗抢车、报废车、拼装车等非法车辆，防止其通过二手车市场重新流入社会。

6. 业务类型

按鉴定评估服务对象的不同，二手车鉴定评估的业务类型分为交易类业务和咨询服务类业务（也称为转移产权类业务和不转移产权类业务）两大类。

（1）交易类业务。交易类业务是服务于交易市场内部的二手车交易业务，其主要目的是判定二手车的来历，并为交易双方提供交易的参考价格。

（2）咨询服务类业务。咨询服务类业务是服务于交易市场外部的非交易业务，如资产评估（涉及车辆部分）、抵押贷款评估、法院咨询等。

交易类业务和咨询服务类业务一般都是有偿服务，其评估的程序和作业内容并没有太大的差别，但依评估的目的不同，其评估作业的侧重点有所不同。例如，交易类业务的侧重点是二手车的来历、能否进入二手车市场流通及二手车的估价；而咨询服务类业务牵涉识伪判定、交易程序解答、市场价格咨询、国家相关法规咨询等方面的内容多些，当然也包括一些要求提供正式的车辆评估价。

7. 特　点

汽车虽然属于机器设备一类的固定资产，但汽车有其自身的特点，主要表现在以下几个方面：

（1）单位价值大，使用时间长。

（2）技术性强，使用范围广；车辆属于有形资产，同时也是无形资产的载体。

（3）使用强度、使用条件、维护水平差异较大。

（4）使用管理严格，税费高。

由于汽车本身具有以上特点，而二手车流通又属特殊商品流通，因此，与其他资产评估相比，二手车鉴定评估具有以下特征：

（1）知识面广。二手车鉴定评估理论和方法以资产评估学为基础，涉及经济管理、市场营销、金融、价格、财会及机械原理、汽车构造等多方面知识，技术含量高，因此二手车技术鉴定的知识依赖性较强。

（2）政策性强。从事二手车鉴定评估的人员既要熟知《中华人民共和国拍卖法》《国有资产评估管理办法》《机动车强制报废标准规定》《二手车流通管理办法》等政策法规，还要掌握车辆管理有关规定及各地相关的配套措施。

（3）实践和技能水平要求高。二手车鉴定评估工作要求从业人员不仅会驾驶汽车，而且还能使用检测仪器和设备，并能通过目测、耳听、手摸等手段判断二手车外观、总成的基本技术状况，同时能够通过路试判断发动机、传动系、转向系、制动系、电路、油路等的工作情况，甚至对汽车主要部件的功能和更换方法也要有一定程度的了解。评估过程是以人的智力活动为中心开展的，评估质量取决于评估人员掌握的信息、知识结构和经验，评估结果体现评估人员的主体性。

（4）动态特征明显。目前，汽车产品更新换代快、结构升级、技术创新频繁，加之市场经济条件下市场行情的多变难测，使二手车鉴定评估工作具有极强的动态性、时效性。从业人员在具体工作中不仅要掌握有关的账面原值、净值、历史依据，更要结合评估基准日这一时点的现实价格和行情，这样才能准确做出评估。

（5）以技术鉴定为基础。汽车是集机械、电子、自动控制和信息技术于一身的产品，对汽车进行鉴定评估涉及对以上技术状况的了解程度。此外，在长期使用过程中，由于机件的磨损和自然力的作用，汽车处于不断磨损的过程中。随着使用里程和使用年限的增加，车辆的有形损耗、无形损耗加剧，而其损耗程度的大小因使用强度、使用条件、维护水平的不同而相差很大，这些差异只有通过专业的技术鉴定才能鉴别出来。因此，要评估出汽车当前的实际价值，往往需要通过技术检测等技术手段来鉴定其损耗程度。

（6）单车评估。汽车在不同环节的价值属性比较复杂，决定了二手车鉴定评估的多样性。因此，对二手车应该采用一车一评估（单车评估）的手段，才能保证评估结果合理。

（7）评估要考虑附加值。国家对汽车实施车籍管理，使用中需缴纳的税费较多，税费附加值较高。因此，对二手车进行鉴定评估时，除考虑其实体性价值外，还要考虑车籍管理的手续费用及使用过程中各种规费的价值。

8. 依　据

二手车鉴定评估的依据主要分为理论依据、法律依据和价格依据三方面。

（1）理论依据。二手车鉴定评估实质上属于资产评估的范畴，因此其理论依据必然是资产评估学的相关理论和方法。

（2）法律依据。具体涉及二手车鉴定评估的主要政策法规有：《国有资产评估管理办法》《国有资产评估管理办法实施细则》《机动车强制报废标准规定》《二手车流通管理办法》《二手车交易规范》《二手车鉴定评估技术规范》及其他相关的政策法规。

（3）价格依据。二手车价格评估中的价格依据主要有历史依据和现时依据。前者主要是二手车的账面原值、净值等资料，具有一定的客观性，但不能作为估价的直接依据；后者在评估价值时都以评估基准日为准，即以现时价格、现时车辆功能状态等为准。

9. 原　则

为了保证鉴定评估结果的客观、真实、公正、公开，二手车的鉴定评估必须遵循一定的原则，具体体现在以下几个方面。

（1）公平性。鉴定评估人员必须处于中立的立场对车辆进行鉴定评估，这是鉴定评估人员应遵守的一项最基本的道德规范。目前在不规范的二手车市场中，时有鉴定评估人员和二手车经销/经纪人员互相勾结损害消费者利益和私卖公高估而公卖私低估的现象，这是严重违反职业道德的行为。

（2）独立性。独立性要求二手车鉴定评估人员依据国家的有关法律和规章制度及可靠的资料数据对被鉴定评估的车辆独立地做出评定。坚持独立性原则，是保证鉴定评估结果具有客观性的基础。要坚持独立性原则，首先鉴定评估机构必须具有独立性，鉴定评估机构不应从属于和交易结果有利益关系的二手车市场，目前已不允许二手车市场建立自己的鉴定评估机构。

（3）客观性。客观性指鉴定评估结果应有充分的事实为依据。鉴定评估工作应尊重客观实际，反映被评估车辆的真实情况，所收集的数据与被评估车辆相关的统计数据准确。它要求车辆技术状况的鉴定评估结果必须翔实可靠，只有这样才能做到对被评估车辆现值的客观评估。

（4）科学性。科学性指在二手车的鉴定评估过程中，必须依据鉴定评估的目的，选用合理的鉴定评估标准和方法，使鉴定评估结果准确合理。如拍卖、抵押等适用清算价格标准计算，而一般的车辆交易则选用重置成本标准或现行市价标准。

（5）专业性。专业性要求鉴定评估人员接受相关部门的能力培训，达到从事二手车鉴定评估的要求或获得相关部门核发的能力证书。

（6）可行性。可行性要求鉴定评估人员素质是合格的；鉴定评估机构有可供利用的汽车检测设备；能获得鉴定评估所需的数据资料，而且这些数据资料是真实可靠的；鉴定评估的程序和方法是合法的、科学的。

（三）汽车报废标准与报废汽车

1. 报废标准

我国机动车相关报废标准始于1997年7月15日发布的《汽车报废标准》，其中对私家车的强制报废标准为期限10年或行驶10万千米。之后，随着我国汽车工业的迅速发展及车辆技术水平的提升，这一限制显得过于苛刻。2000年发布的《汽车报废标准规定》，虽然私家车仍有年限限制，但是可通过年检将期限延长为15年。2006年，商务部就《机动车强制报废标准规定》征求意见，首次取消了小、微型非营运载客汽车使用年限限制，该举措被认为是新规定中最为重要的变化。

为保障道路交通安全，鼓励技术进步，加快建设资源节约型、环境友好型社会，根据《中华人民共和国道路交通安全法》及其实施条例、《中华人民共和国大气污染防治法》和《中华人民共和国环境噪声污染防治法》，商务部、国家发展和改革委员会、公安部和环境保护部（现更名为生态环境部）制定并公布了《机动车强制报废标准规定》，并于2013年5月1日起施行。

凡达到报废标准的机动车，其所有人应将机动车交售给报废机动车回收拆解企业，由报废机动车回收拆解企业按规定进行登记、拆解、销毁等处理，并将报废的机动车登记证书、号牌、行驶证交公安机关交通管理部门进行注销。

商务部、公安部、生态环境部、发展和改革委员会等部门依据各自职责，负责报废机动车回收拆解监督管理、机动车强制报废标准执行等相关工作。

《机动车强制报废标准规定》从累计行驶里程数和（或）使用年限两个方面，对各类机动车的报废年限（里程）做了具体规定，如表1-1-2所示。

表1-1-2 机动车使用年限及行驶里程参考值

		车辆类型与用途		使用年限/年	行驶里程参考值/万千米
汽车	载客	营运	出租客运	小、微型	8	60
				中型	10	50
				大型	12	60
			租赁		15	60
			教练	小型	10	50
				中型	12	50
				大型	15	60
			公交客运		13	40
			其他	小、微型	10	60
				中型	15	50
				大型	15	80
			专用校车		15	40
		非营运	小、微型客车，大型轿车		无	60
			中型客车		20	50
			大型客车		20	60

续表

车辆类型与用途			使用年限/年	行驶里程参考值/万千米
汽车	载货	微型	12	50
		中、轻型	15	60
		重型	15	70
		危险品运输	10	40
		三轮汽车、装用单缸发动机的低速货车	9	无
		装用多缸发动机的低速货车	12	30
	专项作业	有载货功能	15	50
		无载货功能	30	50
挂车	半挂车	集装箱半挂车	20	无
		危险品运输半挂车	10	无
		其他	15	无
	全挂车		10	无
摩托车		正三轮摩托车	12	10
		其他	13	12
轮式专用机械车			无	50

注：① 表中机动车主要依据《机动车类型术语和定义》进行分类。
② 对于小、微型出租客运汽车（纯电动汽车除外）和摩托车，省、自治区、直辖市人民政府有关部门可结合本地实际情况，制定严于表中使用年限的规定，但小、微型出租客运汽车使用年限不得低于 6 年，正三轮摩托车使用年限不得低于 10 年，其他摩托车使用年限不得低于 11 年。

说明：

表 1-1-2 中相关汽车分类按以下标准执行：

（1）大型客车是指核定载客人数≥20 的载客汽车；中型客车是指核定载客人数为 10～19 人的载客汽车；小型客车是指核定载客人数≤9 的载客汽车；微型载客汽车是指核定载客人数≤8，且排气量≤1 L 的载客汽车，它是小型客车的一种，也称微型客车。

（2）微型货车的总质量≤1.8 t；轻型货车的总质量为 1.8～6.0 t（含 6.0 t）；中型货车的总质量为 6.0～14.0 t（含 14.0 t）；重型货车的总质量＞14 t。

（3）低速货车一般以柴油机为动力，最高设计车速≤70 km/h，最大设计总质量≤4 500 kg，车长≤6 m，车宽≤2 m，车高≤2.5 m，具有 4 个车轮。

针对上述规定，《机动车强制报废标准规定》还做了如下相关规定：

（1）机动车使用年限起始日期按照注册登记日期计算，但自出厂之日起超过 2 年未办理注册登记手续的，按照出厂日期计算。

（2）对于没收的走私机动车，其注册登记日期按照机动车的出厂年份录入年，按确定机动车登记编号的日期录入月、日。

（3）部分机动车的使用期限既规定了累计行驶里程数，也规定了使用年限，那么当其中的一个指标达到报废标准时，即认为该车辆已达到报废标准。

（4）营运载客汽车与非营运载客汽车相互转换的，按照营运载客汽车的规定报废，但小、微型非营运载客汽车和大型非营运轿车转为营运载客汽车的，应重新核算，其计算公式为

累计可使用年限＝原状态已使用年限＋

(1－原状态已使用年限/原状态使用年限)×状态改变后年限

式中，原状态已使用年限不足一年的按一年计，例如，已使用2.5年的，按3年计；原状态使用年限取定值17；累计使用年限计算结果向下回整为整数，且不超过15年。

（5）不同类型的营运载客汽车相互转换的，按照使用年限较严的规定报废。

（6）小、微型出租客运汽车和摩托车需要转出登记地所属省、自治区、直辖市范围的，按照使用年限较严的规定报废。

（7）危险品运输载货汽车、半挂车与其他载货汽车、半挂车相互转换的，按照危险品运输载货汽车、半挂车的规定报废。

（8）距《机动车强制报废标准规定》要求使用年限1年以内（含1年）的机动车，不得变更使用性质、转移所有权或者转出登记地所属地市级行政区域。

2. 报废汽车

报废汽车（Scrapped Vehicle）是指已经达到国家《机动车强制报废标准规定》或各地方制定的有关报废规定、报废标准的；或虽未达到报废规定，但因交通事故或车辆超负荷使用造成发动机和底盘严重损坏，经检验不符合国家《机动车运行安全技术条件》规定的有关汽车安全、尾气排放要求的各种汽车、挂车、摩托车和轮式专用机械车。

国家实施汽车强制报废制度，依照《报废汽车回收管理办法》和《汽车贸易政策》的规定，报废汽车是一种特殊商品，报废汽车所有人应当将报废汽车及时交售给具有合法资格的报废汽车回收拆解企业，任何单位或个人不得将报废汽车出售、赠予或者以其他方式转让给非报废机动车回收企业或个人。国家鼓励老旧汽车报废更新，并制定了《老旧汽车报废更新补贴资金管理办法》，符合有关规定的报废汽车所有人可申请相应的资金补贴。

报废机动车回收企业严禁从事下列活动：

（1）不得拆解、改装、拼装、倒卖疑似赃物或者犯罪工具的机动车及其发动机、方向机、变速器、前后桥、车架（以下统称"五大总成"）和其他零部件。

（2）回收没有公安机关交通管理部门出具的"机动车报废证明"的机动车。

（3）利用报废机动车拼装整车。

2019年5月国家出台的《报废机动车回收管理办法》第十二条规定，拆解的报废机动车"五大总成"具备再制造条件的，可以按照国家有关规定出售给具有再制造能力的企业经过再制造予以循环利用；不具备再制造条件的，应当作为废金属，交售给钢铁企业作为冶炼原料。

拆解的报废机动车"五大总成"以外的零部件符合保障人身和财产安全等强制性国家标准，能够继续使用的，可以出售，但应当标明"报废机动车回用件"。

报废机动车回收企业凭公安机关交通管理部门出具的"机动车报废证明"收购报废汽车，并向报废汽车拥有单位或个人出具"报废汽车回收证明"。报废机动车拥有单位或个人凭"报废汽车回收证明"，向机动车注册登记地的公安机关办理注销登记。

除上述规定外，《机动车强制报废标准规定》还规定下述车辆应该报废：

（1）经修理和调整仍不符合机动车安全技术国家标准对在用车有关要求的。

（2）经修理和调整或者采用控制技术后，向大气排放污染物或者噪声仍不符合国家标准对在用车有关要求的。

（3）在检验有效期届满后连续3个机动车检验周期内未取得机动车检验合格标志的。

3. 拼装汽车

拼装汽车（Vehicle with Assembly of Scrapped Ones）是指使用报废汽车的发动机、前后桥、

变速器、方向机、车架及其他零部件组装的机动车。国家《报废汽车回收管理办法》第十五条规定，禁止任何单位或个人利用报废汽车五大总成及其他零配件拼装汽车，禁止已报废汽车整车和非法拼装车上路行驶，禁止各种非法拼装车、组装车进入旧车交易市场交易或者以其他任何方式交易。

《中华人民共和国道路交通安全法》第十六条规定，任何单位或个人不得有下列行为：

（1）拼装机动车或擅自改变机动车已登记的结构、构造或特征。

（2）改变机动车型号、发动机号、车架号或车辆识别代号。

（3）伪造、变造或使用伪造、变造的机动车登记证书、号牌、行驶证、检验合格标志、保险标志。

（4）使用其他机动车的登记证书、号牌、行驶证、检验合格标志、保险标志。

非法拼装汽车的另一种形式是采取进口全散件（Completely Knocked Down，CKD）或进口半散件（Semi-Knocked Down，SKD）模式，将整车分拆，并以零部件的名义报关，在缴纳了低得多的零部件关税进口后，再组装成整车出售，以逃避整车进口的关税，牟取暴利。CKD与SKD的区别在于：前者是指汽车以完全拆散的状态进口，再把全部零部件组装成整车；后者则是指进口汽车总成（如发动机、底盘等），再装配成整车。国家《构成整车特征的汽车零部件进口管理办法》规定，对汽车生产企业进口汽车零部件在国内生产组装销售的，所进口的汽车零部件凡构成整车特征的，海关实施先保税加工、后征税清关的管理制度。凡构成整车特征的，按整车适用税率征税，不构成整车特征的，按零部件适用税率计征关税。

4. 改装汽车

改装汽车（Refitted Vehicle）有两种基本类型：一是厂家的改装，使用的是经国家鉴定合格的零配件，对原车重新设计、改装；二是消费者自己或委托汽车改装公司在已购买汽车（主要是轿车和越野汽车等）的基础上，做一些外形、内饰和性能的改装。二手车交易市场常讲的改装汽车是指后者。车辆改装在法规里的描述是车辆变更，其行为是受法律约束的。

5. 相关注意事项

对于国家《机动车强制报废标准规定》和《报废汽车回收管理办法》等法律法规中的下列几点规定，从事二手车鉴定估价和交易的业务人员应给予特别关注。

（1）严禁已报废汽车和拼装汽车继续上路行驶。

（2）严禁给已报废汽车办理注册登记手续。

（3）严禁已报废汽车整车、五大总成和拼装汽车进入市场交易或者以其他任何方式交易。

（4）车辆达到报废标准后，在定期检验时连续3次不合格，车辆管理所将收回机动车号牌和机动车行驶证，强制车辆报废（各地规定不尽相同）。

（5）对尾气检测不达标的机动车不予办理年审，对尾气超标却拒不整改或经治理无法达标的车辆将强制报废（各地规定不尽相同）。

（6）汽车改装后的尾气排放要达标，不能对车的外观进行大幅改动，要与行驶证上的照片一致，不能改变汽车的发动机号和底盘号。

（7）保险公司只按照车辆原来承保的样子进行理赔，对于车主自己改装的部分，保险公司不予赔付。

（四）机动车的使用寿命及其影响因素

机动车使用寿命是指从机动车初次注册登记日开始计算，到不能被使用时为止所经历的总时间或总行驶里程。其中，总使用时间既包括其工作时间，也包括停驶时间。机动车不能再使用的判断标准有4个：国家机动车报废标准、技术使用寿命、经济使用寿命和合理使用寿命。

1. 机动车使用寿命

（1）技术使用寿命。机动车技术使用寿命也称机动车自然寿命，是指车辆从开始使用（机动车初次注册登记日），直至其主要机件到达技术极限状态而不能再继续修理时的总工作时间或总行驶里程。这种极限的标志，在结构上表现为零部件的工作尺寸、工作间隙达到极限，而在性能上常表现为车辆总体的动力性能下降或燃、润料的极度消耗。

汽车的技术使用寿命主要取决于各部分总成的设计水平、制造质量、车辆使用情况与维修状况。机动车到达技术寿命时，应对车辆进行报废处理。机动车维修工作做得越好，机动车的技术寿命就会越长。不过随着机动车使用时间的延长，机动车维修费用也会日益增加。

国家规定机动车必须进行年检，经检验不符合国家《机动车运行安全技术条件》以及各地制定的有关机动车安全、尾气排放要求的，便不允许（在该地区）继续使用该车，即使这些车辆还能够继续正常行驶，也要将车辆转移至其他区域、城市或进行报废处理。

（2）规定技术使用寿命。机动车规定技术使用寿命是指从机动车初次注册登记日开始计算，到依据国家或地方的相关法律法规而不允许继续使用为止的总使用时间或总行驶里程。各地方制定的机动车尾气排放标准不尽相同，同一辆车的规定技术使用寿命在不同地区可能是不一样的，如北京、上海的环保标准比较高，因此在北京、上海已经达到规定技术使用寿命的车辆，在其他环保标准比较低的地方，可能还没有到达规定技术使用寿命而被允许继续使用。

机动车的规定技术使用寿命主要与其注册登记地的机动车尾气排放标准有关，尾气排放标准越高，车辆的规定技术使用寿命就越短。

（3）经济使用寿命。经济使用寿命是指对机动车的使用进行全面经济分析后得出的能获得最大经济效益的工作时间。全面经济分析是从汽车运输总成本出发，分析汽车购置费用、使用和维修费用，以及企业管理开支和车辆折旧等一系列因素，做出综合经济评定，确定车辆继续使用的经济合理性。目前确定汽车经济寿命时，以购买汽车成本与保持汽车正常工作状况的单位消耗之和的最小值为效益准则。

购买汽车的单位费用（购车费用除以汽车总行驶里程，单位为元/1 000 km），随行驶里程的增加而逐渐下降，使用和修理的单位费用（简称使用费用）随行驶里程的增加而升高，这些费用的总和为最小时的行驶里程，就称为汽车经济寿命。

（4）合理使用寿命。机动车合理使用寿命是指从机动车初次注册登记日开始计算，在到达经济使用寿命后，因为更新资金和更新车型来源等因素的制约，车辆又继续使用一段时间后的总使用年数或总行驶里程。旧的汽车报废标准规定多种车辆在达到报废年限后，在定期检验合格的情况下，还可延缓报废。允许延长车辆使用年限的原因之一，就是基于机动车合理使用寿命的考虑。

技术使用寿命、合理使用寿命和经济使用寿命之间的关系：

$$技术使用寿命 > 合理使用寿命 \geq 经济使用寿命$$

2. 影响汽车使用寿命的因素

汽车的使用寿命，尤其是技术寿命，会受一些外部环境的影响而变化，这些影响因素主要包括如下几个方面。

（1）磨损和腐蚀。磨损和腐蚀能使零件配合关系失常、密封性减弱，以致出现漏气、漏油、漏水、振动和噪声加剧等现象。这些现象使汽车性能恶化并产生故障，造成汽车不能正常运行或机件损坏。

（2）积垢和变质。这是指汽车专用油液（冷却液、润滑油、燃料、制动液、传动液等）在使用中变质和被污染。这种情况一方面会使汽车专用油液的性能下降，另一方面使机件内部积垢，造成通道变窄甚至堵塞，增加机件磨损，从而使汽车性能恶化，产生故障。

（3）老化。橡胶及塑料等非金属材料零件，随着使用时间的延长和温度的变化，会发生老化，其强度大幅下降，质地变脆或开裂，极易破坏或失去作用。此外，电气元件老化易引起电气系统故障。

（4）材料疲劳、机件变形或制造质量欠佳。材料疲劳、机件变形或制造质量欠佳等因素引起的故障往往是由汽车设计或制造不当所导致的，汽车用户无法控制。

（5）使用中操作失误或调整不当。由于使用者的误操作和错误调整，以及使用的消耗材料（燃料、润滑油、防冻液、制动液等）质量不佳、选择不当、标号不对甚至是伪劣产品等因素，导致汽车出现故障。这种情况只有通过提高使用者的业务能力和净化市场等途径来解决。

（6）不正确的维修。低水平的维修、野蛮操作或反复拆装等会造成机件的隐性破坏，电气系统的短路、断路、虚接，部件内部脏污，安装和调整错误以及机械损伤等现象，是造成故障隐患和降低汽车寿命的原因之一。

学习活动二　签订二手车鉴定评估委托书

一、学习目标

（1）能正确描述二手车评估机构的职能、特征、地位；
（2）能简单说明申请成立二手车评估机构的条件及程序；
（3）能正确描述国家对从事二手车鉴定评估人员的有关规定；
（4）能规范地签订二手车鉴定评估委托书。

二、建议学时

4学时。

三、学习地点

汽车营销实训室。

四、学习资料

计算机、网络资源、工作页、实训车。

五、学习准备

问题1　二手车鉴定评估委托书是：_____
_____。

问题2　设立二手车鉴定评估机构应具备哪些条件？
_____
_____

问题3　二手车鉴定评估机构有哪些职能？
（1）_____职能：
（2）_____职能：
（3）_____职能：

问题4　二手车鉴定评估机构的地位是独立的，主要表现在哪几个方面？
（1）_____
（2）_____
（3）_____
（4）_____

问题5　二手车鉴定评估师职业资格分为四个等级，相对应的等级名称为：
一级：_____
二级：_____
三级：_____
四级：_____

问题6 二手车鉴定评估业务的要求，用思维导图的方式完成二手车鉴定评估师的职业标准内容。

六、情景描述

侯先生（电话：189××××9286）的 2015 款大众帕萨特（珍珠白），行驶里程为 12.98 万千米，经过了解该车辆符合二手车交易条件，请你完成二手车鉴定评估委托书。

七、计划与实施

你通过询问委托人以及委托人携带的车辆资料（见图 1-2-1），完成《二手车鉴定评估委托书》，如表 1-2-1 所示。

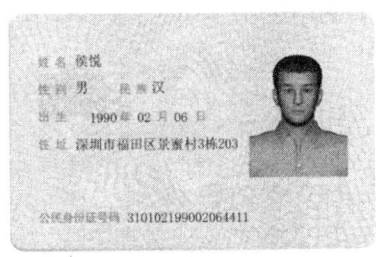

图 1-2-1　车辆资料

表 1-2-1　二手车评估委托书

委托书编号：_____　　二手车鉴定评估机构：_____

因 □交易 □转籍 □拍卖 □置换 □抵押 □担保 □咨询 □司法裁决需要，特委托你单位对车辆（车牌号码_____车辆类型_____发动机号_____车架号_____）进行技术状况鉴定并出具评估报告书。

附：委托评估车辆基本信息

车主姓名		身份证号码			联系电话	
住址					邮政编码	
经办人		身份证号码			联系电话	
地址					邮政编码	
车辆情况	车辆型号				使用用途	
	载质量/座位/排量				燃料种类	
	初次登记日期	年	月	日	车辆颜色	
	已使用年	年　个月		累计行驶里程/万千米		
	大修次数	发动机/次			整车/次	
	维修情况					
	事故情况					
价值反映	购置日期				原始价格	
	车主报价/元					
备注：						

说明：若被评估车辆使用用途曾为营运车辆，需在备注栏中予以说明；委托方必须对车辆信息的真实性负责，不得隐瞒任何情节；凡由此引起的法律责任及赔偿责任由委托方负责；本委托书一式两份，委托方、受托方各一份。

委托方：（签字　盖章）　　　　　　　　　　　　　经办人：（签字　盖章）

　　年　　月　　日　　　　　　　　　　　　　　　　　年　　月　　日

八、拓展与反思

（1）你认为二手车鉴定与评估行业的前景如何？

（2）请结合评估师四级的职业标准，你在哪些方面存在不足？你计划如何做？

（3）根据学习状况与小组成员一起完成学习评价表（见表1-2-2）。

表1-2-2　学习评价表

项目	评价内容	评价等级		
		好	中	差
自我评价	学到的知识点：			
	学到的技能点：			
	不理解的有：			
	还需要深化学习并提升的有：			
组内评价	○按时到场　　　○工装齐备　　　○书、本、笔齐全			
	○安全操作　　　○责任心强　　　○7S管理规范			
	○学习积极主动　○合理使用教学资源　○主动帮助他人			
	○接受工作分配　○有效沟通　　　○高效完成工作任务			

九、备忘录

十、学习材料

（一）二手车鉴定评估机构

GB/T 30323—2013《二手车鉴定评估技术规范》对二手车鉴定评估机构的定义是"从事二手车鉴定评估经营活动的第三方服务机构"（Appraisal and Inspection Enterprises）。

1. 相关规定

二手车鉴定评估直接涉及当事人双方的权益，是一项政策性和专业性都很强的工作，所以无论是对专业鉴定评估机构，还是对专业鉴定评估人员都有较高的要求。

按照我国 2020 年 11 月修订颁布的《国有资产评估管理办法》第九条的规定，资产评估公司、会计师事务所、审计事务所、财务咨询公司，必须获有省级以上国有资产评估资格证书，才能从事国有资产评估业务。依照《价格评估机构资质认定管理办法》设立的价格评估机构有资格对流通中的二手车与事故车辆进行鉴定和评估。

依据我国保险监督管理委员会公布的《保险公估机构管理规定》设立的保险公估机构，也可经营汽车承保前的估价与出险后的估损等相关业务。

2017 年 9 月 14 日，商务部发布 6017 第 3 号令《商务部关于废止和修改部分规章的决定》，经公安部、工商总局、税务总局同意，删去《二手车流通管理办法》（商务部、公安部、工商总局、税务总局令〔2005〕第 2 号）第九条、第十条、第十一条。自发布日起，二手车鉴定评估及鉴定评估机构具有以下特点：

（1）从事二手车鉴定评估业务不再要求持有二手车评估师职业资格证，可通过职业培训学校学习二手车鉴定评估职业技能，并考取相应的职业能力证书作为执业水平的有效证明。

（2）设立二手车鉴定评估机构不再需要商务部门审批的"二手车鉴定评估机构核准证书"，可直接去工商部门申请设立企业。

（3）解除外资进入二手车市场的限制，进一步激发二手车市场的活力。

2. 职　能

二手车鉴定评估机构主要有评估、公证和中介职能。

（1）评估职能。评估即评价、估算，指对某一事物或物质进行评判和预估。二手车鉴定评估机构与其他公估人一样具有一种广义的评估职能，包括评价职能、勘验职能、鉴定职能、估价职能等。二手车鉴定评估机构对二手车进行评估，得出评估结论，并说明得出结论的充分依据和推理过程，体现出其评估职能。评估职能是二手车鉴定评估机构的关键职能。

（2）公证职能。二手车鉴定评估机构的公证职能指二手车鉴定评估机构对二手车评估结论做出符合实际、可以信赖的证明。二手车鉴定评估机构之所以具有公证职能，是因以下两点：

① 二手车鉴定评估人员有丰富的二手车鉴定评估知识和技能，在判断二手车鉴定评估结论准确与否的问题上最具资格和权威性。

② 作为当事人之外的第三方，二手车鉴定评估机构完全站在中立、公正的立场上就事论事、科学办事。

公证职能是二手车鉴定评估机构的重要职能，并具有以下特征：

① 这种公证职能虽然不具备定论作用，但却有促成司法结案、买卖成交的作用，因为当事人双方难以找出与评估结论完全不同的原因或理由。

② 这种公证职能虽然不具备法律效力，但该结论可以接受法律的考验。这是因为二手车鉴定评估机构的评估结论确定之后，必须经当事人双方接受才能结案或买卖成交。一旦当事人双方有一方不能接受，则可选择其他途径解决，如调解协商、仲裁或诉讼。但是，二手车鉴定评估机构可以接

受委托方的委托出庭辩护，甚至可被聘请为诉讼代理人出庭诉讼，本着对委托方特别是对评估报告负责的原则，促成双方接受既定结论。

（3）中介职能。二手车鉴定评估机构作为中介方，从事评估活动，不参与相关利益的分配，为当事人提供服务，具有鲜明的中介职能。这是因为二手车鉴定评估机构可以受托于双方当事人的任何一方，二手车鉴定评估机构以当事人之外的第三方身份从事二手车鉴定评估活动，从当事人一方获得委托，以中间方立场执行二手车鉴定评估，并收取合理费用。这样，二手车鉴定评估机构以中间人的身份，独立地开展二手车鉴定评估工作，并得出鉴定评估结论，促成双方当事人接受该结论，为当事人提供中介服务，从而发挥其中介职能。

3. 地位

二手车鉴定评估机构的地位是独立的，这种独立性主要表现在以下几个方面：

（1）执行鉴定评估业务独立。二手车鉴定评估机构执行鉴定评估业务时，既不代表双方当事人，也不受行政权力等外界因素干扰。

（2）思维方式和判断标准独立。在开展二手车鉴定评估业务的整个进程中，二手车鉴定评估人员保持着独立的思维方式和判断标准。

（3）评估分析和结论独立。二手车鉴定评估人员的评估分析和结论保持独立性，这一特征在二手车鉴定评估机构所出具的评估报告中得以充分体现。

（4）鉴定评估人员坚持独立的立场。二手车鉴定评估人员具有知识密集型和技术密集型的特征，在二手车鉴定评估领域具有一定的权威地位，但从法律的角度看，这种权威地位是相对的。就市场地位而言，二手车鉴定评估人员必须坚持独立的立场，无论针对哪一方委托的事务，都应做出客观、公平的评判。

（二）我国汽车的分类及相关定义

1. 相关定义

（1）机动车。机动车是指由金属及其他材料制成，并由若干零部件装配起来的机械结构，在一定的动力装置驱动或者牵引下，能够自行行驶的供人员乘用或用于运送物品以及进行工程专项作业的车辆。机动车的本质特征是具有轮式或履带式行走系统，并具有动力装置。

（2）汽车。汽车是指本身具有动力，能够自行驱动，不需依靠轨道或电力架设，得以机动行驶的车辆。广义来说，汽车是由动力驱动，本身具有动力装置，有4个或4个以上车轮的非轨道承载的车辆，它主要用于载运人员和货物或牵引载运人员和货物的车辆。

随着汽车应用的日趋广泛，汽车种类也越来越多，其类型也越来越复杂。为了方便管理，各国均制定了各自的汽车分类标准或规定。随着国际贸易的发展，为便于进行国际贸易，降低管理成本，国际标准化组织对汽车分类标准做出了统一规定。

2. 我国汽车的分类

我国汽车分类标准已与国际接轨，把国际标准化组织的统一规定作为我国国家标准。2022年，有关部门发布了GB/T 3730.1—2022《汽车、挂车及汽车列车的术语和定义 第1部分：类型》该标准根据国际标准化组织的统一规定，将汽车按照动力装置、用途、行走方式等特征以及行驶道路条件来分类。在车辆类型的各种分类中，与二手车鉴定评估密切相关的是按动力装置分类和按用途分类。

1）按照动力装置类型分类

（1）活塞式内燃机汽车。活塞式内燃机汽车是用活塞式内燃机作为动力装置的汽车。活塞式内燃机汽车有按燃料种类和活塞的运动方式两种分类方法。

① 按燃料分类。

汽油机汽车：发动机用汽油作为燃料的汽车。

柴油机汽车：发动机用柴油作为燃料的汽车。

气体燃料汽车：发动机用天然气、煤气等气体作为燃料的汽车。

液化气燃料汽车：发动机使用液化气体作为燃料的汽车。

② 按活塞的运动方式分类。

往复活塞式发动机汽车：将往复式活塞发动机作为动力装置的汽车。

旋转活塞式发动机汽车：将旋转活塞发动机作为动力装置的汽车。

（2）电动汽车。电动汽车是用电动机作为动力装置的汽车。根据电源形式可将电动汽车分为无轨电车和电瓶车两种。

无轨电车：从架线上获得电力，以电动机驱动的大客车。

电瓶车：用蓄电池作为电源的电动汽车。

（3）混合动力汽车。混合动力汽车是指车上装有两个以上的动力源，其中一个为动力电池，另一个为内燃机等其他动力源。

目前，市场主要的混合动力汽车类型有以下几种。

全面混合动力汽车：可以只使用内燃机或电池及电动机推动，也可两者同时使用的汽车。这类组合需要体积较大、电压也较高的电池。

辅助混合动力汽车：电池及电动机用于内燃机的辅助，为车辆加速提供动力的汽车。这种类型的汽车是在前轮驱动车辆的后轮上装上电动机，在需要的时候通过后轮增加推力。

轻度混合动力汽车：电动机不能驱动车轮，而是在内燃机启动时，使用很大的启动电动机使内燃机转到较高的运转转速的汽车。

2）按照用途分类

按照国家标准 GB/T 3730.1—2022，将汽车分为两大类，即乘用车和商用车。

（1）乘用车。乘用车是指在其设计和技术特性上主要考虑载运乘客及其随身携带行李和临时物品的汽车，座位数（包括驾驶员座位在内）最多不超过9个。

乘用车包括轿车、微型客车以及不超过9座的轻型客车。乘用车又细分为基本型乘用车（轿车）、多功能车（MPV）、运动型多用途车（SUV）、交叉型乘用车以及专用乘用车。

基本型乘用车的概念等同于国家标准 GB/T 15089—2001《机动车辆及挂车分类》中的轿车，但在统计范围上又不同于轿车。这种区别主要表现在将旧标准轿车中的部分非轿车品种，如丰田大霸王、江淮瑞风、切诺基排除在基本型乘用车外，而把原属于轻型客车中的"准轿车"列入了基本型乘用车的范畴。由于这些特殊的车型产销数量不是很大，所以对分析基本型乘用车的市场发展趋势影响不大。一般轿车强调的是舒适性，以乘员为中心，而且是从经济性考虑出发，选择功率适中、排量小、耗油量小的发动机。在我国内地的行驶证管理方面，轿车特指区别于货车、皮卡、SUV、大巴、中巴的小型汽车，俗称为"小轿车"。在我国香港，轿车又称私家车，通常按照发动机排量对轿车进行分级。

微型轿车：发动机排量小于或等于 1.0 L 的汽车，如比亚迪 F0、长安奔奔 MINI、奇瑞 QQ、smart fortwo 等。

普通级轿车：发动机排量大于 1.0 L 而小于或等于 1.6 L 的汽车，如广汽本田飞度、上汽大众 POLO、奥迪 A3、比亚迪秦 plus、北京奔驰 A 级、华晨宝马 120i、通用别克威朗等。

中级轿车：发动机排量大于 1.6 L 而小于或等于 2.5 L 的汽车，如一汽奥迪 A4L、华晨宝马 318i、广汽本田雅阁、上汽大众帕萨特等。

中高级轿车：发动机排量大于 2.5 L 而小于或等于 4.0 L 的汽车，如一汽奥迪 A6L、宝马 525Li、北京奔驰 E260L、红旗盛世等高档品牌的轿车。

高级轿车：发动机排量大于 4.0 L 的汽车，如奔驰 S600、宝马 760 等。

多功能车（MPV）：它是从旅行轿车逐渐演变而来的，集旅行车的宽大乘坐空间、轿车的舒适性和厢式货车的功能于一身，一般为单厢式结构。多功能车拥有完整宽大的乘坐空间，这使得它在内部结构上具有很大的灵活性，这也是多功能车最具吸引力的地方。车厢内可以布置 7~8 个座位，同时还有一定的行李空间。座椅布置灵活，可全部折叠或放倒，有些还可以前后左右移动，甚至旋转；放倒第三排座椅，就拥有一个超长载货空间；第二排座椅向后旋转 180°，第二排乘客可以和第三排乘客面对面相坐交谈，又可靠背前折，椅背就是桌面，办公、娱乐灵活安排，如上汽通用别克 GL8、广汽本田奥德赛、腾势 D9、瑞风 M6 等。该车型在旧标准中部分列入轿车的范畴，部分列入了轻型客车的范畴。

运动型多用途车（SUV）：集越野、储物、旅行、牵引多种功能于一体的汽车。这类车既可载人，又可载货，行驶范围广泛，驱动方式多为四轮驱动。为了方便了解我国汽车的发展状况，把运动型多用途车又按照驱动方式不同分为四驱运动型和两驱运动型多用途车，如上海大众的途岳、福特的探险者、一汽奔腾 T99、广汽丰田汉兰达等。在旧标准中，除了把部分切诺基列入轿车的范畴外，其他此类车型均列入了轻型客车的范畴。

交叉型乘用车：指不能列入上述车型的其他乘用车。这部分车型主要指的是旧标准中的微型客车，不属于上述车型的车辆也将列入交叉型乘用车的范畴。

专用乘用车：具备完成特定功能的特殊装备，是运载乘员或物品并完成特定功能的乘用车，如旅居车、防弹车、救护车、殡仪车等。

（2）商用车。商用车主要用于商业用途，在设计和技术特性上主要考虑运送人员和货物。

从 2005 年开始，我国汽车行业实行了新的车型统计分类。相对旧标准，商用车包含了所有的载货汽车和 9 座以上的客车。在旧标准中，整车企业外卖的底盘是列入整车统计的，而在新分类中将底盘单独列出，分别称为客车非完整车辆（客车底盘）和货车非完整车辆（货车底盘）。商用车分为客车、货车、半挂牵引车、客车非完整车辆和货车非完整车辆 5 类。

在客车分类中，又按照车身长度、用途和燃料类型进行分类。由于车身长度是按照米数来细分的，因此统计信息更加详细，同时又可以按照旧标准中的大、中、轻型客车的划分标准列出各用途客车，有利于进行市场细分。

微型客车：车辆长度小于或等于 3.5 m 的客车。

轻型客车：车辆长度大于 3.5 m 但小于或等于 7 m 的客车。

中型客车：车辆长度大于 7 m 但小于或等于 10 m 的客车。

大型客车：车辆长度大于 10 m 但小于或等于 12 m 的客车。

特大型客车：车辆长度大于 12 m 的客车。

货车是一种主要为载运货物而设计和装备的商用车辆，也可用来牵引挂车。与新标准的客车类似，新标准的货车含义不同于旧标准中的载货汽车，对应关系如下：

$$旧标准载货汽车 = 新标准中的货车 + 半挂牵引车 + 货车非完整车辆$$

在新标准中，货车是按照总质量、用途和燃料类型来细分的。

微型货车：厂定最大总质量小于或等于 1.8 t 的货车。

轻型货车：厂定最大总质量大于 1.8 t 但小于或等于 6 t 的货车。

中型货车：厂定最大总质量大于 6 t 但小于或等于 14 t 的货车。

重型货车：厂定最大总质量大于 14 t 的货车。

（3）其他类型机动车。除了乘用车和商用车这两类汽车以外，还有一些其他用途的汽车，这类汽车根据特殊的使用要求设计或改装而成，主要用于执行运输以外的任务，如娱乐汽车和竞赛汽车等，但具有装甲或武器的作战车辆不属此列，而是被列为军事特种车辆。

3）按照行走方式的特征分类

（1）轮式汽车。轮式汽车是将车轮作为行走装置的汽车，通常可分为非全轮驱动和全轮驱动两种形式。汽车的驱动形式一般用符号"$n \times m$"表示，其中 n 为车轮总数（在1个轮毂上安装双轮辋和轮胎仍算1个车轮），m 为驱动轮数。另外，轮式汽车在驱动形式上还可以进行更为细致的分类。根据发动机和各个总成相对位置的不同，现代汽车的驱动形式通常分为以下5类。

① 前置后驱。前置后驱即发动机前置、后轮驱动（简称FR），这是一种最传统的驱动形式。国内货车基本采用这种驱动形式，但采用该形式的小型车很少。

② 前置前驱。前置前驱即发动机前置、前轮驱动（简称FF），这是轿车（含微型、经济型汽车）上比较盛行的驱动形式，但货车和大客车基本不采用该形式。

③ 后置后驱。后置后驱即发动机后置、后轮驱动（简称RR），这是目前大、中型客车流行的布置形式，少数微型或普及型轿车也采用该形式，但货车很少采用该形式。

④ 中置后驱。中置后驱即发动机中置、后轮驱动（简称MR），这是大多数运动型轿车和方程式赛车所采用的形式。此外，某些大、中型客车也采用该形式，但采用该形式的货车很少。

⑤ 全轮驱动。全轮驱动通常是将发动机前置，在变速器后装有分动器，以便将动力分别输送到所有车轮上的驱动方式。为了有效地避免车轮滑动，除装有轮间差速器外，还配有轴间差速器。该形式主要用于吉普车和越野车，但是最近也有很多轿车采用全轮驱动的形式。通常，两车桥汽车的全轮驱动形式称为四轮驱动，三车桥的全轮驱动形式称为六轮驱动，以此类推。

目前，四驱模式有3种，分别是全时四驱、分时四驱、适时四驱。全时四驱是指汽车在行驶过程中所有车轮都能独立运动，能够随时提供较好的越野和操控性能，但无法根据路面情况调整扭矩分配。分时四驱则需要驾驶者手动控制，通过切换两驱和四驱模式来实现，驾驶者可以根据实际需求选择合适的驱动模式。适时四驱是一种智能驱动系统，根据车辆行驶状况和驾驶需求自动切换两驱和四驱模式，由计算机芯片控制，能够实现最佳的驱动效果。

（2）其他形式的车辆。

① 履带式汽车：将履带作为行走装置的汽车。

② 半履带式汽车：将履带作为驱动装置，并将前轮作为转向装置的汽车，如半履带式车辆、雪橇式车辆、气垫式车辆、步行机械式车辆等。

4）按照行驶道路条件分类

（1）公路用车。公路用车是指主要行驶于公路和城市道路的汽车。公路用车的长度、宽度、高度、单轴载荷等均受交通法规的限制。

（2）非公路用车。非公路用车主要有两类：一类是本身的外廓尺寸、单轴载荷等参数超出了法规限制而不适于公路行驶，只能在矿山、机场和工地内的无路地区或专用道路上行驶的汽车；另一类是越野汽车。

越野汽车是一种能在复杂的无路路面上行驶的高通过性汽车。越野汽车可以是轿车、客车，也可以是货车或其他用途的汽车。常见的轮式越野汽车都配备越野轮胎，并采用全轮驱动的驱动形式。越野汽车按总质量分类如下：

轻型越野汽车：总质量小于或等于5 t的汽车。

中型越野汽车：总质量大于5 t而小于或等于13 t的汽车。

重型越野汽车：总质量大于13 t而小于或等于24 t的汽车。

超重型越野汽车：总质量大于24 t的汽车。

（三）我国汽车产品型号编制规则

我国汽车产品型号编制规则如图1-2-2和图1-2-3所示。

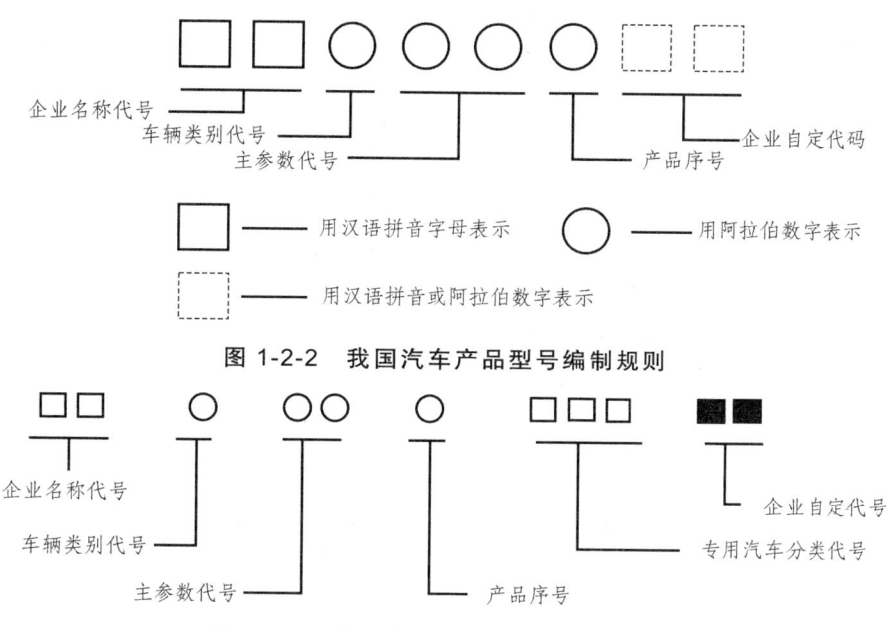

图 1-2-2 我国汽车产品型号编制规则

图 1-2-3 我国专用车产品型号编制规则

1. 企业名称代号

企业名称代号由2~3位汉语拼音组成,代表某一个汽车生产企业,如EQ代表第二汽车制造厂。

2. 车辆类别代号

车辆类别代号的规定见表1-2-3。

表 1-2-3 车辆类别代号规定

车辆类别代号	车辆种类	车辆类别代号	车辆种类
1	载货汽车	5	专用汽车
2	越野汽车	6	客车
3	自卸汽车	7	轿车
4	牵引汽车	8	半挂车

3. 主参数代号

(1)载货汽车类。载货汽车型号中的主参数代号表示车辆的总质量(t)。当总质量在100 t以上时,允许用3位数字表示。

(2)客车类。客车型号中的主参数代号表示车辆长度(m)。当车辆长度小于10 m时,应精确到小数点后一位,并以长度值(单位为m)的10倍数值表示。

(3)轿车类。轿车型号中的主参数代号表示发动机排量(L)。该主参数代号应精确到小数点后一位并以其值的10倍数值表示。

主参数不足规定位数时,在参数前以"0"占位。

4. 产品序号

产品序号用阿拉伯数字表示,数字按0、1、2…的顺序依次使用。

当车辆主参数有变化,且大于10%时,应改变主参数代号,否则应改变其产品序号。

5. 企业自定义代码

同一种汽车因结构略有变化而需要区别时,例如汽油、柴油发动机,长、短轴距,单、双排座驾驶室,平、凸头驾驶室,左、右置转向盘等,可用汉语拼音字母和阿拉伯数字表示,位数也由企业自定。供用户选装的零部件（如暖风装置、收音机、地毯、绞盘等）不属结构特征变化，不给予企业自定义代号。

如代码"Jetta CiX"表示捷达前卫，其中"C"表示普及型；"i"表示电控燃油喷射；"X"表示新车型。

6. 专用汽车结构特征代号

专用汽车结构特征代号的规定见表1-2-4。

表1-2-4　专用汽车结构特征代号规定

结构类型	结构特征代号	结构类型	结构特征代号
厢式汽车	X	特种结构汽车	T
罐式汽车	G	起重举升汽车	J
专用自卸汽车	Z	仓栅式汽车	C

（四）汽车信息查询

二手车不同于新车，它是完全的个体，且涉及众多品牌、众多型号，精确分类和查找二手车，对二手车鉴定评估人员而言是有现实意义的。

1. 品　牌

品牌（Brand）是车款的最基本信息，是制造厂对一类车辆所给予的名称，如奥迪、本田、大众等。有的品牌和制造商名相同，如大众、本田；有的则不同，如别克品牌的制造商是通用。

2. 车　系

车系（Line）是指制造商为一个品牌中的一组或一批车辆的命名，这些车辆在结构上（如车身、底盘、驾驶室形式）具有一定的共性。如普桑、桑塔纳2000属于桑塔纳车系；别克世纪、GL8属于别克车系。

3. 型　号

型号（Model）又称车型，是制造商对具有相同品牌、车系和车身类型的车辆所给予的名称。如别克的英朗、GL8，奥迪的A4、A6，大众的帕萨特、捷达等。

4. 子车型

所有的子车型（Submodel）属于同一车型，但某些附件或选装件不同。如Jetta Ci表示经济型两气门，Jetta Gi表示豪华型两气门，Jetta CiX表示捷达前卫，Jetta GiX表示捷达前卫豪华型，Jetta GTX表示豪华型5V改型捷达王（新捷达王），Jetta AT表示自动变速新捷达王（都市先锋）。

对于子车型型号代码中的各字母（或数字）的含义，各汽车生产厂商有不同的规定，如一汽大众规定"C"代表普及型，"G"代表豪华舒适型，"X"代表新型，"I"代表电控燃油喷射。子车型对配件和保险行业具有重要意义。

5. 车型年份

车型年份（Model Year）表示车型的年份（年款），不一定是实际生产的年份，一般是制造商指定的车型年份。在北美，每年9月份以后上市的车辆，其车型年份都标注为下一年款。现在，新车推出的时间有前移的趋势，甚至7月份就推出了下一年份的车型。

6. 制造工厂

制造工厂（Plant）为标贴VIN的工厂，一般是指装配工厂。

同一年款的同一车型，可能出自不同的装配工厂。购买进口车的车主一定要注意车辆的装配工厂，因为不同的装配工厂，其出厂汽车的技术水平可能有较大的差异。

（五）二手车价格评估的前提条件

二手车的价格评估是建立在一定的假设条件之上的。二手车价格评估的假设有继续使用假设、公开市场假设和清算（清偿）假设，下面分别对这3种假设进行介绍。

1. 继续使用假设

继续使用假设是指二手车将按现行用途继续使用，或转换用途继续使用。对这些车辆的评估，就要从继续使用的假设出发，而不能按车辆拆零出售零部件所得收入之和进行估价。比如一辆汽车用作营运，其估价可能是4万元；而将其拆成发动机、底盘等零部件分别出售时也可能仅值3万元。可见，同一车辆按不同的假设用作不同的目的进行估价，其价格是不一样的。

在确定二手车能否继续使用时，必须充分考虑以下条件：

（1）车辆具有显著的剩余使用寿命，而且能以其提供的服务或用途，满足所有者经营上或工作上的期望。

（2）车辆所有权明确，并保持完好。

（3）车辆从经济上和法律上允许转作他用。

（4）充分考虑了车辆的使用功能。

2. 公开市场假设

公开市场是指有充分发育与完善的市场条件。公开市场假设是假定在市场上交易二手车辆时，交易双方彼此地位平等，双方彼此都有获取足够市场信息的机会和时间，以便对车辆的功能、用途及其交易价格等做出理智的判断。

公开市场假设是基于市场客观存在现实的，即二手车在市场上可以公开买卖。不同类型的二手车，其性能、用途不同，市场程度也不一样。用途广泛的车辆一般比用途狭窄的车辆市场更活跃，但不论车辆的买者还是卖者，都希望得到车辆的最大最佳效用。所谓最大最佳效用，是指车辆在可能的范围内，用于最有利又可行和法律上允许的用途。在二手车评估时，鉴定评估人员按照公开市场假设处理或做适当的调整，才有可能使车辆获得的收益最大。最大最佳效用，由车辆所在地区具体特定条件以及市场供求规律所决定。

3. 清算（清偿）假设

清算（清偿）假设是指二手车所有者在某种压力下被强制对二手车整体或对二手车拆零，经协商或以拍卖方式在公开市场上出售。这种情况下的二手车价格评估具有一定的特殊性，要适应强制出售中市场均衡被打破的实际情况，二手车的评估价大大低于继续使用或公开市场条件下的评估值。

上述3种不同假设，形成3种不同的评估结果。在继续使用假设前提下要求评估二手车的继续使用价格；在公开市场假设前提下要求评估二手车的市场价格；在清算假设前提下要求评估二手车的清算价格。因此，二手车鉴定评估人员在业务活动中要充分分析、判断被评估二手车最可能的效用，以便得出二手车的公平价格。

（六）二手车价格评估的计价标准

我国资产评估中有4种价格计量标准（简称计价标准），即现行市价标准、重置成本标准、收益现值标准和清算价格标准。二手车评估属于资产评估，因此，二手车评估也遵守这4种价格计量标准。对于同一辆二手车，采用不同的价格计量标准估价，会产生不同的价格。因此，必须根据评估的目的，选择与二手车评估业务相匹配的价格计量标准。

1. 计价标准的含义及适用范围

（1）现行市价标准。现行市价是指车辆在公平市场上的销售价格。所谓公平市场，是指充分竞争的市场，买卖双方没有垄断和强制，双方的交易行为都是自愿的，都有足够的时间与能力了解市场行情。

现行市价标准适用的前提条件：

① 需要存在一个充分发育、活跃、公平的二手车交易市场；

② 与被评估车辆相同或类似的车辆在市场上有一定的交易量，能够形成市场行情。

（2）重置成本标准。重置成本是指在现时条件下，按功能重置车辆并使其处于在用状态所耗费的成本。重置成本的构成与历史成本一样，都是反映车辆在购置、运输、注册登记等过程中所支出的全部费用，但重置成本是按现有技术条件和价格水平计算的。

重置成本标准适用的前提是车辆处于在用状态，一方面反映车辆已经投入使用；另一方面反映车辆能够继续使用，对所有者具有使用价值。

（3）收益现值标准。收益现值是指根据车辆未来的预期获利能力大小，以适当的折现率将未来收益折成现值。从"以利索本"的角度看，收益现值就是为获得车辆取得预期收益的权利所支付的货币总额。在折现率相同的情况下，车辆未来的效用越大，获利能力越强，其评估值就越大。投资者购买车辆时，一般要进行可行性分析，只有在预期回报率超过评估时的折现率时，才可能支付货币购买车辆。

收益现值标准适用的前提条件是车辆投入使用后可连续获利。

（4）清算价格标准。清算价格是指在非正常市场上限制拍卖的价格。它与现行市价相比，两者的根本区别在于现行市价是公平市场价格，而清算价格是非正常市场上的拍卖价格，这种价格由于受到期限限制和买主限制，一般大大低于现行市价。

清算价格标准适用于企业破产清算，以及因抵押、典当等不能按期偿债而导致的车辆变现清偿等汽车评估业务。

2. 各种计价标准的联系与区别

1）重置成本价格与现行市价的联系与区别

（1）重置成本价格与现行市价的联系：决定重置成本价格的因素与决定现行市价的最基本因素相同，即现有条件下，生产功能相同的车辆所花费的社会必要劳动时间。但是现行市价的确定还需考虑其他与市场相关的如下几个因素。

① 车辆功能的市场性，即车辆的功能能否得到市场的承认。例如，一辆设计及制造质量都很好的专用汽车，尽管它在某一特定领域内具有很强的功能，但一旦退出该领域，其功能就难以完全被市场所接受。

② 供求关系的影响。现行市价随供求关系的变化，将会出现波动。

（2）现行市价与重置成本价格的区别：现行市价以市场价格为依据，车辆价格受市场因素约束，并且其评估值直接受市场检验；而重置成本价格只是在模拟条件下重置车辆的现行价格。

2）现行市价与收益现值价格的联系与区别

（1）现行市价与收益现值价格的联系：两者在价格形式上有相似之处，都是评估公平市场价格。

（2）现行市价与收益现值价格的区别：两者的价格内涵不同，现行市价主要是车辆进入市场的价格计量，而收益现值主要是以车辆的获利能力进入市场的价格计量。

3）现行市价与清算价格的联系与区别

（1）现行市价与清算价格的联系：两者均是市场价格。

（2）现行市价与清算价格的区别：现行市价是公平市场价格；而清算价格是非正常市场上的拍卖价格，一般大大低于现行市价。

学习活动三　拟定鉴定评估作业方案

一、学习目标

（1）能正确描述二手车鉴定评估的作业流程；
（2）能正确描述二手车鉴定评估的计价标准；
（3）能正确描述二手车鉴定评估的基本方法；
（4）能初步拟定二手车鉴定评估作业方案。

二、建议学时

4学时。

三、学习地点

汽车营销实训室。

四、学习资料

计算机、网络资源、工作页、实训车。

五、学习准备

问题1　二手车鉴定评估作业方案都包含什么内容？
_____
_____
_____

问题2　根据二手评估目的的不同，二手车鉴定评估主要分为_____类和_____类。

问题3　二手车价格评估一般基于三种假设的前提条件：
（1）_____假设；（2）_____假设；（3）_____假设。
三种不同的假设，形成三种不同的评估结果。因此，二手车评估人员在业务活动中充分分析了解，判断认定被评估二手车最可能的效用，以便得出二手车的公平价格。

问题4　现场查勘技术鉴定主要通过_____和_____展开。

问题5　成新率在二手车评估时是个重要的参数，什么是车辆成新率？
_____
_____

问题6　根据不同二手车的评估目的，评估鉴定的计价方法也有所不同，常用的有四种，分别适用于什么条件和范围？

重置成本：_____
_____

现行市价：_____
_____

收益现值：_____

清算价格：_____

问题 7 请根据二手车鉴定评估要求，画出二手车鉴定评估作业流程（可以写在备忘录上）。

六、情景描述

侯先生（电话：189×××9286）的 2015 款大众帕萨特（珍珠白）经过检核和商讨签订了二手车鉴定评估委托书，下面由你对该项目拟定作业方案。

七、计划与实施

侯先生于今天早上 8 时到店委托对他的 2015 款帕萨特进行价格评估，他要求评估师今天上午完成评估作业，请你根据实际情况拟定《二手车鉴定评估作业方案》，如表1-3-1所示。

表 1-3-1　二手车鉴定评估作业方案

（一）委托方与车辆所有方介绍
委托方：_____ 委托方联系人：_____ 联系电话：_____
（二）评估目的
根据委托方的要求，本项目的评估目的：
□交易　□转籍　□拍卖　□置换　□抵押　□担保　□咨询　□司法裁决
（三）评估对象
评估车辆的厂牌型号：_____ 号牌号码：_____
（四）鉴定评估基准日
鉴定评估基准日：_____年____月____日
（五）拟定评估方法
□重置成本法　□现行市价法　□收益现值法　□清算价格法
（六）拟定评估人员
负责评估师：_____ 协助评估人员：_____
（七）现场工作计划
负责评估师组织相关评估人员，于_____年_____月_____日_____时前，参照各项工作的参考时间，完成下列工作：
① 证件核对：_____（20分钟）。
② 鉴定二手车现时技术状况：静态检查与动态检查（40分钟）；仪器设备检查送到_____检测中心（2小时）。
③ 车辆拍照：（10分钟）
④ 评定估算：（2小时）
⑤ 撰写评估报告：（2小时）
（八）评估作业程序
按照接受委托、验证、现场查勘、评定估算和提交报告的程序进行。
（九）拟定提交评估报告时间　　　　　　　　　　　　　　　_____年____月____日

八、拓展与反思

根据学习状况与小组成员一起完成学习评价表（见表 1-3-2）。

表 1-3-2　学习评价表

项　目	评价内容	评价等级		
		好	中	差
自我评价	学到的知识点： 学到的技能点： 不理解的有： 还需要深化学习并提升的有：			
组内评价	○按时到场　　　○工装齐备　　　○书、本、笔齐全 ○安全操作　　　○责任心强　　　○7S管理规范 ○学习积极主动　○合理使用教学资源　○主动帮助他人 ○接受工作分配　○有效沟通　　　○高效完成工作任务			

九、备忘录

学习任务二　　现场鉴定实施

工作任务	现场鉴定实施	教学模式	任务驱动
建议学时	24学时	教学地点	一体化实训室
任务描述	作为一名二手车评估专员，在评估现场应掌握现场鉴定的基本目的，掌握现场鉴定的基本事项，合理运用检查手段，对旧机动车的外观、发动机、底盘各系统通过静态检查、动态检查和仪器检查等手段进行现场技术鉴定			
学习目标	（1）掌握汽车基础知识； （2）能描述二手车现场鉴定的基本目的； （3）掌握现场鉴定的基本事项； （4）了解机动车技术状况的静、动态检查； （5）掌握机动车技术状况的辅助仪器的使用方法； （6）掌握安全技术及相关检测项目			
学习活动	学习内容		学时分配	
	学习活动一　　检查核对证件		4	
	学习活动二　　车辆静态检查		8	
	学习活动三　　车辆动态检查		4	
	学习活动四　　车辆技术状况鉴定		4	
	学习活动五　　新能源二手车的鉴定		4	

学习活动一　检查核对证件

一、学习目标

（1）能正确描述二手车的相关证件、税费凭证的种类及各自的作用；
（2）能对二手车一般手续的合法性、齐全性及有效性进行检查。

二、建议学时

4学时。

三、学习地点

汽车营销实训室。

四、学习资料

计算机、网络资源、工作页、实训车。

五、学习准备

问题1　为什么要检查和审核委托方的证件？
核查证件的目的：_____。

问题2　核查的资料包括_____和_____两类。如对这些证件资料有疑问，应向_____提出，由委托方向_____索取证明材料，或自行向_____查询核实。

问题3　一般来讲，需要核查的机动车法定证件包括：_____
_____。

问题4　VIN码是车辆识别码的缩写。SAE标准（美国机动车工程师学会）规定：VIN码由____位字符组成，它包含了车辆的生产厂家、年代、车型、车身形式、发动机代码及组装地点等信息。

问题5　二手车的税票包括：_____、_____、_____。

问题6　能够证明机动车来历的有效法律文件包括：_____
_____。机动车号牌是由_____部门机关依法对机动车进行注册登记核发的_____。其中，蓝底白字是_____；黄底黑字是_____；黑底白字是_____。

问题7　车辆购置税的征收标准，是按车辆计税价的_____%计征。

问题8　机动车安全检验根据车辆不同的类型和用途分为：营运车____年内每年检验____次，之后半年检验1次；载货、大中型非营运载客汽车____年内每年___次，之后半年1次；小、微型非营运载客汽车____年内每____年___次，之后每年1次，___年后每半年1次。

问题9　机动车辆保险分为_____和_____。其中_____包括基本险和附加险。基本险有：_____。

六、情景描述

侯先生（电话：189××××9286）的 2015 款大众帕萨特（珍珠白）准备进行车辆评估，请你对该车的证件和税票进行检核。

七、计划与实施

（1）请根据下面车辆的 VIN 码判断车辆信息：

	产地	生产年份
WP0AA2971EL007865	____	____
LSVAA49J132047371	____	____

（2）根据表 2-1-1 给出的信息选择需要核查的资料内容。

表 2-1-1 需要核查的资料内容

车辆信息	WP0AA2971EL007865	LSVAA49J132047371
车牌	粤 B96K58	粤 B2GJ33
法定证件		
税费证明		

（3）核查轿车的各种证件和税票，见图 2-1-1～图 2-1-3 和表 2-1-2。

表 2-1-2 核查结果

检查内容		核查结果	备注说明
核查车辆基本信息	车辆号牌		
	车辆类型		
	所有人		
	住址		
	品牌型号		
	使用性质		
	发动机号码		
	车辆识别号码		
	注册登记日期		
	发证日期		
核查车主基本信息	车主姓名		
	保养手册		
核查税费单据	车辆购置税完税凭证		
	车船使用税凭证		
	车辆保单		
	核查组织机构代码证		

核检人员： 日期：

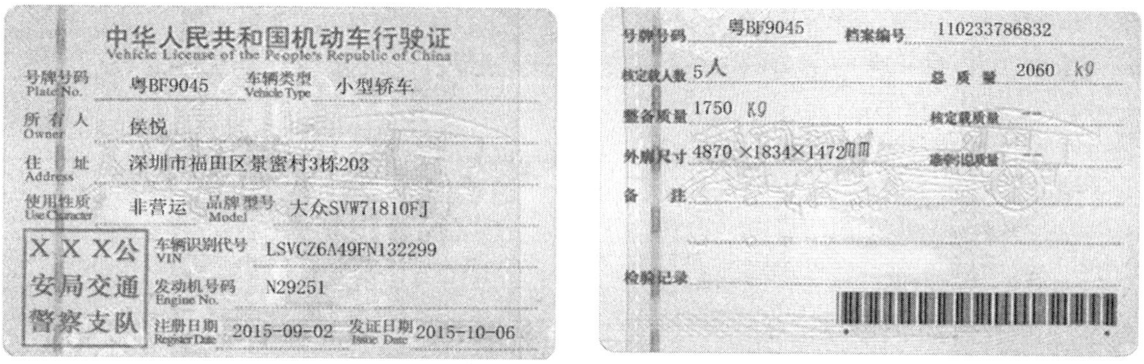

中华人民共和国机动车行驶证
Vehicle License of the People's Republic of China

号牌号码 Plate No. 粤BF9045　车辆类型 Vehicle Type 小型轿车
所有人 Owner 侯悦
住址 Address 深圳市福田区景蜜村3栋203
使用性质 Use Character 非营运　品牌型号 Model 大众SVW71810FJ
车辆识别代号 VIN LSVCZ6A49FN132299
发动机号码 Engine No. N29251
注册日期 Register Date 2015-09-02　发证日期 Issue Date 2015-10-06
X X X公安局交通警察支队

号牌号码 粤BF9045　档案编号 110233786832
核定载人数 5人　总质量 2060 kg
整备质量 1750 kg　核定载质量 —
外廓尺寸 4870×1834×1472mm　准牵引总质量 —
备注
检验记录

图 2-1-1　车辆行驶证

国家金融监督管理总局监制　　　　限在深圳市销售

中国平安 PINGAN 专业·价值

机动车商业保险保险单（电子保单）

投保人:　侯悦

行驶证车主:　侯　悦

保险单号:10578003902140220938

鉴于投保人已向保险人提出投保申请，并同意按约定交付保险费，保险人依照承保险种及其对应条款和特别约定承担赔偿责任。

以下信息来源于您的投保申请，是为您提供理赔及售后服务的重要依据，请务必仔细核对。如果有错误或遗漏请立即拨打95511进行修改						
被保险人信息	姓　名: 侯　悦		证件类型: 身份证		证件号码: 310102199002094411	
	出生日期: 1990-02-06		性别: 男		联系电话: 18988299286	
	通讯地址: 广东省深圳市福田区				E-Mail:	
车辆信息	号牌号码	粤BF9045	发动机号码	N29251	车架号	LSVCZ6A49FN132299
	核定载客	5 人	初登日期	2015-09-02	厂牌型号	大众SVW71810FJ
	核定载质量	-	使用性质	非营运	机动车种类	小型轿车
争议解决方式	诉讼					
保险期间	自　2022年9月03日00:00时起至2023年9月02日 24:00时止					

投保险别		保险金额/责任限额	保费小计（元）	绝对免赔率	保费合计(元)
机动车损失保险		162719.00元	1474.23	—	1474.23
机动车第三者责任保险		2000000.00元	490.32	—	490.32
车上人员责任险(司机)		50000.00元	32.25	—	32.25
车上人员责任险(乘客)		4座 x5万元/座	61.47	—	61.47
附加医保外医疗费用责任险（三者）		共享保额	27.24	—	27.24
附加医保外医疗费用责任险（车上人员司机）		共享保额	1.71	—	1.71
附加医保外医疗费用责任险（车上人员乘客）		共享保额	4.4	—	4.40
附加机动车增值服务特约条款	代为送检服务特约条款	1 次	—	—	—
	道路救援服务特约条款	2 次	—	—	—
车损险每次事故绝对免赔额		0元/次			
保险费合计		RMB2091.62元（不含税保费:1973.23元，税额:118.39元）（大写）人民币贰仟零玖拾壹元陆角贰分			
特别约定	1）尊敬的客户：投保次日起，承保及理赔等信息您可通过本公司网页www.pingan.com、客服热线95511、门店、平安好车主APP核实信息。若对查询结果有异议，请登陆网站留言或拨打服务热线。 2）保险期间内，如发生本保险合同约定的保险事故造成被保险车辆损失或第三者财产损失，保险人可采取实物或修复方式进行保险赔付。 3）收到本保单请立即核对，如无疑义，即视为同意合同条款及约定的全部内容（包括责任免责）。本保险适用于2020版条款，并已附条款一份，有疑义请立即与我司联系。 4）温馨提示：“发生道路交通事故损害赔偿纠纷时，当事人应积极协商解决，未能与保险公司协商一致的，可向第三方调解机构深圳市保险消费者权益服务中心申请免费调解，通过道交纠纷网上一体化处理机制解决纠纷。电子邮箱： 1270716798@qq.com， 联系电话：0755-83529699。 5）本保单所承保的道路救援服务区域覆盖全国直辖市、省会城市、地级市中心区100公里以内以及县城或县级市中心区50公里以内救援车辆可通行的道路，高架、高速、隧道、政府管制区域、非车辆行驶道路不在服务范围内，服务项目包含搭电、换胎、故障拖车（限50公里）、紧急脱困等，详细服务介绍可查阅平安好车主APP道路救援专区《平安道路救援服务协议》。 6）无其它特别约定。					

代理机构名称:深圳信安达保险代理有限公司 联系电话:18588233489 注册地址:深圳市福田区香蜜街道4号3D
银行流水号：CPC170230810000*****04
收费确认时间：2023年8月24日　　投保确认时间：2022年8月24日　　打印时间：2022年8月24日

重要提示
1. 本保险合同由保险条款、投保单、保险单、批单和特别约定组成。
2. 收到本保险单、承保险种对应的保险条款后，请立即核对，如有不符或疏漏，请及时通知保险人并办理变更或补充手续。
3. 请详细阅读承保险种对应的保险条款，特别是责任免除和赔偿处理。
4. 被保险机动车因改装、加装、改变使用性质等导致危险程度显著增加以及转卖、转让、赠送他人的，应通知保险人。
5. 被保险人应当在保险事故发生后及时通知保险人。

公司名称：　中国平安财产保险股份有限公司深圳市侨香支公司
公司地址：　深圳市福田区香蜜湖街道农林路69号印力中心1栋6楼B区　　邮政编码：518040
报案及服务电话：95511　　网址：　www.pingan.com.cn　　签单日期：　2023年8月24日　（保险人签章）

核保：　admin　2022年8月24日　　制单：　DAISQ-47724　2022年8月24日　　经办：　马家佳

温馨提示：您可登陆中国平安网站(http://www.pingan.com/bjdzbd)查询、下载车险电子保单，并可在保单验真功能模块中查验电子保单真伪。

中国平安财产保险股份有限公司深圳分公司
PING AN PROPERTY & CASUALTY INSURANCE COMPANY OF CHINA, LTD. SHENZHEN BRANCH
保单专用章
SPECIAL SEAL FOR POLICY
4403042200260

中国平安财产保险股份有限公司
PING AN PROPERTY & CASUALTY INSURANCE COMPANY OF CHINA, LTD.

图 2-1-2　车辆商业险保单

国家金融监督管理总局监制　　　　　　　　　　　　限在深圳市销售

中国平安 PING AN
专业·价值

机动车交通事故责任强制保险单（电子保单）

投保人：　侯 悦

行驶证车主：　侯 悦

保险单号：1057800390213022O607

被保险人	侯悦						
被保险人身份证号码(组织机构代码)		310102199002094411					
地　址	广东省深圳市福田区景蜜村					联系电话	18988299286
被保险机动车	号牌号码	粤BF9045	机动车种类	小型轿车		使用性质	非营业
	发动机号码	N29251	识别代码(车架号)	LSVCZ6A49FN132299			
	厂牌型号	大众SVW71810FJ		核定载客	5　人	核定载质量	-
	排量	1.8升	功率	118KW		登记日期	2015年9月
责任限额	死亡伤残赔偿限额	180000元		无责任死亡伤残赔偿限额		18000元	
	医疗费用赔偿限额	18000元		无责任医疗费用赔偿限额		1800元	
	财产损失赔偿限额	2000元		无责任财产损失赔偿限额		100元	
与道路交通安全违法行为和道路交通事故相联系的浮动比率:-30%							
保险费合计:RMB665.00元（不含税保费:627.36元，税额:37.64元）（大写）人民币陆佰陆拾伍元整 其中救助基金(2%) ￥：12.55元							
保险期间自 2022 年 9 月 03 日 00:00 时起至 2023年 9 月 02 日 24:00 时止							
保险合同争议解决方式	诉讼						
代收车船税	整备质量	1520.0千克		纳税人识别号	310102199002094411		
	当年应缴	（￥ 360.00 元）	往年补缴	（￥ 0.00 元）	滞纳金	（￥ 0.00 元）	
	合计(人民币大写)：	叁佰陆拾元整				（￥ 360.00 元）	
	完税凭证号(减免税证明号)	------------	开具税务机关	------------			
特别约定	1) 尊敬的客户：投保次日起，承保及理赔等信息您可通过本公司网页www.pingan.com、客服热线95511、门店、平安好车主APP核实信息。若对查询结果有异议，请登陆网站留言或拨打服务热线。 2) 保险期间内，如发生本保险合同约定的保险事故造成被保险车辆损失或第三者财产损失，保险人可采取实物或修复方式进行保险赔付。 3) 温馨提示："发生道路交通事故损害赔偿纠纷时，当事人应积极协商解决，未能与保险公司协商一致的，可向第三方调解机构深圳市保险消费者权益服务中心申请免费调解，通过道交纠纷网上一体化处理机制解决纠纷。电子邮箱： 1270716798@qq.com， 联系电话：0755-83529699。 4) 车船税打印码：3PAIC440300G20230804132911185241。 5) 无其它特别约定。 812310063001245　　银行流水号：CPC17022081000014696675 4 收费确认时间：2022年8月24日　　投保确认时间：2022年8月24日　　打印时间:2022年8月24日							
重要提示	1.请详细阅读保险条款，特别是责任免除和投保人、被保险人义务。 2.收到本保险单后，请立即核对，如有不符或疏漏，请及时通知保险人并办理变更或补充手续。 3.保险费应一次性交清，请您及时核对保险单和发票（收据），如有不符，请及时与保险人联系。 4.投保人应如实告知对保险费计算有影响的或被保险机动车因改装、加装、改变使用性质等导致危险程度增加的重要事项，并及时通知保险人办理批改手续。 5.被保险人应当在交通事故发生后及时通知保险人。							
保险人	公司名称：　中国平安财产保险股份有限公司深圳市侨香支公司 公司地址：　深圳市福田区香蜜湖街道农林路69号印力中心1栋6楼B区 邮政编码：　518040　　服务电话:95511　　签单日期：　2022年8月24日（保险人签章）							

中国平安财产保险股份有限公司深圳分公司
PING AN PROPERTY & CASUALTY INSURANCE COMPANY OF CHINA, LTD. SHENZHEN BRANCH
保单专用章
SPECIAL SEAL FOR POLICY
4403042200288

核保：　admin　2022年8月24日　　制单：　DAISQ-47757　2022年8月24日　　经办：　马家桂

温馨提示：您可登陆中国平安网站(http://www.pingan.com/bjdzbd)查询、下载车险电子保单，并可在保单验真功能模块，查验电子保单真伪。

中国平安财产保险股份有限公司

PING AN PROPERTY & CASUALTY INSURANCE COMPANY OF CHINA, LTD.

图 2-1-3　车辆交强险保单

八、拓展与反思

根据学习状况与小组成员一起完成学习评价表（见表 2-1-3）。

表 2-1-3　学习评价表

项　目	评价内容	评价等级		
		好	中	差
自我评价	学到的知识点：			
	学到的技能点：			
	不理解的有：			
	还需要深化学习并提升的有：			
组内评价	○按时到场　　　○工装齐备　　　○书、本、笔齐全			
	○安全操作　　　○责任心强　　　○7S管理规范			
	○学习积极主动　○合理使用教学资源　○主动帮助他人			
	○接受工作分配　○有效沟通　　　○高效完成工作任务			

九、备忘录

十、学习材料

（一）二手车的法定证件

二手车法定证件主要有机动车来历证明、机动车行驶证、机动车登记证书、机动车号牌、道路运输证、机动车检验合格标志等。

1. 机动车来历证明

机动车来历证明是二手车来源的合法证明，主要包括以下几种类型。

1）购车发票

在国内购买的机动车的来历凭证，可分为新车来历证明和二手车来历证明两种。在国外购买的机动车，其来历凭证是该车销售单位开具的销售发票及其翻译文本。

（1）新车发票是指经国家工商行政管理机关验证（加盖工商验证章）的机动车销售发票（即原始购车发票）。在购买新车时，通常可在当地的工商行政管理局机动车市场管理分局办理工商验证手续。

（2）二手车发票是指经国家工商行政管理机关验证（加盖工商验证章）的二手车交易发票。二手车交易发票反映了即将交易的车辆曾是一辆已经交易过的合法使用的二手车。2005年10月，《二手车流通管理办法》颁布施行，在全国范围内统一了二手车销售发票。目前，国内大部分地区都使用了新版的"二手车销售统一发票"。而在统一发票出现之前，各地的二手车交易发票样式繁多，也造成了管理上的困难。

2）其他凭证

（1）人民法院调解、裁定或者判决转移的机动车，其来历凭证是人民法院出具的已经生效的"调解书""裁定书""判决书"或"协助执行通知书"。

（2）仲裁机构仲裁裁决转移的机动车，其来历凭证是"仲裁裁决书"。

（3）继承、赠予、中奖和协议抵偿债务的机动车，其来历凭证是继承、赠予、中奖和协议抵偿债务的相关文书及公证机关出具的公证书。

（4）资产重组或者资产整体买卖中包含的机动车，其来历凭证是资产主管部门的批准文件。

（5）国家机关统一采购并调拨到下属单位未注册登记的机动车，其来历凭证是全国统一的机动车销售发票和该部门出具的调拨证明。

（6）国家机关已注册登记并调拨到下属单位的机动车，其来历凭证是该部门出具的调拨证明。

（7）经公安机关破案发还的被盗抢且已向原机动车所有人理赔完毕的机动车，其来历凭证是保险公司出具的"权益转让证明书"。

（8）更换发动机、车身、车架的机动车来历凭证，是销售单位开具的发票及修理单位开具的修理发票（附维修结算单）。

2. 机动车行驶证

机动车行驶证是由公安机关车辆管理部门依法对车辆进行注册登记核发的证件。它是机动车取得合法行驶权的凭证。《中华人民共和国道路交通安全法》第十一条规定，机动车行驶证是车辆上路行驶必须携带的证件。

3. 机动车登记证书

机动车登记证书是由公安机关车辆管理部门核发和管理的，是机动车的"户口本"和所有权证明，具有产权证明的性质。机动车登记证书上记载了有关机动车及其所有人的详细信息。当证书上所记载的原始信息发生变动时，机动车所有人应当及时到车辆管理所办理变更登记手续；当机动车所有权转移时，原机动车所有人应当将机动车登记证书进行变更登记后随车交给现机动车所有人。因此，机动车登记证书是机动车从"生"到"死"的完整记录。

4. 机动车号牌

机动车号牌是由各地公安机关车辆管理部门依法对机动车进行注册登记核发的号牌。它和机动车行驶证一同核发，其号码与行驶证上记载的一致。它是机动车取得合法行驶权的标志。

5. 道路运输证

道路运输证是县级以上交通主管部门设置的道路运输管理机构对从事旅客运输（包括城市出租客运）、货物运输的单位和个人核发的随车携带的证件。营运车辆转籍过户时，应到运管机构及相关部门办理营运过户有关手续。

6. 机动车检验合格标志

根据《中华人民共和国道路交通安全法实施条例》第十六条规定，机动车应当从注册登记之日起，按照下列期限进行安全技术检验：

（1）营运载客汽车5年以内每年检验1次；超过5年的，每6个月检验1次。

（2）载货汽车和大型、中型非营运载客汽车10年以内每年检验1次；超过10年的，每6个月检验1次。

（3）小型、微型非营运载客汽车6年以内每2年检验1次；超过6年的，每年检验1次；超过15年的，每6个月检验1次。

（4）摩托车4年以内每2年检验1次；超过4年的，每年检验1次。

（5）拖拉机和其他机动车每年检验1次。

公交管〔2022〕295号《关于深化机动车检验制度改革优化车检服务工作的意见》的通知中做了如下修订：自2022年10月1日起，非营运小微型载客汽车（面包车除外）、摩托车自注册登记之日起第6年、第10年进行安全技术检验，在10年内每两年向公安机关申领检验标志；超过10年的，每年检验1次。车辆发生造成人员伤亡的交通事故或者非法改装被依法处罚的，仍按原规定周期检验。机动车环检周期与安检周期一致，免于安检的车辆不进行环检。

机动车检验合格标志主要包括以下几种类型。

（1）机动车安全技术检验合格标志。机动车必须进行安全技术检验，检验合格后，由公安机关发放合格标志。根据《中华人民共和国道路交通安全法实施管理条例》第十三条的规定，机动车检验合格标志应粘贴在机动车风窗玻璃右上角。

（2）营运车辆综合性能检测合格标志。凡在我国境内从事客、货运输的车辆，每年必须经汽车综合性能检测站检测，检测合格后由道路运输管理部门核发"综合性能检测合格"标志，并要求粘贴于机动车风窗玻璃右上角。

（3）机动车环保检验合格标志。机动车必须进行环保技术检验，检验合格后，由环境保护部门核发合格标志，并粘贴在机动车风窗玻璃右上角。

经检验达到地方环保标准的，其检验合格标志为绿色；对于达到国家环保标准但没有达到地方环保标准的，其检验合格标志为黄色。粘贴黄色环保检验合格标志的车辆，俗称为"黄标车"。

2016年7月21日，原环境保护部、公安部、国家认证认可监督管理委员会发布《关于进一步规范排放检验加强机动车环境监督管理工作的通知》中明确表示要加强和改进机动车尾气排放检测的管理，其中一条说明以后将环保检测并入安全技术检验中并取消环保标志。

（二）二手车的税费

二手车的税费包括车辆购置税、车船税和车辆保险费等。

1. 车辆购置税

车辆购置税是国家向所有购置车辆的单位和个人以纳税形式征收的一项费用，它由车辆购置附加费演变而来。设置该税的目的是解决发展公路运输事业与国家财力紧张的突出矛盾，筹集交通基础建设资金。

1）车辆购置税的计算

车辆购置税的征收标准，目前是按车辆计税价的10%计征，由车辆登记注册地的主管税务机关征收。它是购买车辆后支出的最大一项费用，其计算公式为

$$车辆购置税应纳税额 = 计税价格 \times 10\%$$

根据不同情况，计税价格按照下列情况确定。

（1）纳税人购买自用应税车辆的计税价格，为纳税人购买应税车辆而支付给销售者的全部价款和价外费用，不包括增值税税款。也就是说，按取得的"机动车销售统一发票"上开具的价费合计金额除以（1+17%）作为计税依据，乘以10%即为应缴纳的车辆购置税。

应注意国家对该项税收计税标准的调整政策，如2009年1月20日至12月31日期间，购置的排量在1.6 L及以下的小排量乘用车，车辆购置税税率减半征收（5%），而2010年又提高到7.5%。

（2）纳税人购买进口自用的应税车辆的计税价格计算公式为

$$计税价格 = 关税完税价格 + 关税 + 消费税$$

（3）纳税人自产、受赠、获奖或者以其他方式取得并自用的车辆，计税依据由车购办参照国家税务总局核定的应税车辆最低计税价格核定。

购买自用或者进口自用车辆，纳税人申报的计税价格低于同类型应税车辆的最低计税价格，又无正当理由的，计税依据为国家税务总局核定的应税车辆最低计税价格。最低计税价格是指国家税务总局依据车辆生产企业提供的车辆价格信息并参照市场平均交易价格核定的车辆购置税计税价格。

申报的计税价格低于同类型应税车辆的最低计税价格，又无正当理由的，是指纳税人申报的车辆计税价格低于出厂价格或进口自用车辆的计税价格。

（4）按特殊情况确定的计税依据。对于进口二手车、因不可抗力因素导致受损的车辆库存超过3年的车辆、行驶8万千米以上的试验车辆、国家税务总局规定的其他车辆，主管税务机关根据纳税人提供的"机动车销售统一发票"或有效凭证注明的价格确定计税价格。

2）车辆购置税的征收范围

车辆购置税的具体征收范围依照《中华人民共和国车辆购置税暂行条例》所附"车辆购置税征收范围表"（见表2-1-4）执行。

表2-1-4 车辆购置税征收范围

汽车	各类汽车	注 释
摩托车	轻便摩托车	最高设计速度不大于50 km/h，发动机气缸总排量不大于50 cm^3的2个或者3个车轮的机动车
	二轮摩托车	最高设计速度大于50 km/h，或者发动机气缸总排量大于50 cm^3的2个车轮的机动车
	三轮摩托车	最高设计速度大于50 km/h，或者发动机气缸总排量大于50 cm^3，空车质量不大于400 kg的3个车轮的机动车
电车	无轨电车	以电能为动力，由专用输电电缆线供电的轮式公共车辆
	有轨电车	以电能为动力，在轨道上行驶的公共车辆
挂车	全挂车	无动力设备，独立承载，由牵引车辆牵引行驶的车辆
	半挂车	无动力设备，与牵引车辆共同承载，由牵引车辆牵引行驶的车辆
农用运输车	三轮农用运输车	柴油发动机，功率不大于7.4 kW，载质量不大于500 kg，最高车速不大于40 km/h的3个车轮的机动车
	四轮农用运输车	柴油发动机，功率不大于28 kW，载质量不大于1 500 kg，最高车速不大于50 km/h的4个车轮的机动车

3）车辆购置税的免税、减税范围

车辆购置税的免税、减税范围按下列规定执行。

（1）外国驻华使馆、领事馆和国际组织驻华机构及其外交人员自用的车辆，免税。

（2）中国人民解放军和中国人民武装警察部队列入军队武器装备订货计划的车辆，免税。

（3）设有固定装置的非运输车辆，免税。

（4）有国务院规定予以免税或者减税的其他情形的，按照规定免税或者减税。

（5）对于挖掘机、平地机、叉车、装载车（铲车）、起重机（吊车）、推土机6种车辆，免税。

2. 车船税

早期的车船税征收依据是2007年1月1日起实施的《中华人民共和国车船税暂行条例》（国务院令第482号）。2011年2月25日，《中华人民共和国车船税法》由中华人民共和国第十一届全国人民代表大会常务委员会第十九次会议通过，自2012年1月1日起施行。2011年11月23日，国务院第182次常务会议通过并公布了《中华人民共和国车船税法实施条例》，自2012年1月1日起施行。所以目前车船税征收依据为《中华人民共和国车船税法》和《中华人民共和国车船税法实施条例》。

《中华人民共和国车船税法》规定，在中华人民共和国境内属于本法所附"车船税税目税额表"规定的车辆、船舶（以下简称车船）的所有人或者管理人，为车船税的纳税人，应当依照本法缴纳车船税。车船的适用税额依照本法所附"车船税税目税额表"（见表2-1-5）执行。

表2-1-5 车船税税目税额

税 目		计税单位	年基准税额	备 注
乘用车（按发动机气缸容量或排气量分挡）	1.0 L（含）以下的	每辆	60~360元	核定载客人数9人（含）以下
	1.0 L以上至1.6 L（含）的		300~540元	
	1.6 L以上至2.0 L（含）的		360~660元	
	2.0 L以上至2.5 L（含）的		660~1 200元	
	2.5 L以上至3.0 L（含）的		1 200~2 400元	
	3.0 L以上至4.0 L（含）的		2 400~3 600元	
	4.0 L以上的		3 600~5 400元	
商用车	客车	每辆	480~1 440元	核定载客人数9人以上，包括电车
	货车	整备质量，每吨	16~120元	包括半挂牵引车、三轮汽车和低速载货汽车等
挂车		整备质量，每吨	按照货车税额的50%计算	
其他车辆	专用作业车	整备质量，每吨	16~120元	不包括拖拉机
	轮式专用机械车		16~120元	
摩托车		每辆	36~180元	
船舶	机动船舶	净吨位，每吨	3~6元	拖船、非机动驳船分别按照机动船舶税额的50%计算
	游艇	艇身长度，每米	600~2 000元	

《中华人民共和国车船税法》第三条规定，下列车船免征车船税：

（1）捕捞、养殖渔船；

（2）军队、武装警察部队专用的车船；

（3）警用车船；

（4）依照法律规定应当予以免税的外国驻华使领馆、国际组织驻华机构及其有关人员的车船。

《中华人民共和国车船税法》第四条规定，对节约能源、使用新能源的车船可以减征或者免征车船税；对受严重自然灾害影响而纳税困难，以及有其他特殊原因确需减税、免税的，可以减征或者免征车船税。具体办法由国务院规定，并报全国人民代表大会常务委员会备案。

《中华人民共和国车船税法》第五条规定，省、自治区、直辖市人民政府根据当地实际情况，可以对公共交通车船，农村居民拥有并主要在农村地区使用的摩托车、三轮汽车和低速载货汽车定期减征或者免征车船税。

《中华人民共和国车船税法》第六条规定，从事机动车第三者责任强制保险业务的保险机构为机动车车船税的扣缴义务人，应当在收取保险费时依法代收车船税，并出具代收税款凭证。

2012年以后，各地的普通型乘用车车船税征收标准见表2-1-6。

表 2-1-6　普通型乘用车车船税征收标准（2012年）

挡位	排量/L	税额/元
1	≤1.0	240
2	1.0~1.6（含1.6）	420
3	1.6~2.0（含2.0）	480
4	2.0~2.5（含2.5）	900
5	2.5~3.0（含3.0）	1 800
6	3.0~4.0（含4.0）	3 000
7	>4.0	4 500

《中华人民共和国车船税法》还提出如下规定：

（1）对于购置的新车船，购置当年的应纳税额自纳税义务发生的当月起按月计算。应纳税额为年应纳税额除以12再乘以应纳税月份数。

（2）在一个纳税年度内，已完税的车船被盗抢、报废、灭失的，纳税人可以凭有关管理机关出具的证明和完税凭证，向纳税所在地的主管税务机关申请退还自被盗抢、报废、灭失月份起至该纳税年度终了期间的税款。

（3）已办理退税的被盗抢车船失而复得的，纳税人应当从公安机关出具相关证明的当月起计算缴纳车船税。

（4）已缴纳车船税的车船在同一纳税年度内办理转让过户的，不另纳税，也不退税。

3. 车辆保险费

我国机动车商业保险险种分为基本险和附加险两大类。所谓基本险，是指可以单独投保和承保的险别；所谓附加险，是指不能单独投保和承保的险别，投保人只能在投保基本险的基础上，根据自己的需要选择加以投保。基本险和附加险又分别有不同险种。基本险（又称为主险）分为机动车损失保险、机动车第三者责任保险和机动车车上人员责任保险。机动车附加险分为附加车轮单独损失险、附加新增加设备损失险、附加车身划痕损失险、附加修理期间费用补偿险、附加发动机进水损坏除外特约条款、附加车上货物责任险、附加精神损害抚慰金责任险、附加法定节假日限额翻倍险及附加医保外医疗费用责任险等。基本险与附加险有这样的关系：如果附加险的条款和基本险条款发生抵触，抵触之处的解释以附加险条款为准；如果附加险条款未做规定，则以基本险条款为准。保险人按照承保险别分别承担保险责任。

交强险是我国首个由国家法律规定实行的强制保险制度。国务院2006年3月28日颁布的《机动车交通事故责任强制保险条例》（以下简称《条例》）规定：交强险是由保险公司对被保险机动车发生道路交通事故造成受害人（不包括本车人员和被保险人）的人身伤亡、财产损失，在责任限额内予以赔偿的强制性责任保险。《条例》第二条规定，在中华人民共和国境内道路上行驶的机动车的所有人或者管理人，应当依照《中华人民共和国道路交通安全法》的规定投保机动车交通事故责任强制保险。交强险具有强制性、广覆盖性及公益性的特点。

《条例》规定，公安机关交通管理部门、农业（农业机械）主管部门（以下统称机动车管理部门）应当依法对机动车参加机动车交通事故责任强制保险的情况实施监督检查。对未参加机动车交通事故责任强制保险的机动车，机动车管理部门不得予以登记，机动车安全技术检验机构不得予以检验。

公安机关交通管理部门及其交通警察在调查处理道路交通安全违法行为和道路交通事故时，应当依法检查机动车交通事故责任强制保险的保险标志。

未放置保险标志的上道路行驶的机动车，公安机关交通管理部门应当扣留机动车，通知当事人提供保险标志或者补办相应手续，可以处以警告或者20元以上200元以下罚款。

伪造、变造或者使用伪造、变造的保险标志，或者使用其他机动车的保险标志，由公安机关交通管理部门予以收缴，扣留该机动车，处以200元以上2 000元以下罚款；构成犯罪的，依法追究刑事责任。

4. 客、货运附加费

客、货运附加费是国家本着取之于民、用之于民的原则，向从事客、货营运的单位或个人征收的专项基金。它属于地方建设专项基金，各地征收的名称叫法不一，收取的标准也不相同。客运附加费是用于研发的专项基金。

（三）车辆识别信息

准确对汽车进行识别，是二手车鉴定评估中确定新车购置价的重要依据，也是准确判断、快速确定二手车价值的重要前提，在查验二手车是否为可交易车辆时，车辆识别信息也是必须查验的主要内容。汽车的识别信息一般包括汽车车标、车辆铭牌、车辆识别代码（VIN）等。

1. 汽车车标

车标是指在整车车身前部外表面显而易见的部位装置的至少一个能永久保持的标识，是各种汽车品牌的标志。这些标识往往成为汽车企业的代表，是识别车辆、认识车辆的首选途径。汽车车标在树立企业形象、培养用户认同感和信赖感等方面有着重要的作用，并且每个车标都有自己的寓意。在二手车交易中，常常会碰到一些车辆在使用过程中被私自改装车辆标识的现象，对这些车辆的身份应该注意加以辨别。图2-1-4所示为常见的几种汽车标志。

图 2-1-4　常见的几种汽车标志

2. 车辆铭牌

汽车制造厂商除了在其产品上装置整车车标外，还要装置一个能永久保持的车型标牌，称为车辆铭牌。

车辆铭牌的内容是由两半区组成的，上半区为规定区，下半区为自由区，上下两个半区用一横线分开，如图 2-1-5（a）所示。

规定区的内容：厂牌（品牌）文字或图案、车辆识别代码、最大设计质量、发动机型号、发动机排量、发动机额定功率、制造年月、整车型号、乘员人数、制造厂家名称、制造国、最大设计装载质量（货车）、额定载客人数（客车）等信息。

自由区内容：如果车辆是在无车身的非完整车辆的基础上制造完成的，车辆制造厂应在自由区内对车身类型加以描述。另外，还可以根据实际情况标出其他与车辆有关的信息，如车身颜色代码等。

对于大多数车辆，因为没有需要在自由区内标示的内容，所以铭牌上没有自由区，如图 2-1-5（b）所示。

车辆铭牌具有如下要求：装置在不受更换部件影响的部位；内容应该编写规范、防腐耐磨、字码清晰并且易于阅读；固定在显而易见的位置；出口车辆的铭牌，可将汉字与外文并列标注，也可根据使用国的要求制作铭牌。在二手车鉴定评估时，车辆铭牌也是至关重要的一个检查项目，可从中获取其必要信息。

各型号汽车铭牌的位置不尽相同，如上海大众汽车的铭牌在发动机舱后围板上，小型货车的铭牌在右前外柱上，丰田轿车的铭牌在发动机舱后围板、左前门下（靠 B 柱）、左前减振器塔上，大多数轻型客车的铭牌在座椅下，而中大型客车的铭牌多在仪表板左下方。

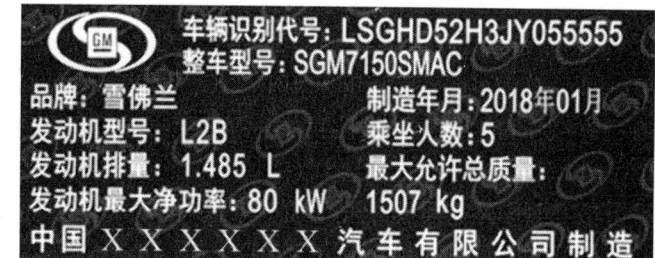

(a) 有自由区的汽车铭牌　　　　　(b) 无自由区的汽车铭牌

图 2-1-5　车辆铭牌示例

3. 车辆识别代码

车辆识别代码是识别汽车必不可少的工具，被称为"汽车身份证号"，也是通常所说的车架号（大架号）、底盘号，通常用英文 VIN 来表示。VIN 是车辆生产企业为了识别某一辆车而为该车辆指定的一组字码，由 17 位字码组成。VIN 中的数字和字母经过排列组合后，可以使同一车型的 VIN 在 30 年内不会发生重号现象。因现在生产的汽车车型更新换代的年限逐渐缩短（一般在 8～12 年就淘汰，不再生产），所以 17 位码已经足以够用。

VIN 中含有车辆的生产年代、车型、发动机、车身类型、制造厂家以及其他装备等信息。全世界每一辆汽车都有其独一无二的 VIN，具有唯一性，并贯穿一辆车从出厂到报废的整个过程。在二手车鉴定交易过程中，需要重点查验 VIN，通过识别 VIN 来确定车辆的合法来源、出厂年份、产地、配置类型等要素。VIN 也是在二手车登记过户过程中交通管理部门要核对的一个重要信息。

1）作　用

随着汽车修理逐步实现计算机管理和故障自诊断，在各种测试仪表和维修设备中存储汽车 VIN 数据，可作为汽车修理中故障查询的依据和记录。VIN 在汽车配件经营管理上也起着至关重要的作用，比如在查找零件目录中的汽车零件之前，首先确认 17 位码的车型年款和相应的车辆配置，以免出现误购、错装零配件等现象。

设置 VIN 是为了加强对机动车的管理，各国机动车管理部门办理牌照时可以将其输入计算机存储，以备需要时调用，如保险索赔、报案、处理交通事故、查获被盗车辆等，没有 VIN 的车辆是不允许交易的。有的国家规定不准进口没有 VIN 的车辆。

在二手车鉴定评估时，查验车辆的 VIN，不仅可以获得车辆的车型年款、车身类型、国别、发动机型号等技术资料，还可查询故障维修记录，鉴定出是否为拼装车、走私车等非法车辆。

2）组成和基本内容

VIN 共由 17 位字码（阿拉伯数字和大写拉丁字母）构成，分为 3 部分，即世界制造厂识别代码（WMI）、车辆特征代码（VDS）、车辆指示代码（VIS），如图 2-1-6 所示。在构成 VIN 的所有代码中，为避免混淆，规定不使用 I、O、Q。

（1）世界制造厂识别代码。世界制造厂识别代码（WMI）是美国汽车工程学会（现由 ISO 统一分配管理）根据地理区域分配给各个车辆制造厂家的代码。该代码由 3 个字码组成，即车辆识别代码的第 1～3 位，用来表示由某个国家的某个汽车制造厂家生产的某种类型的汽车。WMI 必须经过申请、批准和备案后才能使用。

第 1 位字码标明一个地理区域或国家。如 ISO 统一分配给亚洲地区的代码是从 J～R，其中，L 为中国（见表 2-1-7）。

第 2 位字码标明一个特定地区内的一个国家或制造厂商。ISO 分配给中国的代码为 0～9、A～Z，如 BJC 公司的代码为 E。

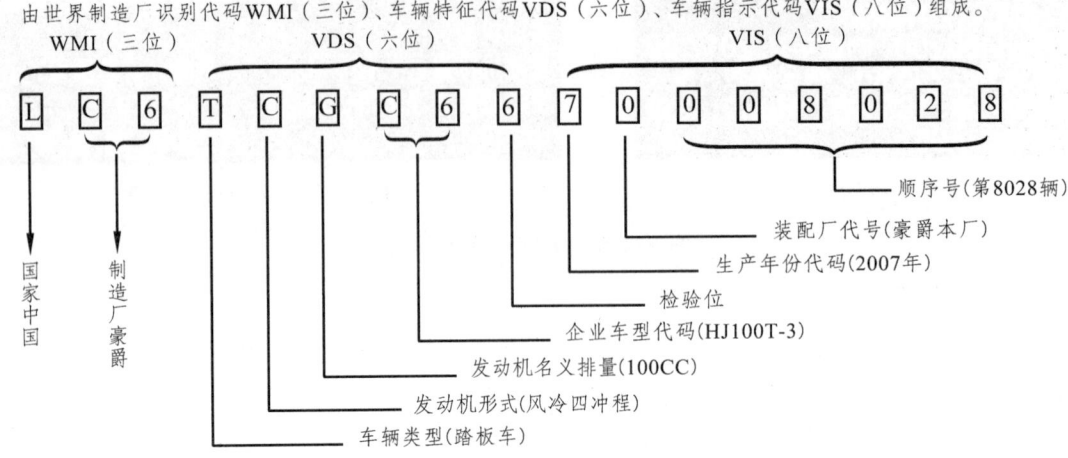

图 2-1-6 VIN 的组成

第 3 位字码标明某个特定的制造厂或车型类别。如 4 表示 BJ2021 系列，若年产量小于 500 辆，则第 3 位码为 9。

表 2-1-7 中国及常见进口汽车国家代码

代码	国家	代码	国家	代码	国家
1	美国	J	日本	W	德国
2	加拿大	K	韩国	Y	瑞典
3	墨西哥	L	中国	Z	意大利
4	美国	S	英国		
6	澳大利亚	T	瑞士		
9	巴西	V	法国		

（2）车辆特征代码。车辆特征代码（VDS）为 VIN 的第 4~9 位，由 6 位字码组成。其中第 9 位为校验位，是为了核对 VIN 记录的准确性。第 4~8 位用以识别车辆的特征，不同的制造厂这 5 位字码的含义也不相同。VDS 包括车辆种类、车身类型、发动机类型、底盘类型等内容。常见汽车需要标明的特征如下所述。

MPV：车身类型，种类，发动机类型、系列及车辆额定总重。

客车：车身类型、型号或种类，制动系统、发动机类型及系列。

载货车：驾驶室类型、系列，底盘、发动机类型、型号或种类，制动系统及额定总重。

轿车：发动机类型、种类，车身类型、系列及约束系统类型。

（3）车辆指示代码。车辆指示代码（VIS）为 VIN 的第 10~17 位，由 8 个字码组成，其中最后 4 个字码是阿拉伯数字。

VIN 的第 10 位字码表示车辆厂家规定的车型年款，不一定是车辆实际生产的年份，但一般与实际生产的年份之差不超过 1 年。在进行二手车鉴定评估时，要特别注意第 10 位代码，以查出二手车是哪年款。2001—2032 年的车型年款与指示字码的对应关系列于表 2-1-8 中。在年款代码中，除英文字母 I、O、Q 不用外，数字 0 和字母 U、Z 也不用，这样保证 VIN 码 30 年内不会重复。

表 2-1-8　车型年款与指示字母对应关系

代码	年款	代码	年款	代码	年款	代码	年款
1	2001	9	2009	H	2017	S	2025
2	2002	A	2010	J	2018	T	2026
3	2003	B	2011	K	2019	V	2027
4	2004	C	2012	L	2020	W	2028
5	2005	D	2013	M	2021	X	2029
6	2006	E	2014	N	2022	Y	2030
7	2007	F	2015	P	2023	1	2031
8	2008	G	2016	R	2024	2	2032

VIN 的第 11 位字码可以用来指示装配厂家，若无装配厂家，制造厂家可规定其他内容。

如果制造厂的年产量小于 500 辆，则此部分的第 12、13 和 14 位字码与第一部分的 3 位字码一起来表示一个车辆制造厂。

某车辆的 VIN 为 JT1GK12E7S9092125，其中各位字码的含义见表 2-1-9。

表 2-1-9　JT1GK12E7S9092125 各位字码的含义

位数	字码	意义
1	J	生产国别代码（日本）
2	T	制造厂家代码（丰田汽车公司）
3	1	汽车类型代码（乘用车）
4	G	发动机为 1MZ-FE3.0 LV6
5	K	车辆品牌为佳美
6	1	汽车种类为 MCV10 L 型
7	2	汽车系列为 LE 系列
8	E	车身类型为 4 门轿车
9	7	工厂检验代码
10	S	车型年款代码（1995 年）
11	9	总装工厂代码（日本）
12～17	092125	汽车的生产顺序号

3）管理要求

（1）每一辆汽车、挂车、摩托车和轻便摩托车等都必须有 VIN。

（2）在 30 年内生产的任何车辆的 VIN 不得相同。

（3）VIN 应尽量位于车辆的前半部分、易于看到且能防止磨损或易于替换的部位。

（4）9 座或 9 座以下的车辆和最大总质量小于或等于 3.5 t 的载货汽车的 VIN 应位于仪表板上，在白天日光照射下，观察者不需移动任一部件即可从车外分辨出 VIN。我国轿车的 VIN 大多数设置在仪表板上风窗玻璃下面。

（5）VIN 在任何情况下都应是字迹清楚、坚固耐久和不易替换的。若直接打刻在汽车和挂车（车架、车身等部件）上，则字码高至少应为 7 mm；其他情况则字码高度至少应为 4 mm，深度大于 0.3 mm。

（6）VIN在文件上表示时应写成一行，且不要有空格，打印在车辆上或车型标牌上时也应表示在一行。如果由于技术上的原因，VIN必须写在两行，则两行之间不应有间隙，每行的开始与终止处应选用一个分隔符表示。分隔符必须是不同于VIN所用的任何数字和字母，且不宜与VIN中的数字和字母混淆。

（7）VIN采用下列阿拉伯数字和大写拉丁字母：1、2、3、4、5、6、7、8、9、0、A、B、C、D、E、F、G、H、J、K、L、M、N、P、R、S、T、U、V、W、X、Y、Z（字母I、O、Q、U、Z和数字0在年代位不用，I、O、Q在整个VIN中不存在）。

（8）VIN中的后4位必须为数字。

4. 车身标识

目前，汽车技术发展迅速，不同品牌或同一品牌的车身上（通常在车辆的尾部）不断出现一些字母或者数字标识，这些标识通常称为车身标识。车身标识是展现本品牌、型号汽车的技术，区别不同款型的最有效、最直接的方法之一。在二手车交易过程中，辨别某一款车辆的特殊性，或者用于区别同一款车的不同型号、配置等，都离不开这些直观有效的标识。下面仅列举一些目前常见的车身标识，并解释其含义。

（1）大众"TSI"。"TSI"在国外的含义是双涡轮增压和分层燃烧，在国内，"T"表示废气涡轮增压，"SI"表示燃油缸内直喷，并没有分层燃烧的技术。在国内，经常会看到不同的"TSI"标志，有全红色的，有的"SI"是红色的，有的只有"I"是红色的，这只是为了区分不同的排量。通常，2.0 L排量和1.8 L排量的车辆，"SI"是红色的；而2.0车型中的高配车型或者高端车型则使用全红的标识；1.4 L排量的车型只有"I"是红色。

（2）缸内直喷技术。表示缸内直喷技术的车身标识：大众"TSI"，奥迪"TFIS"（汽油）、"TDI"（柴油），奔驰"CGI"（汽油）、"CDI"（柴油）等。

（3）发动机可变正时技术。表示发动机可变正时技术的车身标识：本田"VTEC""i-VTEC"，丰田"VVT-I"，日产"CVVT"等。

（4）绿色发动机。油电混合动力车（Hybrid），是指同时装备两种动力源（热动力源，由传统的汽油机或者柴油机产生；电动力源，由电池与电动机产生）的汽车。

"EV"表示纯电动汽车，"HEV"表示混合动力汽车。"DM"表示双模电动车，是一种将控制发动机和电动机两种混合力量相结合的技术，实现了既可充电，又可加油的多种能量补充的方式。

（5）驱动系统。

① 四轮驱动的标识为"4WD"或"4×4"。

② 两轮驱动通常不设标识，但有些汽车厂商为了区分车型特点还是设置了两轮驱动的标识，如宝马用"sDrive"表示后轮驱动。

③ 全时四轮驱动的标识为"AWD"或"Quattro"，但一些汽车厂商会用不同的标识来表示，如宝马的"xDrive"、奔驰的"4MATIC"均表示全时四驱系统。

（6）"MT"是指手动挡变速器；"AT"是指自动挡变速器；"CVT"是指无级变速器。

（四）车辆交易规定

根据《二手车流通管理办法》的规定，下列车辆禁止经销、买卖、拍卖和经纪。

（1）已报废或者达到国家强制报废标准的车辆。

（2）在抵押期间或者未经海关批准交易的海关监管车辆。

（3）在人民法院、人民检察院、行政执法部门依法查封、扣押期间的车辆。

（4）通过盗窃、抢劫、诈骗等违法犯罪手段获得的车辆。

（5）发动机号码、VIN或者车架号码与登记号码不相符，或者有凿改迹象的车辆。

（6）走私、非法拼（组）装的车辆。
（7）不具有《二手车流通管理办法》第二十二条所列证明、凭证的车辆。
（8）在本行政辖区以外的公安机关交通管理部门注册登记的车辆。
（9）国家法律、行政法规禁止经营的车辆。

二手车交易市场经营者和二手车经营主体发现车辆具有（4）、（5）、（6）情形之一时，应当及时报告公安机关、工商行政管理部门等执法机关。

交易违法车辆的，二手车交易市场经营者和二手车经营主体应当承担连带赔偿责任和其他相应的法律责任。

此外，车辆上市交易前，必须先到公安机关交通管理部门申请临时检验，经检验合格在其行驶证上签注检验合格记录后，方可进行交易。

学习活动二　车辆静态检查

一、学习目标

（1）能正确描述机动车技术状况变化的外观症状；
（2）能正确解释汽车的各种质量参数和尺寸参数；
（3）能识别重大事故车、火烧车和泡水车；
（4）能凭目测及借助简单工、量具对二手车静态检查并给出车辆准确的技术状况评价；
（5）能独立完成鉴定车辆的拍照。

二、建议学时

8学时。

三、学习地点

汽车营销实训场地。

四、学习资料

计算机、网络资源、工作页、实训车。

五、学习准备

问题1　二手车评估中，车辆的现实状况对价格的影响很大。想一想，车况检查应该包含哪些内容？
_____
_____
_____。

问题2　车身的外观检查评估从前、后、左、右四个方位进行，主要对_____、_____、_____进行查验，目的是：_____
_____。

问题3　车身漆面检查可以通过目测检查法和仪器检查法实施，其中目测法是针对_____和_____进行检查的。在车漆修复过程中常见的缺陷有（举出至少四个类型）：
_____。

问题4　发动机舱的静态检查包括：_____
_____。

问题5　车辆发生前部碰撞事故可能在发动机舱中涉及的钣金件有：_____
_____。

问题6　发动机润滑系统如何进行检查？
_____
_____

问题7　车辆内饰的检查主要包括：_____
_____

问题8　行李舱检查主要包括：_____
_____

问题9　车辆底盘由_____、_____、_____、_____系统构成。各系统的检查要点分别是：
（1）_____
（2）_____
（3）_____
（4）_____

问题10　为了完整真实地对评估车辆的状况进行展示，需要对车辆进行拍照，主要包括外观、内饰及其他三个方面，其中：
外观：_____
内饰：_____
其他：_____

问题11　二手车拍照要求主要包括：_____
_____
_____
_____
_____
_____

六、情景描述

一位车主经洽谈后需要进行二手车评估检查，请你对该车辆进行静态评估，并按照要求进行拍照。

七、计划与实施

（1）查询资料，填写图 2-2-1 指定位置的名称。

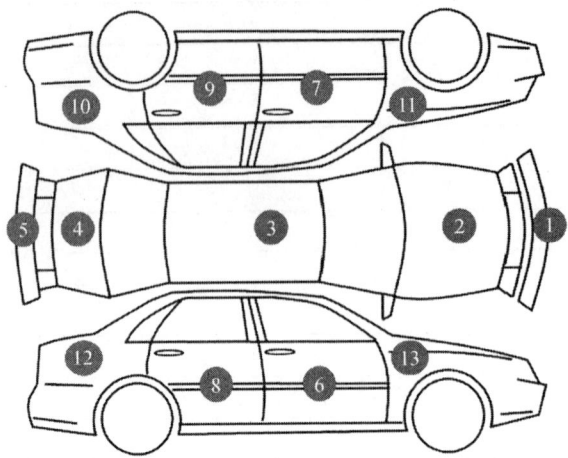

序号	名称	序号	名称
1		8	
2		9	
3		10	
4		11	
5		12	
6		13	
7			

图 2-2-1 车身覆盖件示意图

（2）根据车辆外观查验方法，请你对指定的车辆进行检查，并完成表 2-2-1。

表 2-2-1 二手车外观检查表

代码	外观部位	缺陷描述	分值
14	发动机舱盖表面		
15	左前翼子板		
16	左后翼子板		
17	右前翼子板		
18	右后翼子板		
19	左前门		
20	右前门		
21	左后门		
22	右后门		
23	行李箱盖		
24	行李箱内侧		
25	车顶		
26	前保险杠		

续表

代码	外观部位	缺陷描述	分值
27	后保险杠		
28	左前轮		
29	左后轮		
30	右前轮		
31	右后轮		
32	前大灯		
33	后尾灯		
34	前挡风玻璃		
35	后挡风玻璃		
36	四门车窗玻璃		
37	左后视镜		
38	右后视镜		
39	轮胎		
		合计（满分20分）	

结果综述：

（3）查询资料，填写图2-2-2指定位置的名称。

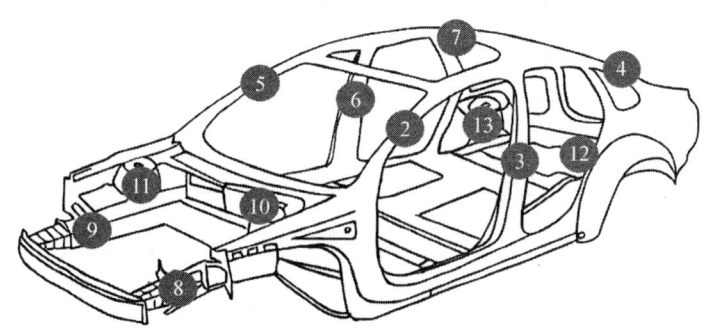

序号	名称	序号	名称
2		8	
3		9	
4		10	
5		11	
6		12	
7		13	

图 2-2-2　车身结构件示意图

（4）根据车辆结构检查方法，请你对指定的车辆进行检查，并完成表2-2-2。

表2-2-2 二手车车辆结构检查表

代码	检查项目	检查结果	代码	检查项目	检查结果
1	车体左右对称性		8	左前纵梁	
2	左A柱		9	右前纵梁	
3	左B柱		10	左前减振器悬挂部位	
4	左C柱		11	右前减振器悬挂部位	
5	右A柱		12	左后减振器悬挂部位	
6	右B柱		13	右后减振器悬挂部位	
7	右C柱				

（5）根据发动机机舱检查规范要求，选择A不扣分，第40项选择B或C扣1分；第41项选择B或C扣5分；第44项选择B扣2分，选择C扣4分；其余各项选择B扣1.5分，选择C扣3分。共计20分，扣完为止。如检查第40项时发现机油有冷却液混入、检查第41项时发现缸盖外有机油渗漏，则应在《二手车鉴定评估报告》或《二手车技术状况表》的技术状况缺陷描述中分别予以注明，并提示修复前不宜使用。请你完成指定车辆的检查并完成表2-2-3。

表2-2-3 二手车发动机项目检查作业表

序号	检查项目	A	B	C
40	机油有无冷却液混入	无	轻微	严重
41	缸盖外是否有机油渗漏	无	轻微	严重
42	前翼子板内缘、水箱框架、横拉梁有无凹凸或修复痕迹	无	轻微	严重
43	散热器格栅有无破损	无	轻微	严重
44	蓄电池电极桩柱有无腐蚀	无	轻微	严重
45	蓄电池电解液有无渗漏、缺少	无	轻微	严重
46	发动机皮带有无老化	无	轻微	严重
47	油管、水管有无老化、裂痕	无	轻微	严重
48	线束有无老化、破损	无	轻微	严重
49	其他	只描述缺陷，不扣分		
合计（满分20分）		得分：		
缺陷描述：				

（6）根据驾驶舱检查规范要求，选择A不扣分，第50项选择C扣1.5分；第51、52项选择C扣0.5分；其余项目选择C扣1分。共计10分，扣完为止。检查第60项时发现安全带结构不完整或者功能不正常，则应在技术状况缺陷描述中予以注明，并提示修复或更换前不宜使用。请你完成指定车辆的检查并完成表2-2-4。

表 2-2-4　二手车驾驶舱项目检查表

序号	检查项目	A	C
50	车内是否无水泡痕迹	是	否
51	车内后视镜、座椅是否完整、无破损、功能正常	是	否
52	车内是否整洁、无异味	是	否
53	方向盘自由行程转角是否小于 20°	是	否
54	车顶及周边内饰是否无破损、松动、裂缝和污迹	是	否
55	仪表台是否无划痕，配件是否无缺失	是	否
56	排挡把手柄及护罩是否完好、无破损	是	否
57	储物盒是否无裂痕，配件是否无缺失	是	否
58	天窗是否移动灵活、关闭正常	是	否
59	门窗密封条是否良好、无老化	是	否
60	安全带结构是否完整、功能是否正常	是	否
61	驻车制动系统是否灵活有效	是	否
62	玻璃窗升降器、门窗工作是否正常	是	否
63	左、右后视镜折叠装置工作是否正常	是	否
64	其他	只描述缺陷，不扣分	
合计（满分 10 分）		得分：	
缺陷描述：			

（7）根据底盘检查规范要求，选择 A 不扣分，第 85、86 项选择 C 扣 4 分；第 87、88 项选择 C 扣 3 分；第 89、90、91 项选择 C 扣 2 分。共计 15 分，扣完为止。请你完成指定车辆的检查并完成表 2-2-5。

表 2-2-5　二手车底盘项目检查表

序号	检查项目	A	C
85	发动机油底壳是否无渗漏	是	否
86	变速箱箱体是否无渗漏	是	否
87	转向节臂球销是否无松动	是	否
88	三角臂球销是否无松动	是	否
89	传动轴十字轴是否无松旷	是	否
90	减振器是否无渗漏	是	否
91	减振弹簧是否无损坏	是	否
92	其他	只描述缺陷，不扣分	
合计（满分 15 分）		得分：	
缺陷描述：			

（8）根据车辆功能性零部件检查规范，检查对应项目。结构、功能损坏的，直接进行缺陷描述，不计分。请你完成指定车辆的检查并完成表2-2-6。

表 2-2-6　车辆功能性零部件项目表

序号	类别	零部件名称	序号	类别	零部件名称
93	车身外部件	发动机舱盖锁止	105	随车附件	备胎
94		发动机舱盖液压撑杆	106		千斤顶
95		后门/后备箱液压支撑杆	107		轮胎扳手及随车工具
96		各车门锁止	108		三角警示牌
97		前后雨刮器	109		灭火器
98		立柱密封胶条	110	其他	全套钥匙
99		排气管及消音器	111		遥控器及功能
100		车轮轮毂	112		喇叭高低音色
101	驾驶舱内部件	车内后视镜	113		玻璃加热功能
102		座椅调节与加热			
103		仪表板出风管道			
104		中央集控			

缺陷描述：

（9）根据拍照要求完成二手车信息照片的拍摄（电子作业）。

八、拓展与反思

根据学习状况与小组成员一起完成学习评价表（见表2-2-7）。

表 2-2-7　学习评价表

项目	评价内容	评价等级		
		好	中	差
自我评价	学到的知识点：			
	学到的技能点：			
	不理解的有：			
	还需要深化学习并提升的有：			
组内评价	○按时到场　　○工装齐备　　○书、本、笔齐全			
	○安全操作　　○责任心强　　○7S管理规范			
	○学习积极主动　○合理使用教学资源　○主动帮助他人			
	○接受工作分配　○有效沟通　　○高效完成工作任务			

九、备忘录

十、学习材料

（一）检查车辆外观

二手车外观检查项目基本上可分为两大类：一类是仅做定性规定的检查项目，可用直观检查，即目测检查的方法进行；另一类是做定量规定的检查项目，需采用仪器设备和客观检查方法做定量分析。外观检查项目中，如需在底盘下面进行，应在设有检测地沟或汽车举升机的工位上进行。

二手车在进行外观检查前，应进行外部清洗。外观检查各项目中，有些可以依靠检验人员的技能和经验，用感官进行定性直观评价，比如车辆外部损伤、漏水、漏气、渗油和连接件松动、脱落等；有些项目却需要用仪表进行检测。随着检测技术的发展，人们开始运用仪器设备进行一些车辆的外观检测诊断，如转向盘自由转动量，踏板行程，漆膜厚度、硬度和光泽度等。因此，汽车外观检查有人工经验法、仪器仪表测量法以及两种方法的综合运用。GB/T 30323—2013 规定，车身外观应按车身外观展开示意图（见图 2-2-3）中规定的部位逐一进行检查。检查时从前保险杠开始，采用七方位绕车检查，顺序为驾驶舱→车身前部→发动机舱→车身右侧→车身后部→车身左侧→车身底部七个方位绕车一周，如图 2-2-4 所示。

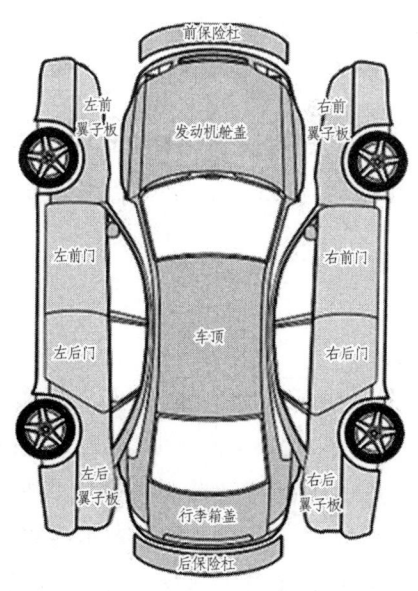

图 2-2-3 车身外观展开示意图

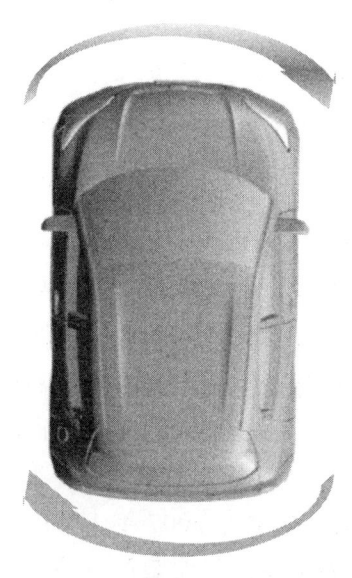

图 2-2-4 车身外观检查顺序

1. 检查前保险杠及中网

（1）检查装配间隙。前保险杠与周围板件间的配合间隙应均匀一致，如果出现间隙不均匀的情况，则有可能是维修调整不当或发生了碰撞事故，车身变形没有完全校正到位，而使保险杠无法调整到正确的位置。

（2）检查损伤情况。目视检查保险杠是否有明显的剐蹭损伤、裂纹、掉块。用手推拉感觉是否松动，如果松动，则应仔细检查固定螺钉处是否已经拉坏。

（3）检查漆膜。目视检查保险杠是否有局部漆膜颜色与其他部位有色差，或与周围板件的漆膜有色差。如果有色差，可判定补过漆，该车辆可能出过碰撞事故。检查漆膜表面质量，目视检查是否有明显的颗粒、橘皮纹、流排痕等缺陷，如果有，则表明补过漆。也可用膜厚仪检查漆膜厚度的方法判断是否补过漆。由于喷涂用材料、工具、喷涂技术水平及环境条件等的限制，汽车修补喷漆时，可能产生的缺陷有多种，二手车鉴定评估人员应该经常观察各类汽车的原厂漆表面状况和修补涂装后的漆膜表面状况，积累经验，以便能够准确判定漆膜是否经过修补。

（4）检查中网是否有损伤。正前方的碰撞经常会造成中网损伤，对于不严重的损伤，车主不要求更换新件，所以会留下损伤的痕迹。

2. 检查发动机罩

（1）检查装配间隙。发动机罩与周围板件间的配合间隙应均匀一致，如果出现间隙不均匀的情况，则有可能是维修调整不当或发生了碰撞事故，车身变形没有完全校正到位，而使发动机罩无法调整到正确的位置。

（2）检查表面漆膜。检查内容和方法与前保险杠漆膜检查相同。由于发动机罩多为钢板制作，可采用磁铁吸附法检查，即用一块包有软纸或纱布的磁铁，在初步断定有补漆的表面做吸附操作，感受吸力大小，再在该区域周围或发动机罩周围的钢板件表面做吸附操作，感受吸力大小。补过漆的区域，因修补施工时一般都涂有原子灰（俗称腻子），且经过多次补喷漆，所以该区域的涂层厚度增加，磁铁的吸力明显减弱。

（3）检查表面损伤。借助反射光线，查看发动机罩外表面是否有明显的凸凹损伤，是否有漆面脱落，是否有锈蚀等现象。查看过程中，也可戴棉手套触摸表面配合检查。

3. 检查前部灯光装置

检查前部灯光装置时，主要检查是否有明显的损伤，可要求车主开关相关的灯光，以检查各灯光是否有效。检查左、右前照灯新旧程度是否一致，如果有一个较新，说明可能出过前部碰撞事故。

4. 检查风窗玻璃

（1）查看风窗玻璃是否有裂纹或孔洞类的损伤。

（2）查看玻璃左下角的生产日期，判定是否更换过玻璃。

汽车玻璃标识中的字符含有多种信息，包括生产时间、汽车品牌、玻璃生产厂以及品牌，如图 2-2-5 所示。玻璃生产日期的表示方法也有多种形式，如图 2-2-5（a）中"7.．"：7 表示生产年份为 2007 年，"．"在后表示玻璃是下半年生产的，用 13 减去"．"的个数就是具体生产月份，即 13 - 1 = 12，则该块玻璃为 2007 年 12 月生产。图 2-2-5（b）中"7····＊＊"："7"表示生产年份为 2007 年；"····"表示生产季度是第 4 季度（有几个"·"就是第几季度）；"＊＊"表示相应季度的第 2 个月（有几个"＊"就是第几个月），则该玻璃为"2007 年 10 月生产"。

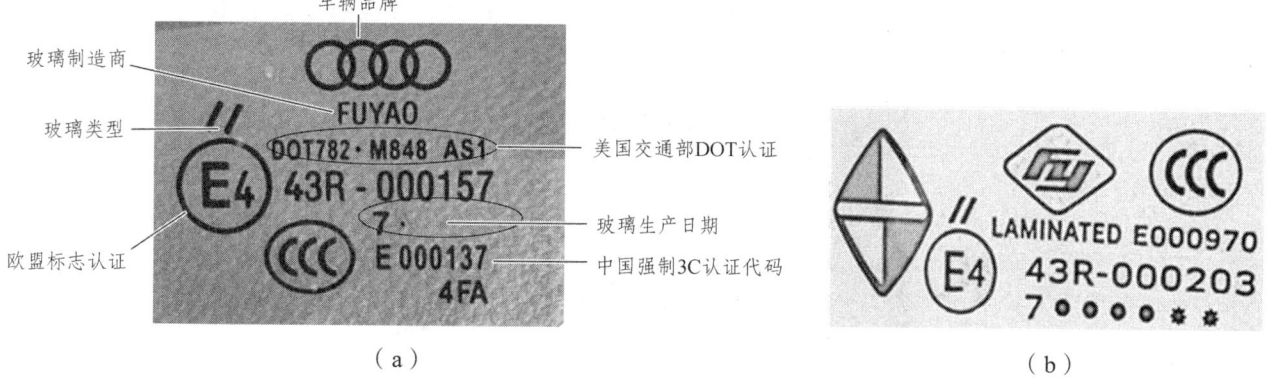

图 2-2-5 汽车玻璃标识示意图

5. 检查左前翼子板

检查左前翼子板时,主要检查是否有明显的损伤,是否有漆面脱落、锈蚀或补过漆的痕迹。

6. 检查左前车轮

检查轮胎的磨损情况、损伤情况、老化情况,以及轮圈的损伤情况。记录轮胎的规格及生产日期。

(1)检查轮胎损伤及非正常磨损。轮胎不应有非正常磨损,当轮胎出现非正常磨损时,表明该车的车轮定位参数不准确或是车辆长期超载运行。

(2)检查轮胎磨损程度。测量轮胎花纹深度时,需要使用轮胎花纹深度尺。轮胎花纹深度尺有机械式和电子式两种。

① 机械式轮胎花纹深度尺如图 2-2-6 所示。外侧粗一点围定的标尺,是辅助测量尺(辅助尺);中间细长可以移动的,是主测量尺(主尺)。当主尺的探头与尺身处于同一平面时,辅助尺与主尺的"0"刻度对齐,此时为深度尺"归零"状态。实际测量时,可将辅助尺"0"刻度所处位置的左侧主尺刻度读为整数;辅助尺的哪一个刻度与主尺任一刻度对齐(或最接近对齐),则作为小数点后读数。例如,辅助尺的"0"刻度位于主尺"20 mm"与"21 mm"刻度之间,读为 20 mm。辅助尺的"2"刻度与主尺的某一刻度对齐,则读为 0.2 mm。主尺读数与辅助尺读数相加为总读数,即 20.2 mm。将深度尺的尖端伸入轮胎胎面的同一横截面几个主花纹沟中,测量花纹的深度,得出一组数值,从中得出平均数并作为轮胎花纹深度的参考值。进行实际测量时,要注意几个细节:应测量轮胎的主花纹沟;使深度尺垂直于胎面;主尺探头避开花纹沟内的磨损极限标志;如果是新胎,注意尺身避开胎面上凸起的胶瓣。

② 电子式轮胎花纹深度尺测量轮胎花纹深度时,从液晶显示窗上直接读数。对在用车辆进行轮胎花纹深度测量时,应选择胎面中部的花纹,如图 2-2-7 所示。

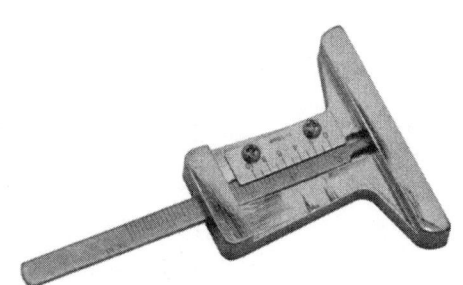

图 2-2-6 机械式轮胎花纹深度尺

图 2-2-7 电子式轮胎花纹深度尺

需要说明一点，现在大多数轮胎设有磨损标记，一般以花纹中布置的凸点标识，如图 2-2-8 所示。检查时，如果发现磨损标识已被磨损，则表明轮胎需要更换。

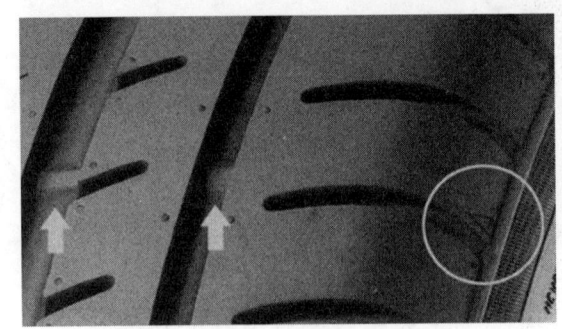

图 2-2-8　轮胎表面磨损标识

GB 7258—2017《机动车运行安全技术条件》对轮胎磨损的规定：轿车轮胎胎冠上花纹深度在磨损后应不小于 1.6 mm，其他车辆轮胎胎冠上花纹深度不得小于 3.2 mm；轮胎的胎面和胎壁上不得有长度超过 25 mm、深度足以暴露出轮胎帘布层的破裂和割伤。

（3）检查轮辋是否有明显损伤。

（4）记录轮胎的规格及生产日期。轮胎规格和生产日期标注在轮胎侧面，如图 2-2-9 和图 2-2-10 所示。

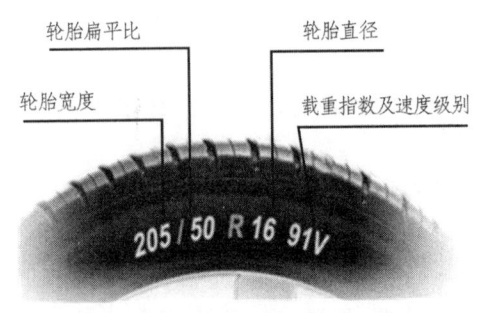

图 2-2-9　子午线轮胎规格及其表示法

图 2-2-10　轮胎的生产日期

7. 检查左前车门

（1）检查后视镜（包括大客车或货车的下视镜）是否完好。可折收式后视镜能否折叠顺畅，打开后能否可靠锁止。

（2）检查车门玻璃完好程度及出厂日期。

（3）检查车门表面是否发生碰撞受损，是否有漆面脱落或锈蚀，是否有补过漆的迹象。

（4）检查车门密封条是否老化。

（5）检查车门四周接缝是否均匀。

（6）开关车门，感觉车门开闭是否顺畅，以判断车门铰链的磨损情况；关上车门，检查是否锁止可靠。

（7）查看车门内表面。如果表面很脏，说明车辆维护不好；如果很破旧，说明车辆使用时间较长或使用强度较大。

（8）检查玻璃升降器的功能，记录玻璃升降器的形式（手动、电动）。

8. 检查左后车门

左后车门的检查内容、方法及要求与左前车门相同。

9. 检查左后翼子板及左后车轮

左后翼子板和左后车轮的检查内容、方法及要求与左前翼子板及左前车轮相同。

10. 检查后保险杠及后部灯具

后保险杠及后部灯具的检查内容、方法及要求与前保险杠和前部灯具相同。

11. 检查行李舱盖

（1）检查行李舱外表面。检查内容、方法及要求与发动机罩相同。

（2）打开行李舱盖，检查舱盖防水胶条是否完好，检查行李舱是否锈蚀；查看行李舱开口处左右两边的钣金件与后保险杠的接合处时，可先翻开行李舱下的地毯，检视该处有无焊接过的痕迹。

（3）检查是否有备胎，如有，应检查备胎的完好情况。

（4）查看是否有进水的痕迹，如有，应根据痕迹的高度判定进水的程度。

（5）关闭行李舱盖，检查锁止情况。

12. 检查后风窗玻璃

后风窗玻璃的检查内容、方法及要求与风窗玻璃相同。

13. 检查车辆右侧

车辆右侧的检查部位包括右后翼子板、右后车门、右前车门、右前翼子板等，检查内容、方法及要求与车辆左侧对称部位相同。

14. 外观检查结果记录

GB/T 30323—2013 规定了车身外观部位要完成 26 个项目的检查，每个项目对应一个代码，如表 2-2-8 所示。

表 2-2-8　车身外观部位代码对应表

代码	外观部位	代码	外观部位	代码	外观部位
14	发动机舱盖表面	23	行李箱盖	32	前大灯
15	左前翼子板	24	行李箱内侧	33	后尾灯
16	左后翼子板	25	车顶	34	前挡风玻璃
17	右前翼子板	26	前保险杠	35	后挡风玻璃
18	右后翼子板	27	后保险杠	36	四门车窗玻璃
19	左前门	28	左前轮	37	左后视镜
20	右前门	29	左后轮	38	右后视镜
21	左后门	30	右前轮	39	轮胎
22	右后门	31	右后轮		

根据项目检查的缺陷选择对应的标识，如表 2-2-9 所示。评估时，损伤程度判断参考表 2-2-9 中的表述，当为 1 时扣 0.5 分，每增加 1 个程度加扣 0.5 分。共计 20 分，扣完为止。轮胎部分需高于程度 4 的标准，不符合标准时扣 1 分。

表 2-2-9　车身外观状态描述对应表

代表字母	HH	XS	LW	AX	XF
缺陷描述	划痕	锈蚀	裂纹	凹陷	修复痕迹

程度：1. 面积小于或等于 100 mm×100 mm；
　　　2. 面积大于 100 mm×100 mm 并小于或等于 200 mm×300 mm；
　　　3. 面积大于 200 mm×300 mm；
　　　4. 轮胎花纹深度小于 1.6 mm。

(二)检查发动机舱

打开发动机罩,支撑好,目视并配合手触摸检查下列项目。

1. 检查发动机罩内表面

1)检查内板

(1)如果发动机罩内表面没有护板(隔热板),如图2-2-11(a)所示,则首先检查内板凸筋的形状是否顺畅,是否有折痕和凹陷损伤,是否有裂纹,凸筋与机罩外板间的密封胶是否有开裂现象。

(2)如果发动机罩内表面有护板,如图2-2-11(b)所示,则首先检查内护板的完好程度,如果内护板保持完好,则可认为发动机罩没有受过严重的碰撞损伤。如果内护板有开裂、孔洞或呈破烂不堪的状态,则需拆下内护板,检查内板凸筋情况;如果内护板很新,可能是事故修复时更换了新件。

(a)没有内护板的发动机罩　　　　　　　　(b)有内护板的发动机罩

图 2-2-11　发动机罩内表面

2)检查内板边缘

(1)目视检查发动机罩内、外板翻边咬合处的密封胶线是否规整,用手指甲稍用力压胶线检查胶线是否有弹性。如果胶线不规整或呈断续状态,则可断定该发动机罩做过大修;如果胶线干硬或老化松动,则说明该车可能使用年限较长或发动机长期在高温状态下运行。

(2)查看内板边缘是否有正面面漆颜色的油漆,如果有,则说明发动机罩做过油漆修补。

(3)检查发动机罩铰链螺栓。查看发动机罩铰链螺栓是否有拆卸过的痕迹,如果有,则说明发动机罩可能做过修理。

2. 检查发动机及其附件

1)检查发动机

(1)检查清洁情况。通常发动机表面有少许灰尘和油污为正常现象。如果发动机表面非常干净,则说明刚清洗过(或刚做了发动机美容),据此可断定之前的发动机表面很脏,进而可断定该车维护状况不是很好。如果发动机表面很脏,则可直接断定该车维护状况不是很好。

(2)检查发动机是否有漏油、漏水现象。

(3)拔出机油尺,查看发动机机油的质量。一般机油尺上都有高、低油位的显示标记(见图2-2-12中上限和下限),如果机油平面在这两个油位之间,则表示正常。如果油位过低,应了解上次更换机油的时间和间隔里程,通常发动机机油的换油间隔为5 000 km,正常的机油消耗是在换油间隔内小于1 L。如果时间和间隔里程正常,说明发动机烧机油;如果机油平面过高,说明发动机严重窜气或漏水。

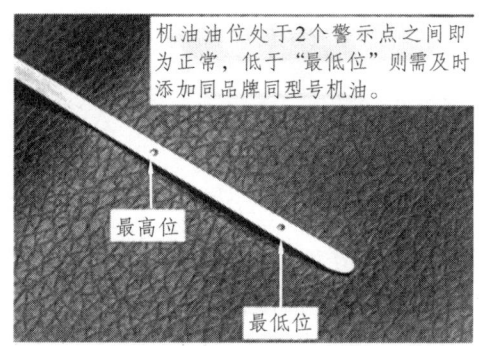

图 2-2-12 机油尺油位上限和下限

准备一张白纸,将机油尺在纸上擦拭,观察机油颜色和杂质的情况。车辆使用一段时间后机油颜色会变为深色,这是正常现象,而机油显现其他颜色都是不正常的。如果发现机油的颜色变灰、变白或有乳化现象,说明机油中混入水,可能是发动机冷却系统和燃油系统有连通泄漏情况导致的。对于配备自动变速器的车辆,还应查看自动变速器油尺,检查的内容和方法与发动机机油尺基本相同。

(4)检查加机油口油盖。拧下加机油口的盖子,查看盖内表面,如有较轻的油污,则为正常现象;如油污较多,表面呈白色乳状,则可能是缸垫、缸盖或缸体有损坏,导致发动机冷却系统内部漏水;如油污呈棕色,则表明机油含水量较大,或者是发动机长期在高温状态下运行。

(5)检查冷却液。现代的汽车发动机里常年使用防冻液作为发动机的冷却液。冷却液颜色为蓝色、浅绿色或粉红色,如果发现冷却液已经没有颜色和黏度就像水一样,则应了解其原因,并分析二手车可能存在的故障,如发动机高温、发动机漏水等。

检查冷却液液面上是否有其他异物漂浮,如锈蚀的粉屑、不明的油污等。如果发现有散热器内或发动机机体内的锈蚀情况已经很严重。一旦发现有上述情况,都表明该车发动机状况不好。检查冷却液液面是否正常,如液面太低,则说明冷却系统存在渗漏故障,观察各水管接头的夹子处,水泵、散热器、气缸垫、水堵等处是否有渗漏的痕迹,这种故障也可能是密封垫或胶圈老化、安装不当、管路老化变脆等原因引起的。

2)检查蓄电池

(1)查看生产日期(判断是否需要更换)。

(2)查看电极桩是否有经常拆装的痕迹,如果有,则说明该车电路经常出故障。

(3)查看电极桩上是否有浅灰色絮状物,如果有,则说明该蓄电池存在漏液故障。

(4)查看蓄电池外表是否有渗漏痕迹(也可通过查看蓄电池支架是否有腐蚀现象来判断)。

(5)对于免维护蓄电池,可以直接通过观察孔观看孔中的颜色,当看到的颜色为黄色时,说明电解液过少;当看到的颜色为绿色时,说明电解液合适,且电量充足;当看到的颜色为黑色时,说明电解液合适,但电量不足,需充电。

3)检查发动机其他附件

(1)检查空气滤清器。查看滤清器芯的清洁程度,如果滤清器芯很脏,则说明该车维护状况不是很好;如果滤清器芯是新换的,则说明原来的滤芯很脏。

(2)检查冷却液软管、进气软管及真空软管等是否有老化现象。

(3)检查点火高压线。点火高压线应清洁、布线整齐、无切割口、无擦伤部位、无裂纹和烧焦处。

(4)检查火花塞。用火花塞套筒扳手拆下任意一个火花塞,检查火花塞的技术状况。如果火花塞电极呈灰色,且没有积炭,则表示火花塞工作正常;如果火花塞严重积炭、电极严重烧蚀、绝缘体破裂、漏气、侧电极开裂等,均会使点火性能下降,需成组更换火花塞。

(5)检查点火线圈。观察点火线圈外壳有无破裂等现象。

（6）检查喷油器技术状况。检查喷油器插头安装、喷油器密封圈、油压调节器及真空管路是否良好。

（7）检查起动机、发电机、空调压缩机、动力转向泵、ABS泵、分电器、膨胀水箱、风窗洗涤液罐、传动皮带等附件的完好程度。

4）检查制动液

（1）检查制动液储量。制动液液位应该在储液罐外表的刻度最高液位"MAX"和最低液位"MIN"之间。液位太低，则说明制动系统存在渗漏故障，应观察制动管路的各个接口处、油管、前轮分泵、后轮分泵等是否有渗漏痕迹，此时的制动系统可能存在密封垫或胶圈老化、安装不当、油管老化变脆等现象。

（2）检查制动液质量。打开储液罐盖检查内部是否悬浮有黑色的小颗粒等其他杂质，如有，则说明制动管路的接口密封胶圈老化，需要对损坏处进行更换；如油液颜色很深，则需要更换制动液。

5）记录典型的配置特点

进行该项检查时，主要记录的内容包括发动机缸数、电喷的类型、是否为动力转向、是否有ABS等。

3. 检查发动机罩锁止情况

关上发动机罩，检查发动机罩的锁止情况。

（三）检查驾驶室

1. 检查座椅及安全带

（1）驾驶员座椅、乘员座椅安装应牢固可靠。检查驾驶员座椅、副驾驶员座椅的调节功能是否有效，记录座椅调整机构的类型（手动、电动），各座椅配备的安全带应齐全、有效。

（2）查看座椅的新旧程度。座椅表面应平整、清洁、无破损。如座椅松动和严重磨损、凹陷，则说明该车经常行驶在高负荷的工况下。

2. 检查仪表台

1）检查仪表台外观

（1）查看仪表台是否为原装件，仪表台底部有没有更改过线束的痕迹。

（2）检查要求安装汽车行驶记录仪的车辆是否已按要求安装，能否正常工作。

（3）检查仪表台有无划痕。

（4）观察副驾驶的气囊与周围部件的新旧一致程度，如果气囊盖较新或周边有缝隙，则说明更换过气囊。

2）检查附件

（1）检查里程表，已经行驶的里程数是车辆行驶年龄的参照，一般的家用车每年行驶1万~3万千米。记录里程表的数值。

（2）检查其他仪表是否配备齐全，功能是否有效。查看是否有火烧过的痕迹。

（3）检查储物盒是否有裂痕、配件是否缺失。

3. 检查操纵器件

1）检查转向盘

（1）检查转向盘自由间隙。转动转向盘，使汽车处于直线行驶位置，然后向左打转向盘到感觉有阻力为止，然后再向右打转向盘到感觉有阻力为止，检查转向盘自由行程的大小，标准规定向左或向右的自由行程均不得大于15°。

（2）上下拉动转向盘，检查转向十字轴是否有过大的间隙。

（3）前后推动转向盘，检查转向盘管柱衬套是否有过大的间隙。

（4）检查转向盘中间的安全气囊盖是否有更换过的痕迹。

2）检查踏板

（1）检查离合器踏板、制动踏板、加速踏板有无弯曲变形及干涉现象。

（2）检查离合器踏板和制动踏板的胶垫是否磨损过度，通常踏板胶寿命在3万千米左右，如果换了新的，则此车已行驶3万千米以上。

（3）检查所有踏板是否有弹性，自由行程是否合适（制动踏板的自由行程一般为20～40 mm，离合器踏板的自由行程一般为15～25 mm），同时留心查听踩踏踏板时是否有异响。

3）检查变速杆

（1）检查变速杆的磨损情况，以判断车辆的使用强度。

（2）踩下离合器踏板（对于自动变速器的车辆，踩下制动踏板），操纵变速杆进行各挡位间的升/降挡操作，以检查换挡情况。

（3）记录变速器形式（手动、自动、手自一体，挡数等）。

4）检查驻车制动情况

检查驻车制动是否灵活有效。要求拉起驻车制动操纵杆3响以内，即可达到足够的制动效能。

4. 检查内饰

（1）查看车顶的内篷及内饰板是否破裂，车辆内部是否污秽发霉。车内如有发霉的味道，则表明车子可能有漏水的情况或可能泡过水。

（2）检查天窗的功能是否正常，天窗应开启顺畅，关闭后可靠锁止。记录天窗的类型（手动、电动）。

（3）检查地毯或地板胶是否残旧，从地毯磨痕可推断出该车使用的频繁程度。揭开地毯或地板胶，查看车厢地板是否有潮湿或生锈的痕迹，是否有焊接的痕迹。

（4）查看地板胶和车内饰板中下部是否有被水淹过或火烧过的痕迹，以判定该车是否为"泡水车"或"过火车"。

5. 检查车内附件

（1）检查车内后视镜是否完好。

（2）检查车顶灯是否完好有效。

（3）对于大客车，应检查其行李架是否完好、是否安装牢固。

（4）检查刮水器、风窗洗涤器、收音机、CD等是否齐全、完好、有效。

（5）记录安全气囊数量。

6. 检查底部

检查车辆底部时，要将车辆置于地沟上或在举升器上。

（1）检查发动机固定是否可靠，检查发动机与传动系统的连接情况；燃油箱及燃油管路应固定可靠，不得有渗、漏油现象；燃油管路与其他部件不应有磨蹭现象；软管不得有老化开裂、磨损等异常现象。

（2）检查变速器是否有漏油现象。

（3）检查传动轴中间支撑轴承及支架、万向节等有无裂纹和松旷现象。

（4）检查转向节臂、转向横直拉杆有无裂纹和损伤，有无拼焊现象。检查转向横直拉杆球销是否松旷、连接是否可靠；各运动部件在运动中有无干涉、摩擦现象。

（5）检查车架是否有裂纹和影响车辆正常行驶的变形，螺栓和铆钉是否缺少和松动，车架是否进行过焊接加工。

（6）检查前、后桥是否有变形、裂纹。

（7）检查钢板弹簧有无裂纹、断片、缺片和多片现象，中心螺栓和U形螺栓是否紧固，减振器是否漏油，车架与悬架之间的各拉杆和导杆有无松旷和移位现象。

（8）检查排气管、消声器是否齐全、固定是否可靠，有无破损和漏气现象。

（9）检查制动总泵、分泵、制动管路有无漏气、漏油现象；软管有无老化开裂、磨损异常等现象。

（10）检查电气线路，所有导线均应捆扎成束、布置整齐、固定卡紧、接头牢固并有绝缘套，在导线穿越孔洞部位应装设绝缘套管。

（11）检查悬架。可用手在汽车前后左右角分别用力下压，如放松后汽车车身能回弹，且自由振动不超过3次，则说明该系统正常。如出现异响、自由跳动次数过多或不能自动跳动，则说明该减振器或弹簧等部件工作不良。

（12）检查防尘套。用手抻开防尘套，查看有无开裂痕迹。

（13）在底盘检查过程中，随时记录典型的配置特点，如驱动形式（FF、FR、4WD）、制动系统形式（前盘后鼓、前后盘式等）等。

7. 检查功能性零部件

车辆功能性零部件检查通常结合前述6项检查过程进行，对于没有包含在前述6项检查内容之内的项目，需单独进行检查。车辆功能性零部件的检查包括以下项目。

1）车身外部件

（1）检查发动机罩的锁止情况。

（2）检查发动机罩液压撑杆功能。发动机罩无须太大力即可打开；打开后能够可靠停在升起位置。

（3）检查后门/行李舱液压撑杆功能。

（4）检查各车门的锁止情况。

（5）检查前、后刮水器功能，包括间歇挡、慢速挡和快速挡的摆动情况是否正常，关闭开关后，刮片能否回到初始位置。

（6）检查车门立柱密封胶条。

（7）检查排气管及消声器。

（8）检查车轮轮毂损伤情况。

2）驾驶室内部件

（1）检查车内后视镜的完好性。

（2）检查座椅调节及加热情况。

（3）检查仪表板出风管道情况。

（4）检查中央集中控制功能。

3）随车附件

查看下列随车附件的有无及是否完好可用。

（1）备胎。

（2）千斤顶。

（3）轮胎扳手及随车工具。

（4）三角警示牌。

（5）灭火器。

4）检查其他功能件

（1）全套钥匙应齐全完好。

（2）遥控器保持良好功能。

（3）喇叭高低音色正常。

（4）玻璃加热器功能良好。

（四）判别事故车

1. 事故车定义

事故车是指在使用过程中，曾经发生过长时间泡水、严重过火或严重碰撞，即使经过很好的修复，仍然存在安全隐患的车辆。

2. 事故车的类型

在二手车评估中，事故车包括严重碰撞车、泡水车和过火车三种。

1）严重碰撞车

因经过严重撞击而伤及车身主要结构件的车辆，在后期很难修复到原厂要求的技术状况。碰撞严重时，需要对车辆进行加热校正修复，对车辆金属刚性及强度影响极大，并且修复后的车辆在高速行驶时会出现跑偏、磨胎等现象，稳定性较差，如图2-2-13所示。只要碰撞损伤达到下列程度之一，即可认为是严重碰撞事故车。

图2-2-13 严重交通事故车

（1）车架左右纵梁弯曲变形、断裂后修复或更换过。

（2）散热器框架和悬架安装部位被撞伤后修复或更换过。

（3）车身后翼子板碰撞后，整体或局部更换过。

（4）门框上下边梁，A、B、C柱碰撞变形弯曲后修复或更换过。

（5）车身底板碰撞变形后修复或更换过。

2）泡水车

泡水车按照损害严重程度分为三类：第一类是水深超过车轮，并且水涌入了车内；第二类是水深超过发动机罩，水线达到风窗玻璃的下沿；第三类是积水漫过车顶。在这三类情况中，第一类最为常见，危害性相对后两类要小很多，修复后对日常使用影响不大。而水深超过了风窗玻璃下沿或者直接没过车顶的车辆，即使修复后也存在相当大的安全隐患。

泡水车是指进水时，水线超过发动机罩，水线达到风窗玻璃的下沿以上而不管浸泡的时间长短，如图2-2-14所示。因整个发动机舱被水淹没，绝大部分电气线路和相关零件、仪表都被水浸泡过，而管路内和相关电器零件内部的进水不能及时排出，会造成严重安全隐患。这些车辆虽然结构没有发生变化，但电气线路容易生锈、腐蚀，从而造成短路、接触不良等故障，在车辆使用中存在着很大的安全隐患，所以把泡水车列为事故车。

3）过火车

汽车无论是由于外燃还是自燃，只要发动机舱或乘员舱经历火烧，且燃烧面积较大、机件损坏较严重，即判定为过火车，应列为事故车，如图2-2-15所示。火烧是极为严重的事故，经火烧后，机件很难修复。但局部着火烧损的零件为非主要零部件，并在很短的时间内熄灭，主要零件未受到影响的，经修复换件后，不能算过火车。

图 2-2-14　泡水车

图 2-2-15　过火车

（五）非承载式车身的碰撞变形

非承载式车身由车架及后围接在其周围的可分解的部件组成，车身的前部和后部在结构上具有上弯的特性，碰撞时会变形，但可保持车架中部结构的完整性。图2-2-16中圈出的部位为非承载式车身上比较容易变形的部位，主要用来缓冲碰撞冲击。车身与车架之间有橡胶垫，橡胶垫能减缓从车架传至车身上的冲击。遇有强烈冲击时，橡胶垫上的螺栓可能会折弯，并导致车架与车身之间出现裂缝。碰撞时由于冲击力的大小和方向不同，车架可能遭受损伤而车身没有遭受损伤。车架的中部较宽，可以抵抗从侧面传来的碰撞冲击，进而保护乘客的安全。车架是否变形，可通过比较车门槛板与车架前后之间的空间尺寸、前翼子板与轮罩前后之间的空间尺寸以及前保险杠上的后孔到前车架钢梁总成之间左右尺寸的大小来确定。

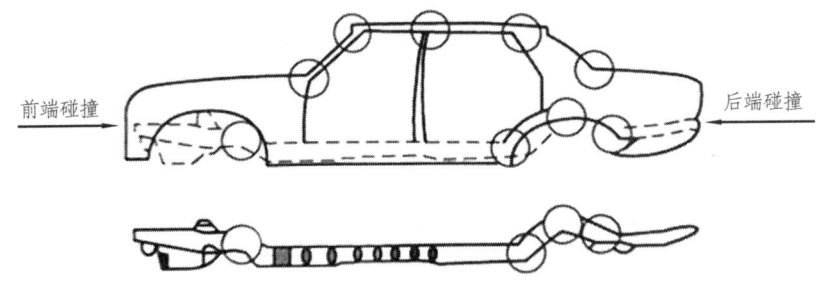
图 2-2-16　非承载式车身碰撞变形部位

车架受撞时的变形，大致可分为左右弯曲、上下弯曲、断裂、菱形变形和扭转变形5种类型。

1. 左右弯曲

当汽车一侧被碰撞时，被撞一侧会有明显的碰撞损伤，被撞一侧车架纵梁的外侧及另一侧纵梁的内侧可能发生折损；车门垂直方向缝隙会变大，车门宽度方向可能发生折皱；车身和车顶盖可能发生错位等现象；车架的左右弯曲变形可能出现在前部、中部和后部，如图2-2-17所示。

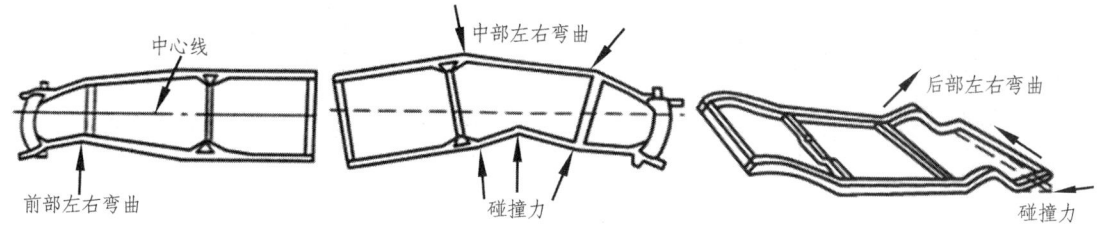

图 2-2-17 车架左右弯曲变形

2. 上下弯曲

车上下被撞弯曲后，车身壳体某些部位比正常位置低（或高），这就说明车身发生了上下弯曲变形，如图 2-2-18 所示。

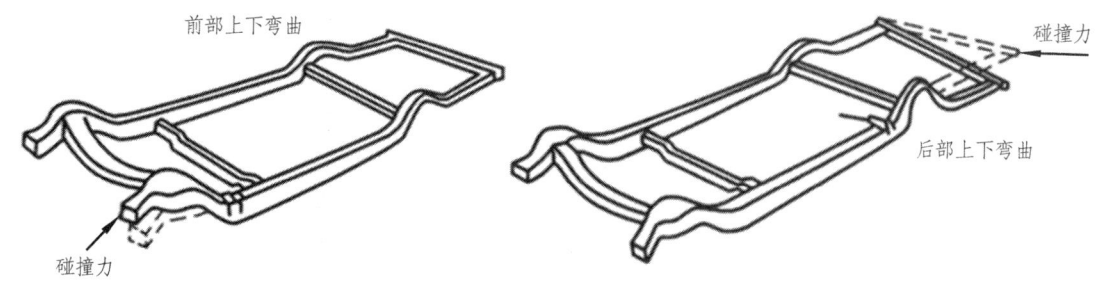

图 2-2-18 车架前部和后部的上下弯曲变形

直接碰撞汽车的前部或后部，会导致汽车在一侧或两侧发生上下弯曲。可以通过翼子板与门之间的缝隙是否上下宽度不同、车门是否下垂等现象判别出车身是否发生上下弯曲变形。即使在车架上看不出皱折和扭曲，大多数车辆在受到碰撞后都会有上下弯曲变形。严重的上下弯曲变形也会破坏车架纵、横梁的准直度。

3. 断 裂

汽车被碰撞后，如果发动机罩前移或后车窗后移；车身上的某些部件或车架元件的尺寸小于标准尺寸；车门可能吻合得很好，但挡板、车壳或车架的拐角处有皱折或有其他严重的变形；车架在车轮安装位置圆顶处向上提升，引起弹性外壳损坏，这些现象都表明车身发生了断裂损伤，如图 2-2-19 所示。

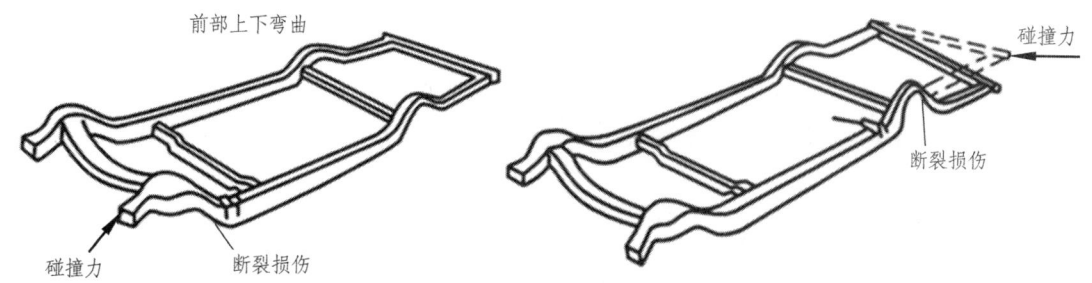

图 2-2-19 车架的断裂损伤

4. 菱形变形

当车辆前部（或后部）的任一侧角被碰撞或撞击方向偏离车辆重心时，车架的一侧向后或向前移动，车架或车身歪斜成近似平行四边形的形状，这种变形称为菱形变形，如图 2-2-20 所示。菱形变形是整个车架的变形，可以明显看到发动机罩及行李舱盖发生错位（见图 2-2-21）；在接近后车轮罩的相互垂直的钢板上或在垂直钢板接头的顶部可能出现皱折现象；在乘员舱和行李舱底板上也可能出现皱折和弯曲现象。此外，菱形变形还会附加有许多断裂及弯曲的组合损伤。

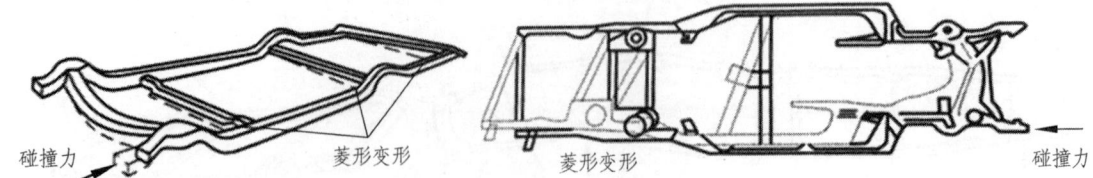

图 2-2-20　车架的菱形变形

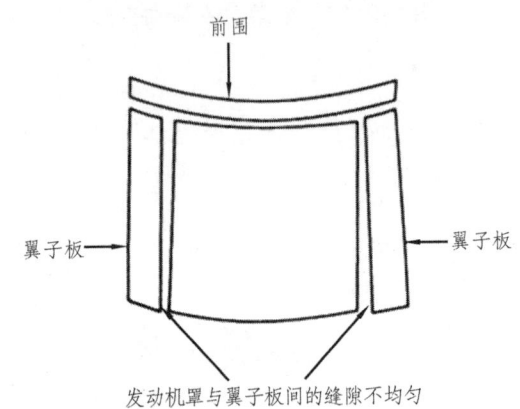

图 2-2-21　车架发生菱形变形后发动机罩的状态

5．扭转变形

当汽车高速撞击到路缘石、路中隔离栏或车身后侧角端发生碰撞时，车架就可能发生扭转变形，如图 2-2-22 所示。车架发生扭转变形后，汽车的一角会比正常情况高，而对称的一角则会比正常情况低；汽车的一角会前移，而邻近的一角很可能被扭转向下。若汽车的一角明显下垂，就应对汽车进行扭转损伤检查。要特别注意的是，扭转变形往往隐藏在车身底层，可能在钢板表面检查看不出任何明显的损伤。

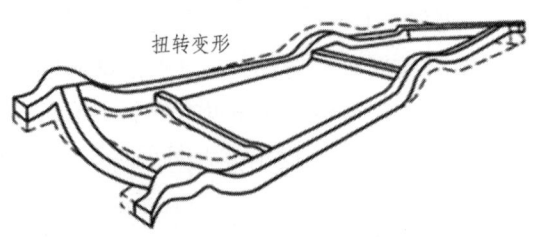

图 2-2-22　车架的扭转变形

（六）承载式车身的碰撞变形及损伤类型

1．承载式车身的碰撞变形

1）承载式车身基本结构

典型的轿车承载式车身结构如图 2-2-23 所示。

（1）发动机罩。发动机罩的主要作用是遮盖发动机，一般通过铰链安装在车身壳体上。

（2）翼子板。翼子板也称为叶子板，其主要作用是遮盖车轮。按其在车身上位置的不同，翼子板分为前翼子板和后翼子板。大多数轿车的前翼子板通过螺栓安装在车身壳体上；少数轿车，特别是非承载式车身的轿车，前翼子板通过点焊的方式与车身壳体连接。后翼子板也称后侧围板，一般是通过点焊方式与车身壳体连接。

（3）车门。车门的主要作用是方便乘客上下车，均是通过铰链安装于车门立柱上。

（4）行李舱盖。行李舱盖的主要作用是遮盖行李舱，通常通过铰链安装于车身壳体上。

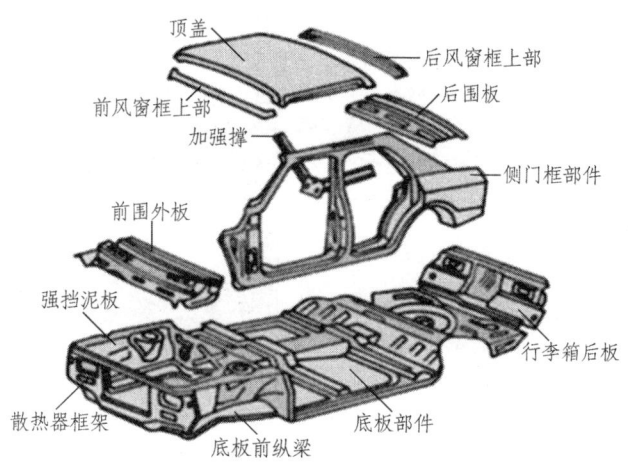

图 2-2-23 典型轿车承载式车身结构

（5）保险杠。保险杠按其在车身上的位置可分为前保险杠和后保险杠。当车辆发生前后碰撞时，保险杠起被动保护作用。保险杠通常通过螺栓与车身壳体的前、后纵梁相连接，有时在保险杠和纵梁间加装有缓冲器。

（6）车顶盖。车顶盖的主要作用是遮盖车顶，通常是用点焊的方式与车身壳体连接，有些车型在车顶盖上开设有天窗（活动顶盖）。

（7）车身壳体。车身壳体也称为车身本体，是指没有安装任何机械部件、电气元件及导线、车身覆盖件及装饰件的总成。车身壳体是整个汽车的基础件，汽车上的所有机械部件、电气元件及导线、车身覆盖件及装饰件等均通过不同的方式固定在车身壳体上。典型的承载式车身壳体结构如图 2-2-24 所示。

图 2-2-24 典型的承载式车身壳体结构

2）前部碰撞变形

图 2-2-25 所示是一辆承载式车身的汽车发生前部碰撞时的变形情况（图中①、②、③、④代表从开始碰撞到发生严重损伤的过程，也可分别代表轻微、较轻、较重、严重变形）。前部碰撞的冲击力取决于汽车的质量、速度、碰撞范围及碰撞物。碰撞程度比较轻时，保险杠会被向后推，前纵梁、保险杠支撑、前翼子板、散热器支座、散热器上支撑和机罩锁紧支撑等也会折曲。

如果碰撞的程度剧烈，那么前翼子板就会弯曲而触到前车门，发动机罩铰链会向上弯曲至前围上盖板，前纵梁也会折弯到前悬架横梁上并使前悬架横梁弯曲。如果碰撞力量足够大，前挡泥板及前车身立柱（特别是前门铰链上部装置）将会弯曲，并使车门松垮掉下。另外，发生前部碰撞时，前纵梁会发生折皱，前悬架构件、前围板和前车门平面也会弯曲。

如果从某一角度进行正面碰撞，前纵梁的连接点就会成为旋转中心。由于左面和右面的前侧构件是通过前横向构件连接在一起的，碰撞引起的振动就会从碰撞点一侧传递至另一侧，并使另一侧的前部构件发生变形，如图 2-2-26 所示。

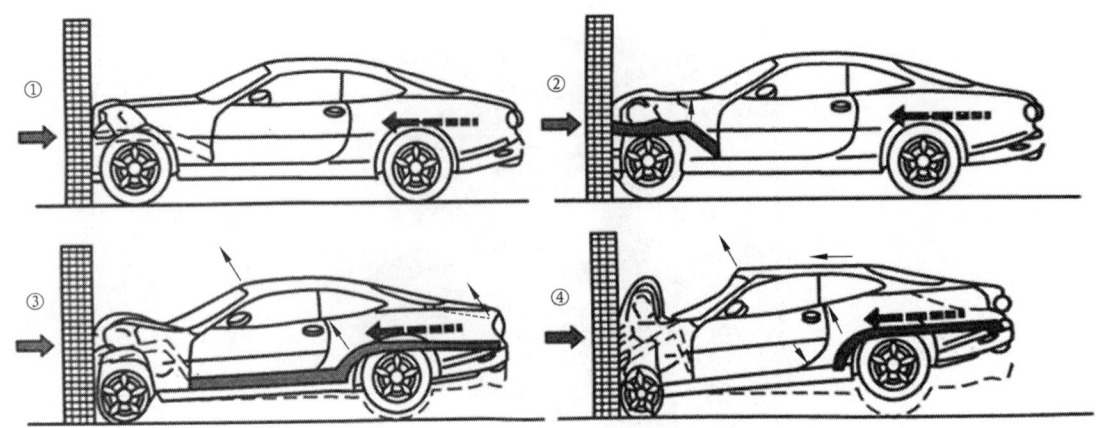

图 2-2-25 汽车前部碰撞变形过程

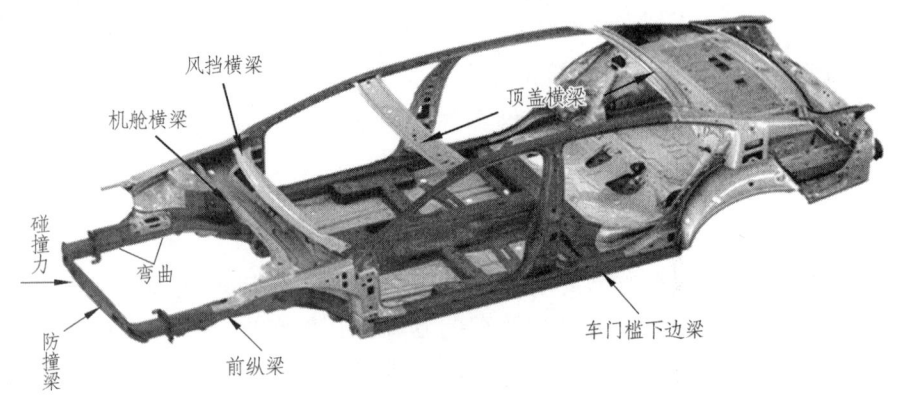

图 2-2-26 前纵梁的弯曲及断裂效应

3）中部碰撞变形

当发生侧面碰撞时，车门、前部构件、车身中立柱以及地板都会变形。如果中部侧面碰撞比较严重，车门、中柱、车门槛板、顶盖纵梁都会严重弯曲，甚至相反一侧的中柱和顶盖纵梁也会变形。随着碰撞力的增大，车辆前部和后部会产生与碰撞方向相反的变形，整个车辆会变成弯曲的香蕉状，如图 2-2-27 所示。

图 2-2-27 汽车中部碰撞变形过程

当前翼子板或后顶盖侧板受到垂直方向较大的碰撞时，冲击会传递到汽车相反一侧。当前翼子板的中心位置受到碰撞时，前轮会被推进去，冲击也会从前悬架横梁传至前纵梁，此时，悬架元件会受到损伤，前轮的中心线和基线也会改变。发生侧向碰撞时，转向装置的连杆及齿轮齿条的配合也将被破坏。

4）后部碰撞变形

汽车后部碰撞时，其受损程度取决于碰撞面的面积、碰撞时的车速、碰撞物及汽车的质量等因素。

如果碰撞力小，后保险杠、后地板、行李舱盖及行李舱地板可能变形。如果碰撞力大，相互垂直的钢板会弯曲，后顶盖顶板会塌陷。而对于四门汽车，车身中立柱也可能弯曲，如图2-2-28所示。

图 2-2-28　汽车后部碰撞力不同时的受损情况

由于在汽车的后部设有吸能区，碰撞时一般只在车身后部发生变形，可保护中部乘客室的完整和乘客的安全。

5）顶部碰撞变形

当坠落物体砸到汽车顶部时，除车顶钢板受损外，车顶纵梁、后顶盖侧板和车窗也可能同时受到损伤。在汽车发生翻滚时，车的顶部顶盖、立柱，车下部的悬架会受到严重损伤，悬架固定点的部件也会受到损伤，如图2-2-29所示。如果车身立柱和车顶钢板弯曲，那么相反一端的立柱同样也会损坏。由于汽车倾翻的形式不同，车身的前部及后部部件的损伤也不同。就这些情况而言，汽车损伤程度可通过车窗及车门的变形状况来确定。

图 2-2-29　汽车倾翻碰撞变形

2. 承载式车身碰撞损伤的类型

承载式车身结构的碰撞损伤是按弯曲、断裂、增宽和扭转的顺序进行的。

（1）弯曲。在碰撞的瞬间，由于汽车结构具有弹性，碰撞振动传递到较远距离的大部分区域，从而引起车身中部结构横向及垂直方向的弯曲变形。左右弯曲通常通过测量宽度或对角线来判别，上下弯曲变形通常通过测量车身部件的高度是否超出配合公差来判别。与非承载式车身结构的弯曲变形相似，承载式车身结构的弯曲变形可能仅发生在汽车的一侧，如图2-2-30所示。

（2）断裂。如图2-2-31所示，在碰撞过程中，碰撞点会受到显著的挤压，碰撞的能量被结构的折曲变形吸收，以保护乘员舱。而较远距离的部位则可能会皱折、断裂或者松动。通过测量车身部件长度是否超出配合公差来判别车身是否发生断裂变形。

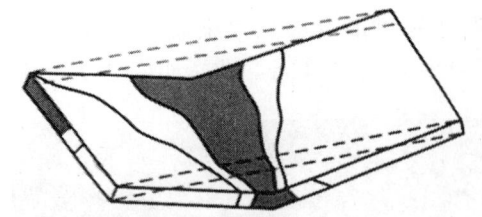
图 2-2-30 整体式车身的弯曲变形示意图

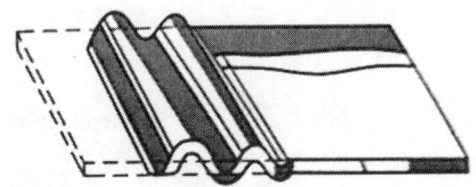
图 2-2-31 整体式车身的断裂变形示意图

（3）增宽。如图 2-2-32 所示，增宽变形与非承载式车身上的左右弯曲变形相似，可以通过测量车身高度和宽度是否超出配合公差来判别。对于性能良好的承载式车身来说，碰撞力会使侧面结构偏向外侧弯曲，偏离乘客，同时纵梁和车门缝隙也将变化。

（4）扭转。如图 2-2-33 所示，承载式车身的扭转变形与非承载式车身相似，可以通过测量其高度和宽度是否超出配合公差进行判别。由于扭转变形是碰撞的最后结果，即使最初的碰撞直接作用在中心点上，再次的冲击还是能够产生扭转力，从而引起车身的扭转变形。除无菱形变形外，承载式车身和非承载式车身上的变形类型是极为相近的，但是承载式车身的损伤要复杂得多。

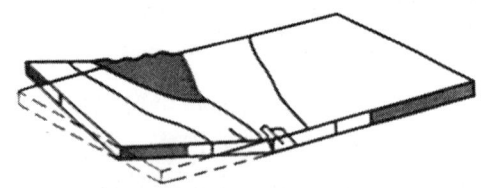
图 2-2-32 整体式车身的增宽变形示意图

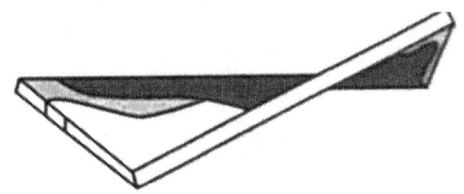
图 2-2-33 整体式车身的扭转变形示意图

（七）漆膜厚度

1. 单工序的素色漆

传统型（溶剂涂料）单工序的素色漆从底到面的总膜厚为 80 μm 左右；单工序水性素色漆涂层厚为 70～150 μm。涂层结构如图 2-2-34 所示。

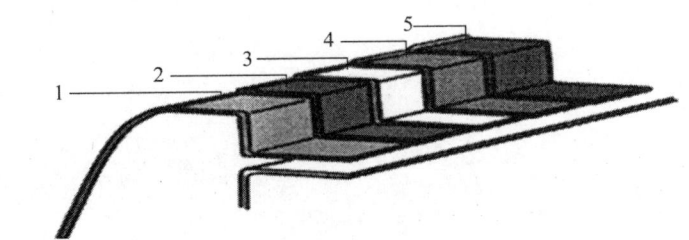

1—钢板；2—磷酸锌涂层；3—阴极电泳涂层；4—中间漆/水性中间漆；
5—单色/水性面漆。

图 2-2-34 单工序素色/水性色漆原厂涂层结构

2. 双工序的金属漆

双工序的金属漆从金属底材到表面的总膜厚为 100 μm 左右。漆膜抗刮、抗磨等机械性能好，光泽均匀。双工序水性金属漆涂层厚为 70～150 μm，其涂层结构如图 2-2-35 所示。

3. 修补涂装后的涂层结构

修补后的涂层是指损伤的漆膜表面，经涂装修复后要达到与原厂漆性能相近的漆膜。修补涂装过程所用的原材料基

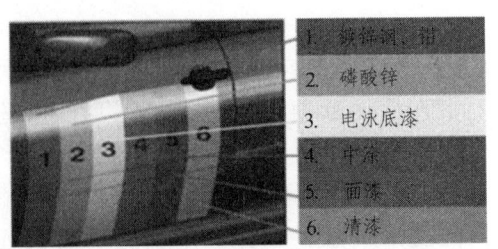
图 2-2-35 双工序金属漆涂层结构

本上为双组分的化学反应型涂料，采用室温固化或烘烤强制固化工艺。按要求维修后漆膜厚度约 150 μm（不包括原子灰层），但是实际维修情况与维修材料和维修技师的技术水平有直接关系，通常会超过这一数值。图 2-2-36 为典型的修补涂装的涂层结构。

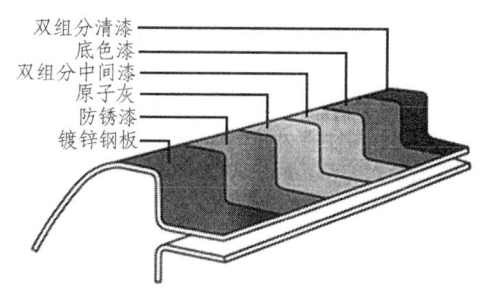

图 2-2-36　典型的修补涂装后的涂层结构

（八）碰撞事故车目视鉴别

碰撞事故车目视鉴别主要是检查车身是否有"伤"，检查车上结构件是否留有修复后的痕迹。因轿车和客车的车身在整个汽车中的价值权重较大，维修费用较高，所以应先从车辆的漆面和钣金看起。

对于一辆二手车，不是说补过漆或者做过钣金修理就不是好车，只是需要知道为什么补漆或为什么做钣金修理，是发生了轻微的剐蹭还是严重的碰撞。在未伤及车身结构件的时候，通常一辆发生过轻微剐蹭或碰撞的二手车不能称之为碰撞事故车。

对于发生过严重碰撞的事故车辆，鉴别时通常通过观察车身结构件的损伤情况来判定。车身上的结构件主要指前横梁、散热器固定梁、前纵梁、车门立柱、车门槛及后纵梁等，如图 2-2-37 所示。检查中要特别仔细观察板件连接点有没有错位、断裂等现象，加固材料（如加固件、盖板、加强筋、连接板）上有没有裂缝，各板件的连接焊点有没有变形、开裂等现象，油漆层、内涂层及保护层有没有裂缝和剥落，以及零件的棱角和边缘有没有异样等。

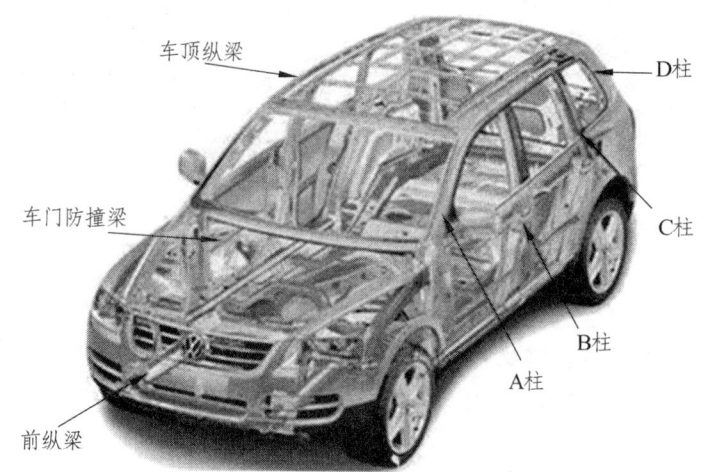

图 2-2-37　车身主要结构件涂层结构件

1. 检查车体周正性

在汽车左前方 45° 方位，离开汽车 5~6 m，呈半蹲姿势以保证视线基本与车门腰线（通常为车门防擦条位置）平齐，观察下列各项：

（1）汽车左侧表面是否有明显的凸凹损伤；

（2）各棱线是否平滑顺畅；

（3）车门腰线前后是否呈一条平滑的直线；

（4）车门槛从前到后是否平直；

（5）整个车体是否周正（是否有明显的车身歪斜现象）；

（6）前、后车轮外表面是否在同一平面内。

2. 检查结构件损伤

（1）检查前横梁。目视检查前横梁是否有明显的变形、折痕及补过漆的痕迹。

（2）检查散热器及其固定梁。

① 查看散热器固定梁固定螺栓是否有拆装的痕迹，如果有，则说明该梁或散热器或发动机可能经常出故障。

② 查看散热器固定梁是否有损伤的痕迹，形状是否规整。如果形状不规整或有明显损伤痕迹，则说明该车可能发生过正面碰撞事故。

③ 查看散热器是否漏水、有锈蚀现象，特别查看靠风扇一侧的散热片是否有圆形凹陷损伤（散热片倾倒）。如果有，则说明该车可能发生过正面碰撞事故。

（3）检查左右车轮罩、前纵梁。

① 查看左右车轮罩、前纵梁是否有新喷漆的痕迹，如果有，则说明该车可能发生过碰撞事故。

② 查看车轮罩、减振器支座、连接板与前纵梁连接处的焊点是否规则，间隔均匀。这些焊点是原厂自动点焊机焊接时留下的凹坑，通常直径为 5 mm 左右，且间隔均匀，如图 2-2-38 所示。而修理时，维修厂通常用塞焊的方式修复，焊点处没有凹陷，且直径较大（8 mm 左右），间隔不均匀。

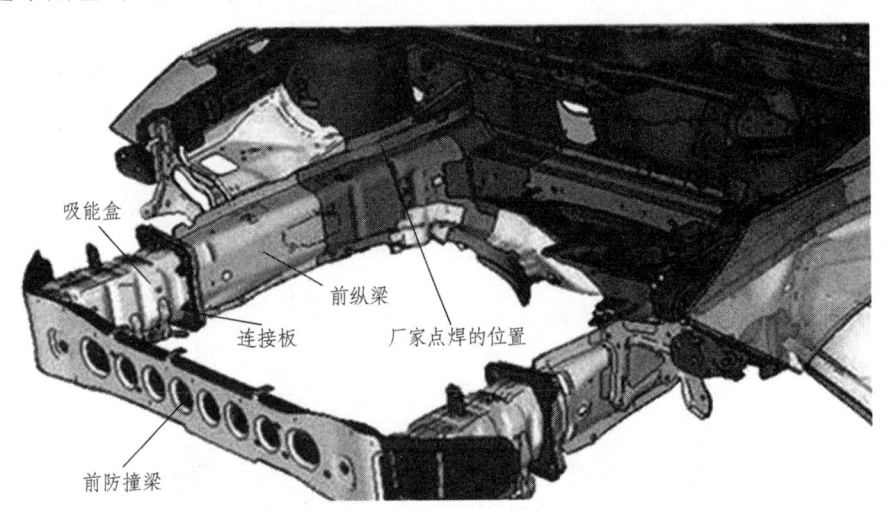

图 2-2-38　前纵梁处的原厂焊点

③ 查看前纵梁的后部是否有搭接连接处。原厂件为整体冲压件，如果有严重的碰撞事故而导致的前纵梁变形、开裂等严重损伤，维修厂通常采用局部更换前纵梁的修复工艺，新更换的部分前纵梁与切割留下的一段前纵梁采用搭接连接。

（4）检查减振器塔。

① 检查减振器塔是否有明显的变形。

② 检查减振器塔螺栓固定孔是否有明显的变形。

（5）检查车门口

① 打开车门详细查看门口线条是否规整流畅，如果有类似波浪的情形，则说明此车做过钣金修理。

② 将车门口密封条揭开，观察门框周边线条是否流畅、平整，车门附近是否留有原车接合时的铆钉（焊点）痕迹，如果没有痕迹，则说明此车做过钣金维修及油漆修补。

③ 查看车门槛。如果门槛磨损严重，则说明该车使用强度较大或使用时间较长。如果车门槛线形不平直，则说明被碰撞过。

④ 检查A柱、B柱、C柱。观察A柱、B柱、C柱形状是否规整，外表曲线形状应与车身侧面外形轮廓相适应；观察是否有焊接或补过漆的痕迹。因为车身立柱通常使用超高强度钢板制作，侧面碰撞变形（特别是出现折痕）时，很难通过拉伸等操作恢复原形。修理厂通常采用加热的方法使立柱变软后再恢复形状，此后必须要重新补漆，同时会留下严重的安全隐患。修理厂修复变形的车身立柱时，即使采用正规修理方法，即局部更换法，也仍然会留下焊接的痕迹。

（6）检查后纵梁、后减振器塔及后横梁。后纵梁、后减振器塔及后横梁的检查内容及检查方法与前纵梁、前减振器塔和前横梁相似。由于轿车后部为行李舱，有底板和内盖板（内饰板），所以对后纵梁和后横梁的检查比较困难，如果确实要观察，则需举升车辆。但只要揭开内盖板，则可以看到减振器塔。

（九）碰撞事故车的设备检测

在通过目视法鉴别严重事故车时，可配合使用常用的测量工具进行相关尺寸的测量，以精确判定是否发生过严重碰撞事故及碰撞的严重程度。GB/T 30323—2013规定，在判别事故车时，应使用漆面厚度检测设备测量漆膜厚度，以判断车辆是否做过油漆修补；需使用车辆结构尺寸检测工具和设备检测车体的对称性。

1. 漆膜厚度检测

用膜厚仪测量车身涂层厚度，如果涂层厚度大于新车涂层的标准厚度，则说明该车曾经进行过修补涂装。使用膜厚仪测量车身涂层厚度的步骤如下。

（1）打开膜厚仪的电源开关。

（2）将膜厚仪平放在需测量漆膜厚度的表面，如图2-2-39所示。

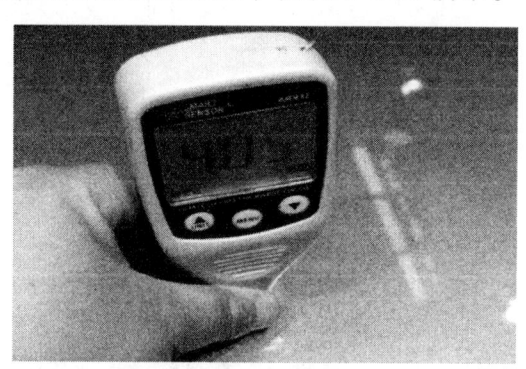

图2-2-39 测量漆膜厚度

（3）从显示窗口读取测得的漆膜厚度数据。将实测数据与该车型的漆膜厚度标准数据对比，判断该车是否进行过漆面修补。

修补过的涂层厚度基本都会超过150μm，比原厂漆膜厚得多。因为车顶部位很少由于损伤而补漆，所以实际测量时，可在车顶前、中、后部各测一次漆膜厚度，如果各次测得的数值相差很小，且均在100μm以下，则可认为所测的3处均没有补过漆。取3个数值的平均值作为该车的标准膜厚，将怀疑处所测值与该标准值对照，即可判断该车是否补过漆。

2. 检测车身尺寸

（1）车身前部尺寸的测量。车身前部损伤变形的程度可用导轨式量规或卷尺来测量确定。每辆车都有汽车制造厂提供的维修手册，上面标出了车身上重要控制点的标准尺寸，可以通过测量这些点之间的尺寸检验车身是否有变形或者校正是否到位。图2-2-40给出了典型的前部车身控制点，对照标准数据就可对其进行检验。图2-2-41所示为用轨道式量规测量车身前部尺寸。

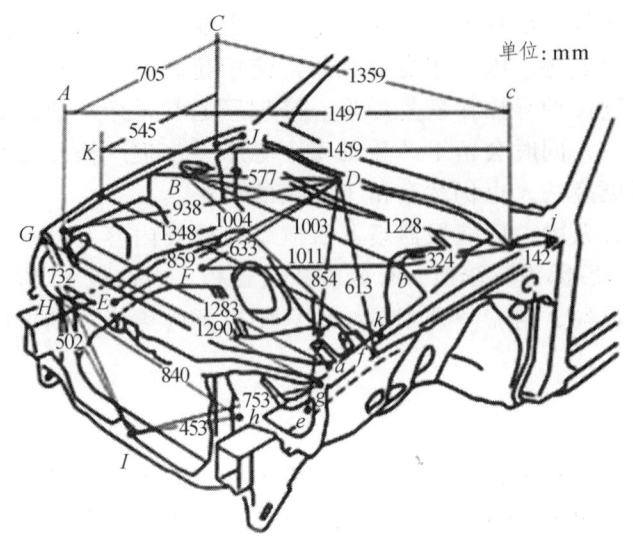

图 2-2-40　发动机舱的控制点及尺寸　　　　图 2-2-41　用轨道式量规测量车身前部尺寸

检验汽车前部尺寸时,轨道式量规测量的最佳位置是悬架及机械元件上的安装点,因为它们对中的正确与否很关键。每一尺寸应该对照另外的两个基准点进行检验,其中至少有一个基准点要进行对角线测量。通常,测量的尺寸越长,其精确度越高。例如,测量车颈前要比测量车颈下端至另一侧车颈下端尺寸要好,因为它是在较大范围内测得的一个较长尺寸。从每个控制点测得两个或多个数据,既保证了更高的精度,又能够帮助测量人员辨别出构件损伤的范围及方向。

（2）车身侧面尺寸的测量。车身侧面结构的任何损伤都可以通过检验车门开关时的状态或车门周边缝隙的均匀度来确定。车身侧板的测量主要使用轨道式量规,其控制点及标准尺寸示例如图 2-2-42 所示。

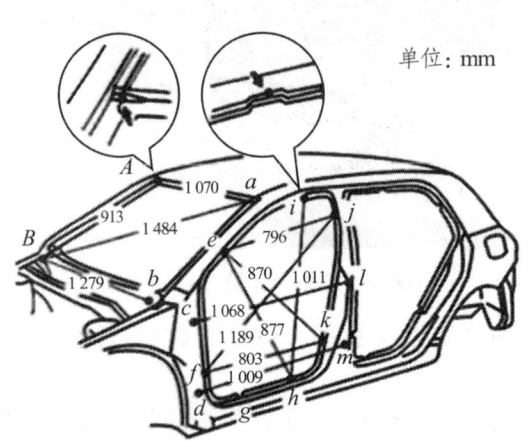

图 2-2-42　车身侧面控制点及标准尺寸

（3）车身后部尺寸的测量。车身后部的变形可通过行李舱盖开关和缝隙的变化大致估测出来。为了确定损伤及漏水的可能性,有必要对图 2-2-43 中的控制点进行精确测量。后部地板上的褶皱通常是由于后部元件的扭弯造成的,因此,测量后部车身的同时,也要测量车身的底部。

（4）车体左右对称性检测。如图 2-2-44 所示,用钢卷尺在车身左右对称部位(距地面高度 1.5 m 以下)测量高度尺寸(图 2-2-44 中的 a 和 b,a 和 b 的差值作为最终数据)。标准规定这一差值不应超过 40 mm。

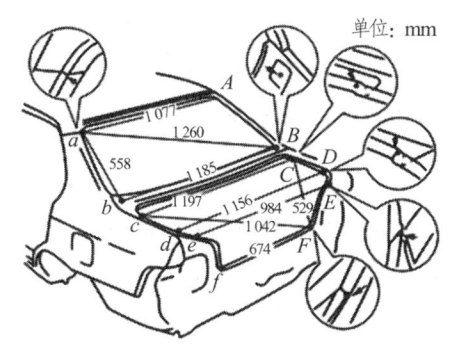

图 2-2-43 车身后部的控制点及标准尺寸

图 2-2-44 车体左右对称性的检测

（十）泡水车鉴别

1. 检查发动机舱

（1）观察发动机舱前围上盖板（俗称防火墙）上面有没有水渍痕迹或留有污泥。

（2）检查线束内部是否留有污泥。

（3）检查熔丝盒上及内部是否有锈蚀或水渍。

2. 检查驾驶室

（1）检查驾驶室内是否有发霉味或香水味。如果有发霉味，则可判定被水淹过；如果有较浓的香水味，可能是车主想以此来掩盖发霉味从而隐瞒水淹的事实，因而应特别注意，并做细致检查。

（2）检查地毯。被水泡过的植绒地毯，经过清洗后，视觉上与正常的地毯差异不大，但手感不再柔顺，有种发涩和发硬的感觉。清洗时使用毛刷，地毯表面也难免会有起球现象。

（3）检查座椅支架是否有严重的锈蚀。检查坐垫是否有弹性，坐垫的填充物为发泡海绵，经过泡水后手感会发硬，缺乏弹性。

（4）检查仪表板下面的骨架是否有严重的锈蚀。

（5）检查空调和音响的旋钮是否有发涩的感觉。

（6）检查安全带。经过污水浸泡后的安全带，上面会留有较明显的水迹，而且不容易被清除，甚至会产生霉斑。

（7）检查转向柱裸露的金属部位是否有明显的锈蚀。

3. 检查行李舱

（1）检查备胎和随车的工具上是否有严重锈蚀。

（2）掀开行李舱底部的装饰盖板，看角落里是否有水泡过的锈蚀痕迹。内饰板上面也可能留下证明淹水深度的水线痕迹。

（十一）过火车鉴别

汽车过火的地方比较容易辨认，过火并烧蚀较严重的金属会出现像排气歧管一样的颜色。凡是燃烧面积较大、燃烧时间较长、过火严重的车修复起来都很困难，常应做报废处理。因为过火的机件，金属变脆、退火，内部金相组织发生变化，不能继续使用，否则会留下严重的安全隐患。鉴别过火车时，鉴定评估人员应主要做以下工作。

（1）检查发动机舱内外是否有近期喷漆痕迹，检查发动机舱死角是否有熏黑的迹象。

（2）检查发动机舱是否有大量线束更换过的迹象。

（3）检查发动机罩保温板是否异常新（更换新件）。

（4）检查发动机电器件是否有大量更换过的迹象。

（5）检查发动机舱塑料件是否有大量更换过的迹象。

（6）检查驾驶室内饰是否有整体大量更换过的迹象，线束是否有更换过的迹象。

（7）检查行李舱内饰是否有大量更换过的迹象，线束是否有更换过的迹象。

（十二）事故车判别描述

GB/T 30323—2013 规定，对事故车缺陷状态描述采用车体部位代码和车辆缺陷状态代码来表示。车体部位代码见表 2-2-10，车辆缺陷状态描述代码见表 2-2-11。

表 2-2-10　车体部位代码

代码	检查项目	代码	检查项目
1	车体左右对称性	8	左前纵梁
2	左 A 柱	9	右前纵梁
3	左 B 柱	10	左前减振器悬挂部位
4	左 C 柱	11	右前减振器悬挂部位
5	右 A 柱	12	左后减振器悬挂部位
6	右 B 柱	13	右后减振器悬挂部位
7	右 C 柱		

表 2-2-11　车辆缺陷状态描述代码

代表字母	BX	NQ	GH	SH	ZZ
缺陷描述	变形	扭曲	更换	烧焊	皱折

当发现车体缺陷时，应采用规范的状态描述，即车体部位代码+状态。例如，4SH，即左 C 柱有烧焊痕迹。

（十三）二手车拍照的要求

1. 技术要求

（1）拍摄距离。拍摄距离是指拍摄立足点与被拍照二手车的距离，一般要求全车影像尽量充满整个画面。

（2）拍摄角度。拍摄角度是指拍摄立足点与被拍照二手车的方位关系。拍摄角度一般分为上下方位和左右方位。

① 上下方位。拍摄角度的上下方位可分为俯拍、平拍和仰拍 3 种。俯拍是指在比被拍摄物高的位置向下拍摄；平拍是指拍摄点在物体的中间位置，镜头平置拍摄，此种拍摄方法产生的效果就是人两眼平视的效果；仰拍是指相机放置在较低部位，镜头由下向上仰置的拍摄，这种拍摄效果易发生变形。

对二手车拍照时，对于整体车辆，应采用平拍；对于发动机舱、驾驶室内部，可采用俯拍。

② 左右方位。拍摄角度的左右方位一般根据拍摄者确定的拍摄方位，分为正面拍摄和侧面拍摄两种。正面拍摄是指面对被拍摄的物体或部位的正面所进行的拍摄；侧面拍摄是指对被拍摄物体的正侧面所进行的拍摄。

对二手车拍照时，既有正面拍摄，也有侧面拍摄。

（3）光照方向。光照方向是指光线与相机拍摄方向的关系，一般分为正面光、侧面光和逆光 3 种。对二手车拍照应尽量采用正面光，以使二手车的轮廓分明、牌照号码清晰、车身颜色真实。

2. 车辆要求

（1）车身要擦洗干净。

（2）风窗玻璃及仪表板上无杂物。

（3）机动车号牌无遮挡。

（4）关闭各车门。

（5）转向盘回正，前轮处于直线行驶状态。

学习活动三　车辆动态检查

一、学习目标

（1）能正确描述汽车整车各项性能及其评价指标；
（2）能在无负荷状态下检查发动机的技术状况和转向系的技术状况；
（3）能在路试状态下检查传动系、行驶系、转向系、制动系等有关系统、部件的技术状况。

二、建议学时

4学时。

三、学习地点

汽车营销实训场地。

四、学习资料

计算机、网络资源、工作页、实训车。

五、学习准备

问题1　你认为什么是汽车的动态检查？
二手车动态检查是指_____
_____

二手车的动态检查包括_____检查和_____检查。

问题2　汽车动态状况有哪些衡量指标？
_____
_____
_____

问题3　请各小组查询教材或网络，设计动态检查的实施内容。
（1）做好路试前的准备工作包括：_____
_____
_____

（2）发动机工作检查包括：_____
_____
_____

（3）路试后的检查：_____
_____
_____

六、情景描述

一位车主经洽谈后需要进行二手车评估检查,请你对该车辆进行动态评估。

七、计划与实施

动态检查前按照表 2-3-1 做好检查准备,并依次完成下面两项任务。

表 2-3-1 二手车动态检查任务书

项 目	二手车技术状况动态检查
仪器材料	二手机动车、手电筒、抹布、检查表、简易工具
目的要求	(1)熟练运用动态检查方法来鉴定汽车技术状况; (2)根据检查内容逐个进行检查; (3)安全规范地进行操作
训练步骤	(1)做好路试前的准备工作:检查机油油位、冷却液液位、制动液液位、转向盘自由行程、轮胎胎压、各警示灯项目是否正常。 (2)进行发动机工作性能检查:检查发动机的起动性、急速、异响、急加速性、曲轴箱窜气量、排气颜色等项目是否正常。 (3)进行汽车路试检查:检查离合器的工作状况、变速箱的工作状况、汽车动力性、汽车操控性、汽车制动性能、汽车行驶稳定性、汽车行驶平顺性、汽车滑行能力、风噪声、驻车制动等项目是否正常。 (4)安装有自动变速箱的车辆应进行自动变速箱的路试检查:检查自动变速箱路试前的准备工作(使发动机和自动变速箱都达到正常工作温度)、自动变速箱升挡、自动变速箱升挡车速、自动变速箱升挡时发动机的转速、自动变速箱换挡质量、自动变速箱的锁止离合器工作状况、发动机制动功能、自动变速箱强制降挡功能等项目是否正常。 (5)路试后的检查:检查各部件温度,检查"四漏"现象等

(1)参照车辆动态检查规范表 2-3-1,对指定车辆进行动态检查,根据检查结果,完成表 2-3-2。其中,表 2-3-2 选择 A 不扣分,第 65、66 项选择 C 扣 2 分;第 67 项选择 C 扣 1 分;第 68 至 71 项,选择 C 扣 0.5 分;第 72、73 项选择 C 扣 10 分。共计 20 分,扣完为止。如第 66 项发现仪表板指示灯显示异常或出现故障报警,则应查明原因,并在技术状况缺陷描述中予以注明。

表 2-3-2 启动检查项目作业表

序号	检查项目	A	C
65	车辆启动是否顺畅(时间少于 5 s,或一次启动)	是	否
66	仪表板指示灯显示是否正常,无故障报警	是	否
67	各类灯光和调节功能是否正常	是	否

续表

序号	检查项目	A	C
68	泊车辅助系统工作是否正常	是	否
69	制动防抱死系统（ABS）工作是否正常	是	否
70	空调系统风量、方向调节、分区控制、自动控制、制冷工作是否正常	是	否
71	发动机在冷、热车状态下怠速运转是否稳定	是	否
72	怠速运转时发动机是否无异响，空挡状态下逐渐增加发动机转速，发动机声音过渡是否无异响	是	否
73	车辆排气是否无异常	是	否
74	其他		只描述缺陷扣分
合计（满分20分）			得分：
缺陷描述：			

（2）参照车辆动态检查规范，对指定车辆进行动态检查，根据检查结果，完成表2-3-3。选择A不扣分，选择C扣2分。共计15分，扣完为止。如果第80项发现制动系统出现制动距离长、跑偏等不正常现象，应在技术缺陷描述中予以注明，并提示修复前不宜使用。

表2-3-3 路试检查项目作业表

序号	检查项目	A	C
75	发动机运转、加速是否正常	是	否
76	车辆启动前踩下制动踏板，保持5~10 s，踏板无向下移动的现象	是	否
77	踩住制动踏板启动发动机，踏板是否向下移动	是	否
78	行车制动系最大制动效能在踏板全行程的4/5以内达到	是	否
79	行驶是否无跑偏	是	否
80	制动系统工作是否正常有效、制动不跑偏	是	否
81	变速箱工作是否正常、无异响	是	否
82	行驶过程中车辆底盘部位是否无异响	是	否
83	行驶过程中车辆转向系统是否无异响	是	否
84	其他		只描述缺陷不扣分
合计（满分15分）			得分：
缺陷描述：			

车牌：_____ VIN码：_____ 表显里程：_____

检查人：_____ 日期：_____

八、拓展与反思

（1）你认为动态检查中最重要的环节是什么？

（2）根据学习状况与小组成员一起完成学习评价表（见表2-3-4）。

表 2-3-4　学习评价表

项　目	评价内容	评价等级		
		好	中	差
自我评价	学到的知识点：			
	学到的技能点：			
	不理解的有：			
	还需要深化学习并提升的有：			
组内评价	○按时到场　　○工装齐备　　○书、本、笔齐全			
	○安全操作　　○责任心强　　○7S管理规范			
	○学习积极主动　○合理使用教学资源　○主动帮助他人			
	○接受工作分配　○有效沟通　　○高效完成工作任务			

九、备忘录

十、学习材料

（一）检查起动性

在进行发动机运转状况检查前，首先检查发动机润滑油油量及冷却液液量，必要时适量添加。

1. 检查起动功能

在正常情况下，用起动机起动发动机时，应在 3 次内起动成功。如发动机不能正常起动，则说明发动机的起动性能不好。注意每次起动时间为 5~10 s，中间间隔 15 s 以上。

2. 检查发动机怠速运转情况

怠速工况下，发动机应在规定的转速范围内稳定地运转。如怠速转速过高或运转不稳定，则说明发动机怠速不良。汽油机怠速一般为（800±50）r/min；车用柴油机怠速一般为 520~650 r/min。

3. 检查急加速性

（1）待水温、油温正常后，通过变换加速踏板的位置，检查发动机在各种转速下运转是否平稳，改变转速时过渡是否圆滑。

（2）迅速踏下加速踏板，发动机由怠速状态猛加速，观察发动机转速是否能迅速由低速到高速灵活反应，发动机应无"回火""放炮"现象。

（3）当加速踏板踩到底时，迅速释放加速踏板，发动机转速是否能迅速由高速到低速灵活反应，发动机不能怠速熄火。

（4）发动机加速运转过程中，检查发动机有无"敲缸"等异响。

（5）在规定转速下，发动机机油压力应符合有关规定。

4. 检查发动机是否窜油、窜气

打开发动机机油加注口盖，缓缓踩下加速踏板，如窜气严重，则肉眼可以观察到油雾气。如窜气不严重，可用一张白纸，放在离加注口 50 mm 左右处，然后加速，如窜油、窜气，则白纸上会有油迹，严重时油迹面积大。

5. 检查排气颜色

正常的汽油发动机排出的气体应该是无色的，在严寒的冬季可见白色的水汽；正常的柴油发动机带负荷工作时排出的气体一般是淡灰色的，当负荷较大时，为深灰色。无论是汽油机还是柴油机，如果排气颜色发蓝，则说明机油窜入燃烧室。若机油油面不高，最常见的是气缸与活塞密封出现问题，即活塞、活塞环与气缸的间隙过大。如果排气管冒黑烟，则说明混合气过浓、汽油发动机点火时刻过迟等。如果排气呈明显的白色，则说明发动机内部有漏水现象。

6. 检查其他项目

使发动机处于怠速状态，检查下列项目。

（1）检查冷却液温度表、转速表、机油压力表、油温表等仪表的工作情况。

（2）检查电源系统充电情况。怠速稳定运转后，充电指示灯应熄灭。

（3）检查前照灯变光情况。

（4）检查泊车辅助装置的工作情况（如果配备了该装置）。

（5）检查汽车电子控制设备故障灯（如发动机故障灯、气囊故障灯、ABS 故障灯、ESP 故障灯等）的工作情况。按标准规定，应用汽车故障诊断仪读取故障码。

（6）打开空调，操纵各调节旋钮（对于自动或电控空调，可人工设定参数），检查空调系统风量、方向调节、分区控制、自动控制、制冷工作等是否正常。

（7）检查发动机熄火情况。对于汽油机，关闭点火开关后，发动机正常熄火；对于柴油机，停机装置应灵活有效。

（二）检查行车状况

汽车行车状况检查需要路试，路试一般在 20 km 左右，路试检查的内容如下。

1. 检查离合器

正常的离合器应该接合平稳，分离彻底，工作时无异响、抖动和不正常打滑现象。离合器踏板自由行程应符合机动车技术条件的有关规定，踏板力应不大于 300 N。

1）检查分离情况

（1）现象。在发动机处于怠速状态时，踩下离合器踏板几乎触底时，才能切断离合器。踩下离合器踏板，感到挂挡困难或变速器齿轮出现刺耳的撞击声；或挂挡后不抬离合器踏板，车子开始行进，则表明该车的离合器分离不彻底。

（2）主要原因。离合器踏板自由行程过大，离合器压盘限位螺钉调整不当，或是更换了过厚的离合器摩擦片，离合器分离杠杆不在同一平面上等。

2）检查离合器打滑情况

（1）现象。离合器打滑时，车辆存在起步困难、加速无力、重载上坡时有明显打滑甚至发出难闻气味等现象，挂上 1 挡后，慢抬离合器车子没反应，发动机也不熄火。

（2）主要原因。离合器踏板自由行程太小、分离轴承经常压在膜片弹簧上，使压盘总是处于半分离状态；离合器压盘弹簧过软或折断；离合器与飞轮连接的螺栓松动等。

3）检查离合器异响

（1）现象。使用离合器过程中出现异常响声。

（2）原因。分离轴承可能磨损严重，轴承复位弹簧过软或折断，膜片弹簧支架有故障等。

2. 检查变速器

（1）从起步挡加速到高速挡，再由高速挡减至低速挡，检查变速器是否轻便灵活、是否有异响、是否有乱挡现象，加减车速是否有跳挡现象。同时，换挡时变速杆不得与其他部件干涉。

（2）配有自动变速器的车辆在平坦的路面起步一般不需要踩加速踏板，如果需要踩加速踏板才能起步，说明自动变速器维护不好，或已到维修里程。

（3）检查自动变速器是否有换挡迟滞现象，自动变速的车辆换挡时应无明显感觉，如果感觉车辆在加减速时有明显的发"冲"现象，说明自动变速器维护不好，或已到大修里程。

3. 检查传动轴

传动轴及中间轴承应正常工作，无松旷、异响。路试中，将汽车加速至 40～60 km/h，迅速抬起加速踏板，检查有无明显的金属撞击声，如果有，则说明传动间隙大。

4. 检查驱动桥

差速器、主减速器应正常工作、无异响。

5. 检查制动性能

1）技术要求

GB 7258—2017《机动车运行安全技术条件》规定，汽车制动性能和应急制动性能的路试检测应在平坦、硬实、清洁、干燥且轮胎与地面间附着系数不小于 0.7 的水泥或沥青路面上进行，检测时发动机与传动系统分离。

汽车在规定初速度下的制动距离和制动稳定性应符合的规定见表 2-3-5。紧急制动性能应符合的规定见表 2-3-6。

表 2-3-5　制动距离和制动稳定性要求

汽车类型	制动初速度/（km/h）	满载检验制动距离要求/m	空载检验制动距离要求/m	试验通道宽度/m
三轮汽车	20	≤5.0		2.5
乘用车	50	≤20.0	≤19.0	2.5
总质量不大于 3 500 kg 的低速汽车	30	≤9.0	≤8.0	2.5
其他质量不大于 3 500 kg 的低速汽车	50	≤22.0	≤21.0	2.5
其他汽车、汽车列车	30	≤10.0	≤9.0	3.0
两轮摩托车	30	≤7.0		
边三轮摩托车	30	≤8.0		2.5
正三轮摩托车	30	≤7.5		2.3
轻便摩托车	20	≤4.0		
轮式拖拉机运输机组	20	≤6.5	≤6.0	3.0
手扶变型运输机	20	≤6.5		2.3

表 2-3-6　紧急制动性能要求

汽车类型	制动初速度/（km/h）	制动距离/m	充分发出的平均减速度/（m/s²）	允许操纵力不应大于/N	
				手操纵	脚操纵
三轮汽车	50	≤38.0	≥2.9	400	500
乘用车	30	≤18.0	≥2.5	600	700
其他汽车（三轮汽车除外）	30	≤20.0	≥2.2	600	700

2）检查行车制动功能

（1）汽车起步前，踩下制动踏板并保持住，感觉踏板是否有缓慢下移现象。如果有下移现象，则说明制动系统存在内部或外部泄漏故障。

（2）踩住制动踏板，起动发动机，感觉踏板是否有缓慢下移现象。如果没有下移，则说明真空助力装置功能失效。

（3）汽车起步后将车加速至 20 km/h 做一次点制动，检查制动是否可靠，有无跑偏、甩尾现象；再将车加速至 50 km/h，先用点制动的方法检查汽车是否立即减速、跑偏，再用紧急制动的方法检查制动距离和跑偏量。

3）检查制动效能

（1）如果在行车时进行制动，减速度很小，制动距离又很长，则说明该车的制动效能不佳。其原因可能是摩擦片与制动毂（盘）的间隙很大，制动踏板自由行程过大（标准规定，行车制动系统达到最大制动效能时，制动踏板的行程不应超过全行程的 4/5）、制动油管内有空气、制动总泵或分泵有故障，或是制动油管漏油等造成的。

（2）试车时，发现踏下制动踏板的位置很低，连续踩几脚后，制动踏板才逐渐升高，但仍感觉比较软，这很可能是制动管路内有空气导致的。

（3）当第一脚踩下制动踏板时制动失灵，再继续踩制动踏板时制动良好，则说明是制动踏板自由行程过大，或是摩擦片与制动毂（盘）的间隙过大。

（4）如果在行车中出现制动失效，不能使车辆减速或停止，其原因可能是制动液渗漏，制动总泵和分泵有严重故障。

4）检查驻车制动

在坡路上拉紧驻车制动杆后出现溜车，说明驻车制动有故障。其原因可能是驻车制动器拉杆调整过长，摩擦片与制动毂（盘）间隙过大或有油污，摩擦片磨损严重或打滑，制动毂（盘）与摩擦片接触不良等造成的。

5）检查制动系统辅助装置

（1）气压制动的二手车，当制动系统的气压低于 400 kPa 时，气压报警装置应发出报警信号。

（2）对于装备有弹簧储能制动器的二手车，当制动系统的气压低于 400 kPa 时，弹簧储能制动器自锁装置应正常有效工作。

6）检查转向操纵性

（1）在一宽敞的路段，以 15 km/h 的速度行驶，左、右转动转向盘，检查转向是否灵活、轻便，有无回正力矩。

（2）使汽车处于直线行驶状态，双手放开转向盘，检查是否跑偏。

（3）高速行驶时，检查是否有跑偏、摆振现象。

7）检查动力性

小客车动力性能最常见的指标是从静止状态加速至 100 km/h 所需时间和最高车速。其中，前者是最具意义的动力性能指标和国际流行的小客车动力性能指标。

（1）检查加速性能。

① 汽车起步后，猛踩加速踏板，检查汽车的加速性能。各种汽车设计时的加速性能不尽相同，就轿车而言，一般发动机排量越大，加速性能就越好。有经验的二手车鉴定评估人员，应了解各种常见车型的加速性能，通过路试能够检查出被检汽车的加速性能与正常的该型号汽车加速性能的差距。

② 在进行汽车加速性能检查时，注意查听发动机的声音，并检查汽车能否跟随加速踏板的动作迅速加速和减速。

（2）检查滑行性能。

在平坦的路面上做滑行试验，将机动车运行到 50 km/h 时，踏下离合器，将变速器挂入空挡滑行，根据经验，通过滑行距离推断汽车底盘传动系统的传动效率，以判定传动系统技术状况并间接判断汽车的动力性。车辆滑行时，注意观察车辆是否有行驶跑偏现象。

8）检查其他异常情况

（1）汽车在任何车速下都不应抖动。如果汽车在某一车速范围内抖动，说明汽车的传动系统或行驶系统动平衡有问题，应检查轮胎、传动轴、悬架、间隙等。

（2）在车辆运行过程中，注意查听车辆底盘及转向部位是否有异响。

9）路试后的检查

（1）检查各部件温度。

① 检查润滑油、冷却液温度，冷却液温度不应超过 90 ℃，发动机润滑油温度不应高于 95 ℃，齿轮油温度不应高于 85 ℃。

② 检查运动机件过热情况，查看轮毂、制动毂、变速器壳、传动轴中间轴承、驱动桥壳等的温度，不应有过热现象。

（2）检查渗漏现象。

① 在发动机运转及停车时，散热器、水泵、缸体、缸盖、暖风装置及所有连接部位不得有明显渗、漏水现象。

② 汽车连续行驶距离不小于 10 km，停车 5 min 后观察，不得有明显渗、漏油现象。

③ 对于气压制动汽车，在气压升至 600 kPa 且不使用制动的情况下，停止空气压缩机 3 min 后，气压的降低值不应大于 10 kPa。在气压为 600 kPa 的情况下，将制动踏板踩到底，待气压稳定后观察 3 min，气压的降低值不应大于 20 kPa。

④ 液压制动车辆，在制动踏板力保持 700 N 达到 1 min 时，制动踏板不允许有缓慢向下移动的现象。

学习活动四　车辆技术状况鉴定

一、学习目标

（1）能正确描述汽车性能检测站的类型及检测站的功能；
（2）能正确描述汽车综合性能检测站的检车过程；
（3）能根据检测站给出的汽车检测报告单提供的数据，对汽车的各项性能给出正确评价。

二、建议学时

4学时。

三、学习地点

汽车营销实训室。

四、学习资料

计算机、网络资源、工作页、检测报告。

五、学习准备

问题1 为什么要进行仪器设备检查？

（1）二手车技术状况的仪器检查主要用于对被评估二手车在_____检查后对车辆性能把握不准和不熟悉，且评估准确性要求较高的情况选择，常用于____车型和____鉴定评估。

（2）二手车技术状况的仪器检查一般需依托_____按规定的技术要求进行作业。

（3）二手车技术鉴定评估人员，不需要对具体项目的检测设备和检测方法有十分清楚的了解，但必须能够对检测结果进行合理的_____，及对车辆给出准确的评价。

问题2 仪器设备检查包含_____、_____、_____、_____。

问题3 填写表2-4-1中检测设备的检测项目。

表2-4-1　检测项目

设备名称	检测项目	设备名称	检测项目
底盘测功机		无负荷测功仪	
油耗仪		发动机综合测试仪	
轮重仪		气缸压力表	
侧滑检验台		曲轴箱窜气量检测仪	
制动检测台		气缸漏气量检测仪	
转向力转向角检测仪		真空表	

续表

设备名称	检测项目	设备名称	检测项目
前照灯检测仪		汽车电器万能试验台	
废气分析仪		专用示波器	
烟度仪		燃油压力表	
声级仪		机油压力表	
淋浴试验台		机油品质检测仪	
车速试验台		四轮定位仪	

六、情景描述

一辆二手车静动态检查后进行了设备检查，请你对该车辆的设备检测报告进行解读，并给出判断。

七、计划与实施

（1）小组分工，根据 GB 7258—2017《机动车运行安全技术条件》填写表 2-4-2。

表 2-4-2　检测标准

类别	序号	检测内容	标准	类别	序号	检测内容		标准	
噪声	1	喇叭声级			15	怠速		CO:	%
车速	2	车速表示值误差						HC:	$\times 10^{-6}$
转向操纵性	3	转向盘自由转动量				双怠速	怠速	CO:	%
	4	转向轮横向侧滑量						HC:	$\times 10^{-6}$
	5	车轮前束			1		高怠速	CO:	%
制动性	6	驻车制动						HC:	$\times 10^{-6}$
	7	制动距离	m	排气污染物	16	ASM工况法	5025	HC:	$\times 10^{-6}$
	8	制动减速度	m/s²					CO:	%
	9	制动跑偏量	mm		2			NO:	$\times 10^{-6}$
前照灯	10	发光强度					2540	HC:	$\times 10^{-6}$
	11	近光光束垂直偏移量						CO:	%
	12	近光光束水平偏移量						NO:	$\times 10^{-6}$
	13	远光光束上下偏移量			17	柴油车自由	光吸收系数		m^{-1}
	14	远光光束水平偏移量			18	加速工况	烟度		Rb
驱动轮输出功率	19	1	校正驱动轮输出功率		悬架效率	20	吸收率或悬架效率		
		2	额定扭矩功率			21	同轴左右差值		
					其他	22	防雨密封性		

（2）案例：一辆车的仪器检测报告如表 2-4-3 所示。

表2-4-3 汽车综合性能检测报告单

编号：008941

车辆单位	×××	车牌号码	×××	号牌种类	非营运	检验类别		检测日期	2016-4-1
联系电话	×××	辖区	海珠区	营运证号		发动机号	5GR CT64899	车架号码	LFMB85B170052159
厂牌型号	丰田牌TV7251	燃料	汽油	载质量（座位）	5座	车辆类别	轿车	出厂日期	Apr-07

类别	序号	检测内容	测量值	序号	检测内容
噪声	1	喇叭声级	86 dB（A）		
车速	2	车速表示值误差	30.3 km/h		
转向操纵性	3	转向盘自由转动量	18.5°		
	4	转向轮横向侧滑量	4.2 m/km		
	5	车轮前束	2 mm		
	6	驻车制动	≥5 min	17	怠速 CO：___ % HC：___ ×10⁻⁶
制动性	7	制动距离	16.7 m		
	8	制动减速度	2.6 m/s²	18	双怠速 怠速 CO：___ % HC：100×10⁻⁶ 高怠速 CO：0.07% HC：___ ×10⁻⁶
	9	制动偏移量			
	10	制动力总和与整车重量的百分比	一轴 85% 二轴 60.9%	19	ASM工况法 5025 NO：670×10⁻⁶ 2540 CO：___ % NO：___ ×10⁻⁶
	11	轴制动力与轴荷的百分比	73%	20	柴油车自由加速工况 光吸收系数 ___ m⁻¹
前照灯	12	发光强度	左外等远光 10 800 cd 右外等远光 24 900 cd	21	校正驱动轮输出功率/额定功率 吸收率或悬架效率 90%
	13	近光光束垂直偏移量	0.85 H	22	同轴左右差值
	14	近光光束水平偏移量	左 101 mm 右 100 mm		
	15	远光光束上下偏移量	1.0 H		
	16	远光光束水平偏移量	左 258 mm 右 187 mm		
其他	23	防雨密封性	＞94 min		

根据所给车辆检测报告，请完成性能判断并填写表 2-4-4。

表 2-4-4 车辆检测报告

检测日期		检查人	
车牌号		车架号码	
出厂日期			
类别	不合格项目代码		评价
整车装备及外观检查			
检测结论			

八、拓展与反思

根据学习状况与小组成员一起完成学习评价表（见表 2-4-5）。

表 2-4-5 学习评价表

项目	评价内容			评价等级		
				好	中	差
自我评价	学到的知识点：					
	学到的技能点：					
	不理解的有：					
	还需要深化学习并提升的有：					
组内评价	○按时到场	○工装齐备	○书、本、笔齐全			
	○安全操作	○责任心强	○7S 管理规范			
	○学习积极主动	○合理使用教学资源	○主动帮助他人			
	○接受工作分配	○有效沟通	○高效完成工作任务			

九、备忘录

十、学习材料

（一）汽车技术状况

1. 定 义

汽车技术状况是指定量测得的、表征某一时刻汽车的外观和性能参数值的总和。

汽车是由机构和总成组成的，而机构和总成又由零件组成，所以零件是汽车的基本组成单元。零件性能下降后，汽车的技术状况将受到影响，因此汽车技术状况的变化取决于组成零件的综合性能。

随着汽车行驶里程的增加，汽车的技术状况将逐渐变差，致使汽车的动力性下降、经济性变差、使用方便性下降、行驶安全性和使用可靠性变差，直至最后达到使用极限。

2. 变化原因

汽车技术状况的变化是汽车诸多内在原因综合作用的结果。主要原因：零件之间相互摩擦而产生磨损，零件与有害物质接触而产生腐蚀，零件在交变载荷作用下产生疲劳，零件在外载、温度变化和残余内应力作用下发生变形，橡胶及塑料等非金属零件和电气元件因长时间使用而老化，由于偶然事件造成零件损伤等。这些原因使零件原有尺寸和几何形状及表面质量发生改变，破坏了零件原来的配合特性和正确的位置关系，从而导致汽车（或总成）技术状况变差。

3. 变化的外观症状

汽车在使用过程中，随着行驶里程的增加，各部件由于磨损量的增大和各种损伤的影响，原有的尺寸、几何形状、机械性能、配合关系等遭受破坏，从而使汽车技术状况发生变化，汽车失去正常工作的能力，即汽车产生了"故障"。

实践证明，无论是汽车发动机还是底盘部分的故障症状，均因其成因不同而不同。可以通过人们的耳朵（听）、眼睛（看）、鼻子（嗅）、手（摸）、身体（感受）等来发现外观症状并根据这些外观症状来断定汽车是否存在故障。归纳起来，这些变化多样的故障外观症状大致可分为以下几类。

（1）技术性能变差。

① 动力下降。如活塞、活塞环与气缸壁的磨损量超过限度后，则在进气行程中，气缸内吸力不足，以致进气量减少，并且在压缩行程、做功行程中，造成气缸漏气、爆发压力下降等现象，导致发动机功率下降。

② 可靠性变差。如制动系统的有关机件磨损过度，则汽车的制动性能下降，甚至失去制动功能。

③ 经济性变差。如发动机燃油供给系统的有关机件磨损过度，造成燃油的雾化不良，燃烧不完全，以致耗油量增加，经济性下降。

（2）声响异常，振动增大。随着机件的磨损，机件间相关的配合间隙增大，同时造成机件的磨损变形，于是在机件运转时，由于冲击负荷产生异响，运转不平衡而产生强烈的振动。

（3）渗漏现象。渗漏指汽车的燃油、润滑油、制动液（或压缩空气）以及其他各种液体的渗漏现象。渗漏容易造成机件过热、烧损及转向、制动机件失灵等故障。

（4）排气烟色异常。发动机技术状况良好，气缸内可燃混合气燃烧正常时，汽油机排气管排出的废气在常温下为无色，柴油机一般呈淡灰色。气缸出现漏气会使燃油雾化不良，燃烧不完全，废气中炭烟含量增多，排气呈黑色；气缸上窜机油时，排气呈蓝色；缸套或缸垫破裂，冷却液进入气缸时，大量水蒸气随废气排出，废气呈白色。柴油发动机的排气烟色不正常，通常是发动机无力或不易发动的伴随现象。

（5）气味异常。当出现制动器拖滞、离合器打滑、摩擦片因摩擦温度过高而烧焦等现象时，车辆相关机件会散发出焦味；当混合气过浓，部分燃油不能参加燃烧时，车辆相关机件会散发出生油味；电路短路、导线烧毁时也有异味。

（6）机件过热。常见的机件过热症状有发动机过热、轮毂过热、后桥过热、变速器过热、离合器过热等，这些症状是机件运转不正常、润滑不良、散热不好的故障表现。

（7）外观异常。汽车停放在平坦场地上，如有横向或纵向歪斜等现象，即为外观异常。外观异常多由车架、车身、悬架、轮胎等异常造成，并会引起方向不稳、行驶跑偏、质心转移、车轮吃胎等故障。

（二）汽车主要技术参数

1. 质量参数

（1）整车装备质量。整车装备质量（Complete Vehicle Kerb Mass）又称为整车整备质量或空车质量，是指汽车完全装备好时的质量（kg），包括燃油（燃油箱至少要加注至制造厂家设计容量的90%）、润滑油、冷却液（如果需要时）、清洗液、备胎、灭火器、标准备件、随车工具箱和三角垫木等。

（2）最大装载质量。最大装载质量（Maximum Pay Mass）又称为满载质量，是指汽车在硬质良好路面上行驶时的能够装载的最大质量（kg）。最大装载质量又分为最大设计装载质量和最大允许装载质量。轿车的装载质量用座位数表示。城市客车的装载质量以座位数与站立乘客（员）数之和表示，其中站立乘客（员）数按 $8\sim10$ 人/m^2 计算。

（3）最大总质量。最大总质量（Maximum Total Mass）是指汽车满载时的总质量（kg），等于整车装备质量与最大装载质量之和。最大总质量又分为最大设计总质量和最大允许总质量。最大设计总质量是指汽车制造厂家规定的最大汽车总质量，最大允许总质量是指行政主管部门根据道路运行条件规定的允许运行的最大汽车总质量，最大允许总质量一般比最大设计总质量小。

（4）最大轴荷质量。最大轴荷质量（Maximum Axle Load）是指汽车满载时各车轴所承受的最大垂直载荷（kg）。最大轴荷质量又分为最大设计轴荷质量和最大允许轴荷质量。最大允许轴荷质量一般比最大设计轴荷质量小。单个车轴最大轴荷质量除应满足轴荷分配的技术要求外，还应遵循国家对公路运输车辆及其总质量的法规限制。轴荷分配不当，会导致各轴车轮轮胎磨损不均匀，对汽车的操纵稳定性产生不利影响。

2. 尺寸参数

1) 车 长

车长（Vehicle Length）是指垂直于车辆纵向对称平面，并分别抵靠在汽车前、后最外端凸出部位的两垂面之间的距离，如图2-4-1所示。

我国公路车辆极限尺寸规定的汽车总长：货车（包括越野车）不大于12 m，一般客车不大于12 m，铰接式客车不大于18 m，牵引车拖带半挂车不大于16.5 m，汽车拖带挂车不大于20 m。

2）车　宽

车宽（Vehicle Width）是指平行于车辆纵向对称平面，并分别抵靠车辆两侧固定凸出部位（除后视镜、侧面标志灯、转向指示灯、挠性挡泥板、折叠式踏板、防滑链及轮胎与地面接触部分的变形外）的两平面之间的距离，如图 2-4-1 所示。我国公路车辆的极限尺寸规定车辆总宽不大于 2.5 m。

3）车　高

车高（Vehicle Height）是指车辆没有装载且处于可运行状态时，车辆支撑平面与车辆最高凸出部位相抵靠的水平面之间的距离，如图 2-4-1 所示。我国公路车辆的极限尺寸规定车辆总高不大于 4 m。

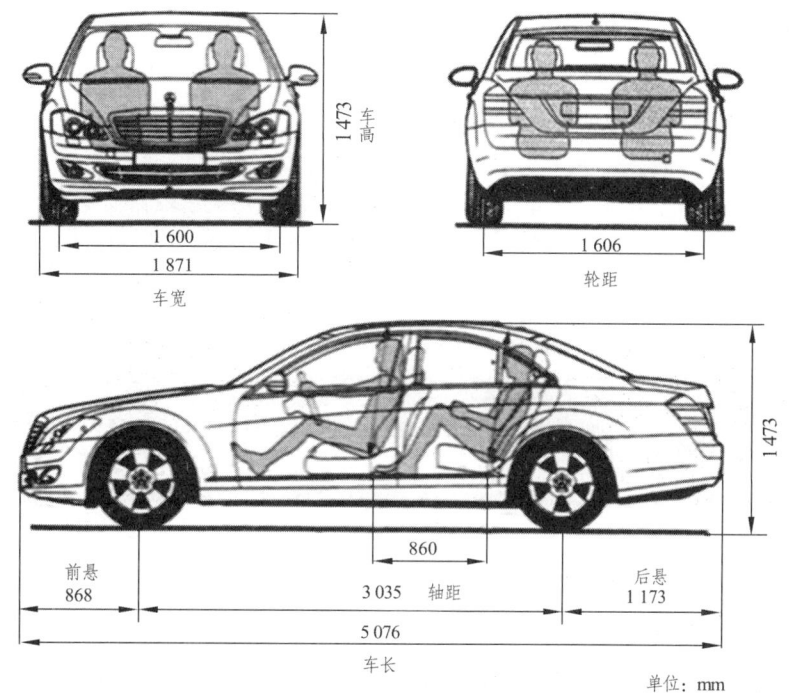

图 2-4-1　汽车尺寸参数示意图

4）轴　距

轴距（Wheel Space）是指通过车辆同一侧相邻两车轮的中点，并垂直于车辆纵向对称平面的两垂线之间的距离，如图 2-4-1 所示。对于三轴以上的车辆，其轴距由从最前面至最后面的相邻两轴之间的轴距分别表示，总轴距则为各轴距之和。

5）轮　距

汽车车轴的两端为单车轮时，轮距（Track）为车轮在车辆支撑平面上留下的轨迹中心线之间的距离，如图 2-4-1 所示。汽车车轴的两端为双车轮时，轮距为车轮中心平面（双车轮中心平面为外车轮轮辋内缘和内车轮轮辋外缘等距的平面）之间的距离。

6）前　悬

前悬（Front Overhang）是指通过两前轮中心的垂面与抵靠在车辆最前端（包括前拖钩、车牌及任何固定在车辆前部的刚性件）并且垂直于车辆纵向对称平面的垂面之间的距离，如图 2-4-1 所示。

7）后　悬

后悬（Rear Overhang）是指通过车辆最后车轮轴线的垂面与抵靠在车辆最后端（包括牵引装置、

车牌及固定在车辆后部的任何刚性部件）且垂直于车辆纵向对称平面的垂面之间的距离，如图2-4-1所示。

8）最小离地间隙

最小离地间隙（Least Ground Clearance）是指车辆支撑平面与车辆中间区域最低点之间的距离。中间区域为平行于车辆纵向对称平面且与其等距离的两平面之间所包含的部分，两平面之间的距离为同一轴上两端车轮内缘最小距离 b 的80%，如图2-4-2所示。

9）接近角

接近角（Approach Angle）是指车辆静止时，水平面与切于车辆前轮轮胎外缘的平面之间的最大夹角，前轴前面任何固定在车辆上的刚性部件不得在此平面的下方，如图2-4-2所示。

10）离去角

离去角（Departure Angle）是指车辆静止时，水平面与切于车辆最后车轮轮胎外缘的平面之间的最大夹角。位于最后车轴后面的任何固定在车辆上的零部件不得在此平面的下方，如图2-4-2所示。

图 2-4-2　汽车尺寸参数示意图

（三）汽车主要使用性能

整车技术性能是衡量一辆汽车质量好坏的重要依据。汽车技术性能评价指标包括动力性、燃料经济性、制动性、操纵稳定性、操纵轻便性、行驶平顺性、通过性、机动性、环保性、安全性等。

1. 动力性

汽车的动力性（Power Performance）即汽车运动的能力，是指汽车克服各种行驶阻力进行加速，以足够高的平均速度行驶的能力。它是汽车使用性能中最基本也是最重要的性能。汽车动力性指标一般由最高车速、加速性能和爬坡能力来表示。

1）最高车速

最高车速（Highest Velocity）是指在无风条件下，在水平、良好的沥青或水泥路面上，汽车满载时所能达到的最大行驶速度。

2）加速性能

加速性能（Acceleration Performance）是指汽车在各种使用条件下迅速增加行驶速度的能力，通常用加速时间和加速距离来表示。增加速度时所用加速时间和加速距离越短的汽车，其加速性能就越好。汽车加速性能主要通过两个方面来表征，即原地起步加速性和超车加速性。

（1）原地起步加速性。原地起步加速性（Starting Aceleration Perfommance）是指汽车由静止状态起步后，以最大加速强度连续换挡至最高挡，加速到一定距离或车速所需要的时间，它是反映汽车动力性的最重要参数。原地起步加速性能一般有以下两种表示方式。

① 百公里加速时间。汽车从静止状态（速度为零）加速到 100 km/h 的速度时所需要的时间（s），中高级轿车所需的时间一般为 8~15 s，普通级轿车为 12~20 s。

② 千米加速时间。汽车从静止状态（速度为零）加速行驶 1 000 m 所需要的时间（s）。所需时间越短，汽车的原地起步加速性就越好。

（2）超车加速性。超车加速性（Overtaking Acceleration Performance）是指汽车以最高挡或次高挡由最低稳定车速或预定车速（如 30 km/h 或 40 km/h）全力加速至某一高速度所需要的时间。所需加速时间越短，说明超车加速能力越强，从而可以减少超车期间的并行时间，确保超车安全。

实际中使用最多的是汽车的原地起步加速时间，因其与超车加速性指标是一致的，因此原地起步加速性良好的汽车，超车加速性也同等程度良好。需要指出的是，汽车加速时间与驾驶员的换挡技术、路面状况、行车环境、气候条件等密切相关，汽车使用手册上给出的参数往往是样车所能达到的最佳值，对于一般客户来说，此参数仅可作为参考。

3）爬坡能力

爬坡能力（Grade Ability）是指汽车满载时，在坚硬路面上，以 1 挡等速行驶期间所能爬行的最大坡度。最大坡度反映汽车的最大牵引力，一般来说，越野汽车的爬坡能力最大，能够爬不小于 60° 的坡路；对载货汽车要求有 30% 左右的爬坡能力；轿车的车速较高，且经常在状况较好的道路上行驶，所以不强调轿车的爬坡能力，一般爬坡能力在 20% 左右。

2. 燃料经济性

燃料经济性（Fuel Economy）是指在一定的使用条件下，汽车以最少的燃油消耗量完成单位运输工作量的能力。汽车的燃料经济性是衡量汽车性能的一个重要技术指标，在燃油越来越贵的高油价时代，它也是二手车消费者最关心的指标之一。评价汽车燃料经济性的指标为单位运输工作量的耗油量及单位油耗的行程。

1）耗油量

耗油量（Specific Fuel Consumption）是指汽车满载行驶单位里程所消耗的燃油量。我国和欧洲都用等速百公里油耗来衡量汽车的耗油量，即汽车等速行驶 100 km 消耗的燃油量（L/100 km）。由于实际用车过程与"等速"要求有偏差，等速百公里油耗并不能准确反映实际的耗油量，因此人们还引入了循环油耗指标。耗油量数值越小，汽车的燃料经济性就越好。

2）单位油耗行程

单位油耗行程（Miles per Volumetric Fuel）是指汽车满载时，每消耗单位体积燃油所能行驶的里程。单位油耗行程是美国、加拿大等国采用的衡量汽车燃料经济性的指标，常以每加仑燃油可行驶的英里数（mile/gal）或每升燃油可行驶的千米数（km/L）表示。单位油耗行程数值越大，汽车的燃料经济性就越好。

在实际使用过程中，汽车的燃料经济性与发动机的技术状况、汽车自重、车速、各种行驶阻力（如空气阻力、滚动阻力和爬坡阻力等）、传动效率、减速比等因素直接相关，因而实际的耗油量往往比使用手册上标称的大些。

3. 制动性

制动性（Brake Performance）是指汽车按驾驶员的操作意图安全地减速直至停车的能力。汽车的制动性主要根据制动效能、制动效能稳定性和制动方向稳定性 3 个方面来评价。

1）制动效能

制动效能（Brake Efficiency）是指使汽车迅速减速直至停车的能力。制动效能是汽车制动性最基本的评价指标，常用制动过程中的制动时间、制动减速度和制动距离来评价。汽车的制动效能除了跟汽车技术状况有关外，还与制动时汽车的速度以及轮胎胎面和路面的状况有关。

2）制动效能稳定性

制动效能稳定性（Brake Efficiency Stability）又称为制动器抗热衰退性，是指汽车高速制动、在短时间内连续制动或下长坡连续制动后，制动器抵抗因温度升高而导致制动效能下降的能力。

3）制动方向稳定性

制动方向稳定性（Direction Stability during Braking）是指汽车在制动期间，按指定轨迹行驶（循迹）的能力，即汽车在制动时不发生跑偏、侧滑或者失去转向能力的性能。当左、右侧车轮的制动力不一样时，容易发生跑偏；当车轮抱死时，易发生侧滑或者失去转向能力。为防止上述危及行车安全的现象发生，现代汽车一般都应用了防抱死制动系统（ABS）。

4. 操纵稳定性

操纵稳定性（Driveability and Stability Performance）反映汽车的两个相互紧密联系的性能，即操纵性和稳定性。操纵稳定性直接影响着汽车在转向或受到各种意外干扰时的行车安全。

1）操纵性

操纵性（Driveability Performance）是指汽车对驾驶员的转向指令能够及时且准确地响应的能力。轮胎的气压、悬架装置的刚度以及汽车的重心位置都会对汽车的操纵性产生显著的影响。

2）稳定性

稳定性（Stability Performance）是指汽车在受到外界扰动（如路面碎石或突然阵风的扰动）后，不发生失控，自行迅速恢复原来的行驶状态和方向，抑制发生倾覆和侧滑的能力。汽车行驶稳定性又可分为纵向稳定性和横向稳定性，前者反映汽车受扰动后的方向保持能力，后者则反映汽车在横向坡道上行驶、转弯或受到其他侧向力作用时抵抗侧翻的能力。汽车的重心高度越低，稳定性越好。正确的前轮定位值使汽车具有自动回正和保持直线行驶的能力，提高了汽车直线行驶的稳定性。如果装载超高、超载，转弯时车速过快，横向坡道角过大以及偏载等，都容易造成汽车侧滑及侧翻。

5. 操纵轻便性

操纵轻便性（Driveability Handiness）是指对汽车进行操作或驾驶时的难易、方便程度。可以根据操作次数、操作时所需要的力、操作时的容易程度以及视野、照明、信号效果等来评价。具有良好操纵轻便性的汽车，不但可以减轻驾驶员的劳动强度和紧张程度，也是安全行驶的保证。采用动力转向、倒车雷达、电动门窗、中控门锁、制动助力装置和自动变速器等，都能够改善汽车的操纵轻便性。

操纵轻便性的具体评价指标包括转向操纵力和操纵性配置（动力转向、倒车雷达、电动门窗、中控门锁、制动助力、自动变速器等的应用情况等）。

6. 行驶平顺性

行驶平顺性（Running Ride）是指汽车在行驶过程中对路面不平度引起的振动的抑制能力。评价汽车行驶平顺性的主要指标为汽车的固有频率和振动加速度。由于不平整路面的冲击，汽车行驶时将发生振动，使乘员感到疲劳和不舒适，损坏运载的货物。振动引起的附加动载荷加剧零部件的磨损，影响汽车的使用寿命。车轮载荷的波动将会降低车轮的地面附着性，对汽车的操纵稳定性十分不利。

中高级轿车的行驶速度比较高，因此要求具有优良的行驶平顺性。具有良好弹性的轮胎、性能优越的悬架装置、减振性能良好的座椅以及尽量小的非悬挂质量，都可以提高汽车的行驶平顺性。大部分非悬挂质量来自车轮，轿车采用较轻的铝合金轮辋，可提高其行驶平顺性和车轮地面附着性。与行驶平顺性紧密相关的是乘坐舒适性，包括身体上和心理上的舒适性。在良好行驶平顺性的基础上，座椅尺寸、形状及其与人体接触处的材料硬度和质感、车身振动频率、视野、内饰等都对乘员的身体、心理感受和乘坐安全感有很大的影响。

7. 通过性

通过性（Passing Ability）是指汽车在一定的载荷下，能以较高的平均速度通过各种不平路段和无路地带，克服各种障碍（陡坡、侧坡、台阶、壕沟等）的运行能力。各种汽车的通过能力是不一样的。轿车和客车由于经常在市内行驶，通过能力比较差。而越野汽车、军用车辆、自卸汽车和载货汽车，必须有较强的通过能力。

采用宽断面轮胎、多轮胎可以提高汽车在松软土壤、雪地、冰面、沙漠、光滑路面上的运行能力；较深的轮胎花纹可以增加附着系数而不容易打滑；全轮驱动方式可使汽车的动力性得以充分发挥；结构参数的合理选择，可以使汽车具有良好的克服障碍运行的能力，如较大的最小离地间隙、接近角、离去角和车轮半径等，都可提高汽车的通过性。

8. 机动性

机动性（Maneuverability）是指汽车能够应对狭窄多弯的道路，易于停车并灵活地驶出的能力。机动性主要用最小转弯半径来评价，转弯半径越小，机动性越好。一般来说，汽车越小，机动性也越好，这也是经常在市区内用车的客户选择小型轿车的原因之一。

9. 环保性

汽车环保性是指汽车对环境的保护能力。汽车环保性包括污染物排放性（Emission Performance）和噪声（Noise）两个方面。

（1）污染物排放性。污染物排放性反映汽车控制有害污染物向大气中排放的能力。汽车有3个主要污染物排放源：排气管排出的废气、曲轴箱的排放物、燃油箱盖漏出的蒸气。

（2）噪声。噪声是指汽车行驶或怠速时产生的杂乱声音，是城市环境污染之一。噪声的主要来源之一是汽车。汽车噪声的大小是衡量汽车质量水平的一个重要指标。汽车的噪声源有多种，如发动机、变速器、驱动桥、传动轴、车厢、玻璃窗、轮胎、继电器、喇叭、音响等都会产生噪声，但最主要的噪声源有两个，一个是发动机，另一个是轮胎，它们都是被动产生噪声的，而且只要汽车发动，就会产生噪声。

10. 安全性

安全性（Safety）是指汽车防止交通事故发生或发生事故后保护乘员和货物不受损害的能力。其中，汽车防止事故发生的能力又称为汽车的主动安全性；发生事故后，汽车保护乘员和货物不受损害或将损害降低到最小的能力，则称为汽车的被动安全性。典型主动安全装置包括照明和信号灯、防眩目后视镜、ABS、ASR（牵引控制系统）、EBD（电子制动力分配）、ESP（车身电子稳定系统）、横向和纵向测距雷达等。良好的主动安全性要求汽车具有宽阔的视野，具有可靠灵敏的转向、加速和制动能力，具有除霜和除雾功能的风窗玻璃，各种操纵件、指示器和信号装置的标识要醒目统一，避免驾驶员错误识别或错误操作而导致事故。被动安全装置主要有安全带、安全气囊（SRS）、安全玻璃、货车和挂车侧面及后下部防护装置、可溃缩转向柱以及车身碰撞吸能区域等。

（四）汽车检测站简介

汽车检测站是综合运用现代检测技术，对汽车实施不解体检测诊断的机构。它具有现代的检测设备和检测方法，能在室内检测出车辆的各种性能参数，并能诊断出各种故障，为全面、准确评价汽车的使用性能和技术状况提供可靠依据。

1. 检测站的类型

按服务功能，汽车检测站可分为安全环保检测站（以下简称安检站）、维修检测站和综合性能检测站（以下简称综检站）3种类型。

1）安检站

安检站是国家的执法机构，不是营利性企业。它按照国家规定的车检法规定期检测车辆中与安全和环保有关的项目，以保证汽车安全行驶，并将污染降低到允许的限度。这种检测站对检测结果往往只显示"合格"和"不合格"两种，而不做具体数据显示和故障分析，因而检测速度快，检测效率高。检测合格的车辆凭检测报告单办理年审签证，在有效期内准许车辆行驶。这种检测站一般由车辆管理机关直接建立，或由车辆管理机关认可的汽车运输企业、汽车维修企业等企业单位或事业单位建立，也可多方联合建立。

2）维修检测站

维修检测站主要是从车辆使用和维修的角度出发，担负车辆维修前后的技术状况检测。它能检测出车辆的主要使用性能，并能进行故障分析与诊断。它一般由汽车运输企业或汽车维修企业建立。

3）综检站

综检站既能担负交通运输管理部门的综合性能检测、公安车辆管理部门的安全性检测及环保部门的环保性能检测，又能担负车辆使用、维修企业的技术状况检测与诊断，还能承接科研或教学方面的性能试验和参数测试。这种检测站检测设备多，自动化程度高，数据处理迅速准确，因而功能齐全，检测项目广且深度大，可为合理制定诊断参数标准、诊断周期以及为科研、教学、设计、制造和维修等部门或单位提供可靠依据，并能担负对检测设备的精度测试等工作。

由于综检站的检测项目多，并能够提供检测数据以便于分析，所以当需要进行二手车技术状况的整车性能检测时，应委托综检站进行，以下仅介绍综检站。

2. 检测站组成

检测站主要由一条至数条检测线组成。对于独立而完整的检测站，除检测线外，还应包括停车场、清洗站、泵气站、维修车间、办公区和生活区等设施。

检测线是检测站最主要的功能区，由多个检测工位组成，布置形式多为直线通道式，检测工位则是按一定顺序分布在直线通道上的。图2-4-3所示为典型的综检线。

图 2-4-3 典型综检线

3. 检测站的工艺路线

对于一个独立而完整的检测站，汽车进站后的工艺路线流程如图2-4-4所示。

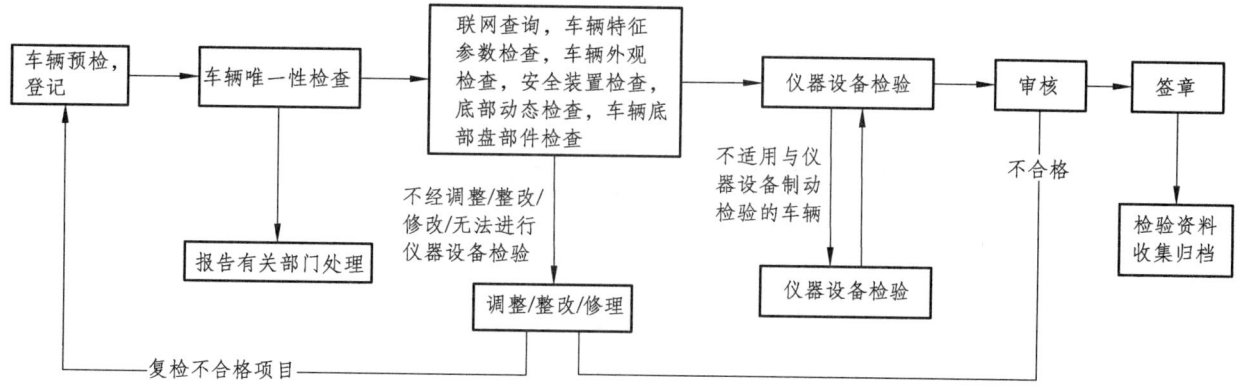

图 2-4-4 检测站工艺路线流程图

学习活动五　新能源二手车的鉴定

一、学习目标

（1）能说出新能源汽车的分类；
（2）能描述新能源汽车的结构特点；
（3）能按照纯电动二手车鉴定评估技术规范评价车辆"三电"。

二、建议学时

4学时。

三、学习地点

汽车营销实训室。

四、学习资料

计算机、网络资源、工作页、实训车。

五、学习准备

问题1　什么是新能源汽车？

_____
_____

问题2　按照新能源汽车动力及能量的来源不同，将新能源车分为：

_____
_____

问题3　请查询网络及教材资料，总结纯电动汽车与燃油汽车的结构差异。

_____
_____
_____
_____

问题4　请查询资料，阐述纯电动汽车动力电池的主要性能指标。

_____
_____

问题 5　请查询网络及教材资料，分别找出目前在售的具体新能源乘用车的车型，并完成表 2-5-1。

表 2-5-1　新能源汽车的类型

新能源汽车类型	品牌	车型	电池类型	电机类型
插电式混合动力汽车				
增程式电动汽车				
纯电动汽车				
燃料电池电动汽车				

六、情景描述

一辆纯电动汽车需要进行二手车评估检查，请你完成该车的"三电"系统的评估。

七、计划与实施

问题 6　请根据给出的车辆，找到该车的电池组铭牌及车辆铭牌，并填写相应的数据。
（1）车辆铭牌位置：_____
（2）电池铭牌位置：_____
（3）车辆铭牌内容：_____
_____
（4）电池铭牌内容：_____
_____

问题 7　请根据车辆信息及状况，按照检查表完成"三电"系统的评估，并确定综合性能评价指标 R 值及电池质保评分 A，如表 2-5-2 和表 2-5-3 所示。

表 2-5-2　电池系统外观检查项目表

序号	检查项目	A	C
107	电池铭牌与出厂的基本数据一致	是	否
108	无起火痕迹	是	否
109	无腐蚀痕迹	是	否
110	无浸水痕迹	是	否
111	电池箱是原厂配件	是	否
112	电池箱固定件无松动、破损	是	否
113	电池冷却系统无渗漏、损坏	是	否
114	电池系统插接件无异常（松动、脱落、变形、腐蚀）	是	否

续表

序号	检查项目	A	C
115	直流充电插座无异常（松动、脱落、变形、腐蚀）	是	否
116	交流充电插座无异常（松动、脱落、变形、腐蚀）	是	否
117	电池高低压线束及防护无破损、腐蚀	是	否
118	其他（只描述缺陷，不扣分）		
序号	检查项目	分值	
119	电量（容量）可用状态（E_s/C_s）		
序号	检查项目	分值	
125	电池质保评价 A		

表 2-5-3　电机及控制器检查项目表

序号	检查项目	A	C
126	铭牌字迹和内容清楚，与出厂的基本数据一致	是	否
127	无起火痕迹	是	否
128	无腐蚀痕迹	是	否
129	无浸水痕迹	是	否
130	电机和控制器表面无碰伤、划痕	是	否
131	电机冷却系统无渗漏、损坏	是	否
132	电机系统插接件无异常（松动、脱落、变形、腐蚀）	是	否
133	电机系统高低压线束及防护无破损、腐蚀	是	否
134	驱动电机和控制器安全接地检查合格	是	否
135	其他（只描述缺陷，不扣分）		

八、拓展与反思

（1）你认为增程式电动汽车和新能源混动二手车评估如何进行？

（2）根据学习状况与小组成员一起完成学习评价表（见表2-5-4）。

表 2-5-4 学习评价表

项 目	评价内容	评价等级		
		好	中	差
自我评价	学到的知识点：			
	学到的技能点：			
	不理解的有：			
	还需要深化学习并提升的有：			
组内评价	○按时到场　　　○工装齐备　　　○书、本、笔齐全			
	○安全操作　　　○责任心强　　　○7S管理规范			
	○学习积极主动　○合理使用教学资源　○主动帮助他人			
	○接受工作分配　○有效沟通　　　○高效完成工作任务			

九、备忘录

十、学习材料

（一）新能源汽车的定义

1. 新能源

新能源又称非常规能源，指传统燃油能源之外的各种能源形式，也包括正在开发利用或正在积极研究、有待推广的能源，如太阳能、地热能、风能、潮汐能、生物质能和核聚变能等。

2. 新能源汽车

新能源汽车是相对以燃油为动力来源的汽车进行的定义，指完全或主要依靠非常规的车用燃料作为动力来源（或使用常规的车用燃料、采用新型车载动力装置），综合车辆动力控制和驱动方面的先进技术，形成的技术原理先进、具有新技术和新结构的汽车。

（二）新能源汽车的分类及结构特点

1. 新能源汽车的分类

根据驱动力及能量的来源不同，新能源汽车分为插电式混合动力汽车（PHEV）、增程式混合动力汽车（EREV）、纯电动汽车（BEV）和燃料电池汽车（REEV），差异见表2-5-5。

表2-5-5 新能源汽车的类型

新能源汽车类型	代表车型	动力来源		能量源		
		发动机	电动机	燃油	充/换电	燃料电池
插电式混合动力汽车	比亚迪秦plus、卡罗拉双擎	√	√	√	√	
增程式电动汽车	岚图理想ONE	√	√	√		
纯电动汽车	小鹏P7、蔚来、特斯拉Model 3		√		√	
燃料电池电动汽车	丰田Mirai		√			√

1）插电式混合动力汽车

插电式混合动力汽车（Plug-in Hybrid Electric Vehicle，PHEV），就是介于纯电动汽车与燃油汽车两者之间的一种新能源汽车，既有传统汽车的发动机、变速器、传动系统及燃油箱，也有纯电动汽车的电池、电动机、控制电路、外接充电接口。插电式混合动力汽车同时集成电动汽车、燃油汽车两套动力系统，与纯电动汽车相比补能手段更加丰富，但成本较高、结构复杂，结构示意见图2-5-1。

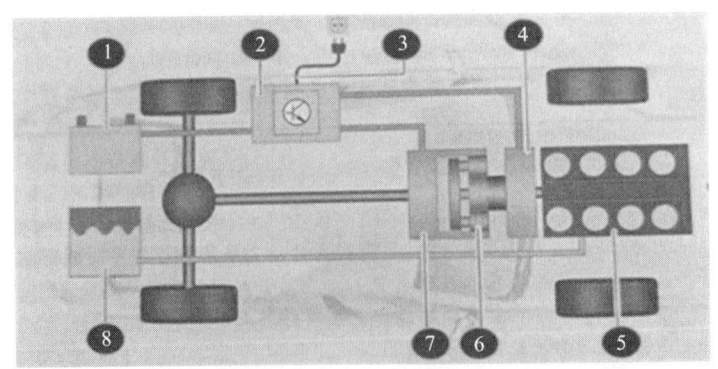

1—动力电池；2—供电电子装置；3—电源插头；4—驱动电机；5—发动机；
6—行星齿轮箱；7—驱动电机；8—燃油箱。

图2-5-1 插电式混合动力汽车

2）增程式电动汽车

增程式电动汽车（Extended-Range Electric Vehicle，EREV）是一种纯电动驱动行驶的插电式串联混合动力汽车，同时搭载发动机和电动机，但发动机不参与车辆的驱动，而仅带动发电机为电池充电。车辆的行驶完全由驱动电机驱动，本质上是一辆电驱动汽车，在外接充电困难时发动机可有效缓解里程焦虑，但存在一定程度的排放污染。图 2-5-2 为增程式混合动力系统结构示意。

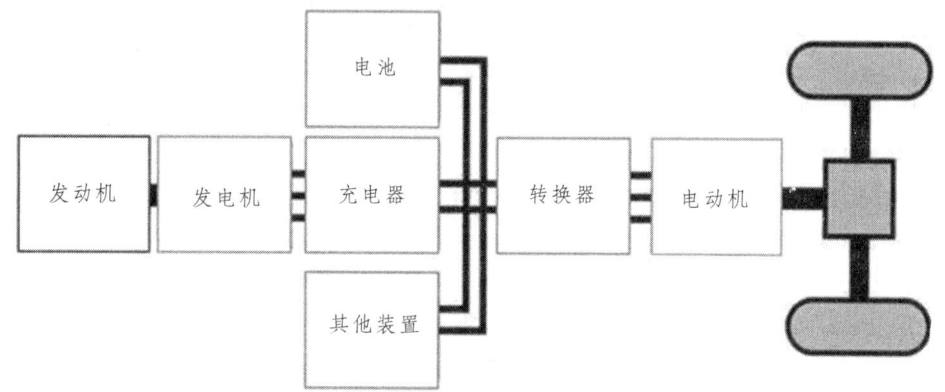

图 2-5-2 增程式混合动力系统

3）纯电动汽车

纯电动汽车（Battery Electric Vehicle，BEV），是指完全由可充电电池（如铅酸电池、镍镉电池、镍氢电池或锂离子电池）作为储能动力源的汽车，它利用蓄电池作为储能动力源，通过电池向电动机提供电能，驱动电机运转，从而推动汽车行驶。由于该类型完全依靠外来电能驱动，对电池的续航能力及充电设施服务易得性有很强的依赖性。与燃油汽车相比，纯电动汽车的发动机、变速器由驱动电机及传动机构替代，机械结构相对简单。

纯电动汽车的基本构造主要有电源系统、电驱系统、辅助系统、底盘和车身，如图 2-5-3 所示。电源系统主要包括动力电池系统、车载充电机（On-Board Charger，OBC）、直流转换器（DC/DC）等。电驱动系统是电动汽车的核心，一般由电机、电机控制器和机械传动装置组成。辅助系统包括车载信息显示系统、辅助操控系统、辅助动力源、空调、主被动安全系统、冷却循环系统等。辅助设备可以有效提高汽车的操纵性和乘员的驾驶舒适性。电动汽车的底盘包括转向系、制动系、行驶系和传动系，因为车辆是由驱动电机直接进行驱动的，相较于燃油车，离合器、变速器、万向传动装置等部件或被取消，或被替代，整体结构得以简化。

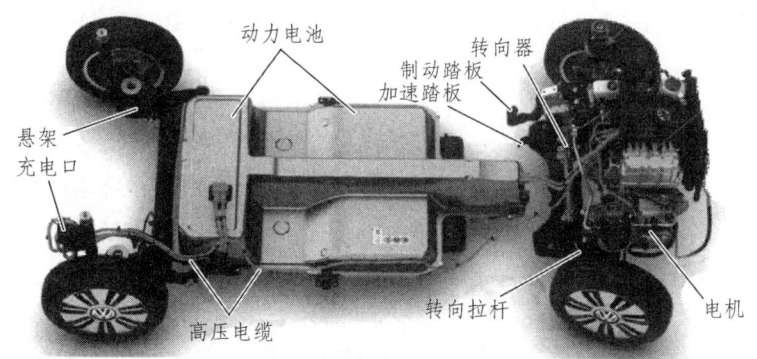

图 2-5-3 纯电动汽车结构图

4）燃料电池汽车

燃料电池汽车（FCEV）是一种用车载燃料电池装置产生的电力作为动力的汽车。和普通化学电池相比，燃料电池补充的燃料通常是氢气，目前在乘用车市场上应用比较少。

2. 新能源汽车的技术特点

与燃油汽车相比，新能源汽车的最大特点主要在动力电池系统、驱动电机系统和电控系统三个方面。

1）动力电池系统

动力电池是将化学能转化成电能，满足纯电动汽车驱动力需求的总成，是电动汽车的关键技术。目前，市场上动力电池的种类主要包括磷酸铁锂电池和三元锂材料电池等。电池的主要性能指标包括：

（1）蓄电池的容量。

蓄电池的容量表征蓄电池的蓄电能力，通常以充满电后的蓄电池，放电至其端电压到达规定的终了电压时，蓄电池所放出的总电量来表示。当蓄电池以恒定电流放电时，其容量等于放电电流与放电时间的乘积。若放电电流不恒定，则蓄电池的容量等于不同的放电电流与相应放电时间的乘积之和。

（2）蓄电池的能量。

蓄电池的能量指按一定标准所保证的放电条件下，蓄电池所能输出的电能，单位是 W·h 或 kW·h。蓄电池的能量有实际能量和标称能量两种。实际能量为蓄电池在一定的放电条件下的实际容量与平均工作电压的乘积。标称能量为蓄电池的额定容量与额定电压的乘积。电池管理系统（BMS）是动力电池的重要组成部分，它负责监测电池的电压、温度、电流、容量等参数，保证电池的安全性、稳定性和性能，提高电池的使用寿命。BMS 通过控制电池的充放电过程，避免电池过度充放电，从而延长电池的寿命；同时，它还可以监测电池的温度，避免电池过热或过冷，保证电池的性能和安全。

（3）蓄电池的比能量。

比能量又称能量密度，是评价电动汽车一次充电所能行驶里程的指标。它是指单位质量或单位体积电池所能输出的电能，故有质量比能量和体积比能量之分。质量比能量指蓄电池单位质量所能输出的电能。体积比能量指蓄电池单位体积所能输出的电能。

（4）蓄电池的循环使用寿命。

在蓄电池内进行的每一次充电和放电过程，称为蓄电池的循环。蓄电池的循环使用寿命又称循环寿命，指在一定的放电条件下，容量降到某一规定值之前（一般为 80%），蓄电池所能耐受的充、放电循环次数。目前，理论上磷酸铁锂电池的循环寿命超过 3 000 次，三元锂材料电池的循环寿命超过 1 000 次。蓄电池的循环使用寿命与放电深度、温度、充放电形式等条件有关。放电深度是指蓄电池放出的容量占额定容量的百分比。减小放电深度，即浅放电，循环寿命可以相应延长。

（5）蓄电池的功率。

蓄电池的功率是指在一定放电率下，单位时间内蓄电池输出的能量，单位是 kW。

（6）蓄电池的比功率。

蓄电池的比功率，又称动力密度，指单位质量或单位容积的蓄电池输出的功率，单位是 W/kg 或 W/L。蓄电池的比功率大，则表明在单位时间内，单位质量所释放的能量多，即蓄电池能用较大的电流放电。蓄电池的比功率是评价电动汽车加速性、爬坡能力和最高车速的指标。

（7）功率密度。

功率密度为单位体积电能储存装置具有的电能功率，单位为 W/L、kW/L。功率密度越大，汽车的载质量和车内空间越大。

（8）蓄电池的输出效率。

蓄电池有内阻，只要有电流通过即产生热消耗。蓄电池存在自放电，即使没有负载，也会或多或少消耗一部分能量。在充电后期，电解液发生化学反应，也会消耗能量。为了对蓄电池的能量利用情况进行评价，引出蓄电池输出效率或蓄电池效率的概念。

蓄电池的输出效率等于放电过程输出的电能与充电过程输入的电能之比。蓄电池效率通常有容量效率（安时效率）和电能效率（瓦时效率）两种。蓄电池的安时效率一般为 84%~93%，瓦时效率为 71%~79%。

（9）蓄电池的自放电率。

蓄电池的自放电率是指蓄电池在存放期间（无负荷）的容量下降率，用单位时间内容量下降的百分数表示。

按一定标准规律放电，在蓄电池的容量降到某一规定值以前，就要停止继续放电，然后需要充电才能继续使用（锂离子蓄电池充放电量控制在 40%~70%）。随着充放电次数的增加，蓄电池中的化学活性物质会发生老化变质，逐渐削弱其化学功能，使蓄电池的充电和放电效率逐渐降低，最后因丧失全部功能而报废。蓄电池充电和放电的循环次数与其充电和放电形式、温度以及放电深度有关。目前，三元锂材料电池一般放电深度"浅"时，有利于延长蓄电池的循环寿命。

（10）蓄电池的充放电特性。

蓄电池充电时充电电压或充电电流随充电时间而变化的特性称为蓄电池的充电特性。蓄电池的充电电压即充电时蓄电池的端电压。蓄电池放电时，端电压随放电时间而变化的特性称为蓄电池的放电特性。

蓄电池的放电电流强度常用当量时间来表示，即以一定的放电电流放完额定容量所需的小时数来衡量。

（11）蓄电池的一致性。

动力蓄电池不一致性的危害巨大，在组装动力蓄电池模组时必须重视单体的一致性。考虑引起动力蓄电池不一致性扩大的原因以及对动力蓄电池组性能造成影响的方式，通常可以把蓄电池的不一致性分为容量不一致、电阻不一致及电压不一致。

（12）蓄电池的 SOC（State of Charge）。

SOC 称为蓄电池的充电状态，用百分数表示，取值范围为 0~1，反映的是电池剩余电量 E_c 与电池额定容量 E_r 的比值。E_c 是当前电量状态下，完全放电至放电截止电压所获得的全部电量。

2）驱动电机系统

驱动电机是将电能转换成机械能或将机械能转换成电能的装置，是电动汽车的动力装置。在减速、制动等工况下，驱动电机还可以作为发电机发电，实现制动能量回收。驱动电机系统是电动汽车的核心组成部分，直接影响汽车的主要性能。

电动汽车的驱动电机包括永磁同步电机、交流异步电机、直流电机、开关磁阻电机，如图 2-5-4 所示。其中，永磁同步电机、交流异步电机已成为乘用车领域的主流选择。

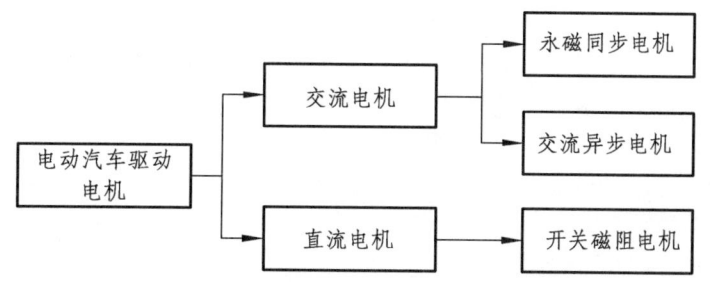

图 2-5-4 电动汽车驱动电机的分类

驱动电机的主要性能指标有额定功率、峰值功率、额定转速、最高工作转速、额定转矩、峰值转矩、堵转转矩、额定电压、额定电流、额定频率等。

3）电控系统

电动汽车电控系统狭义上指的是整车控制器，广义上则包括整车控制器、电池管理系统和驱动电机控制器等，其中整车控制器是核心。电动汽车分为高压和低压电控系统，高压系统包括动力电池、车载充电机、DC-DC 转换器等，低压系统则包括灯光、仪表及其他，如图 2-5-5 所示。

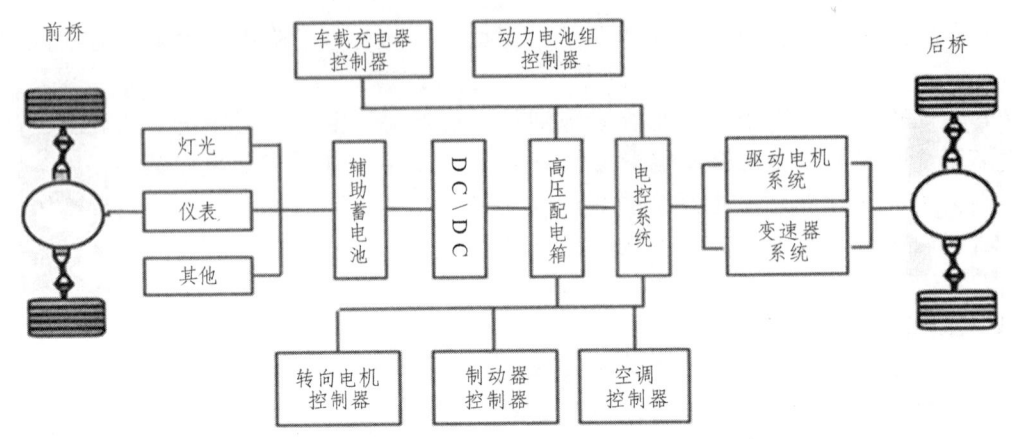

图 2-5-5　电动汽车电控系统示意图

（1）整车控制器。

整车控制器作为电动汽车的中央控制单元，是整个控制系统的核心，也是各个子系统的调控中心。其主要功能是协调管理整车运行状态，包括采集电机和电池状态、采集加速踏板和制动踏板信号、采集执行器和传感器信号，并根据驾驶员意图综合分析做出相应判定后，监控下层各部件控制器动作。

（2）驱动电机控制器。

驱动电机控制器的主要作用是接收整车控制器的扭矩报文指令，进而控制驱动电机的转速与转动方向；另外，在能量回收过程中，驱动电机控制器还要负责将驱动电机负扭矩产生的交流电进行整流而充给动力电池。

（3）电池管理系统。

电池管理系统的主要功能包括电池物理参数的实时监测、在线诊断与报警、充放电与预充控制、均衡管理和热管理等，如图 2-5-6 所示。

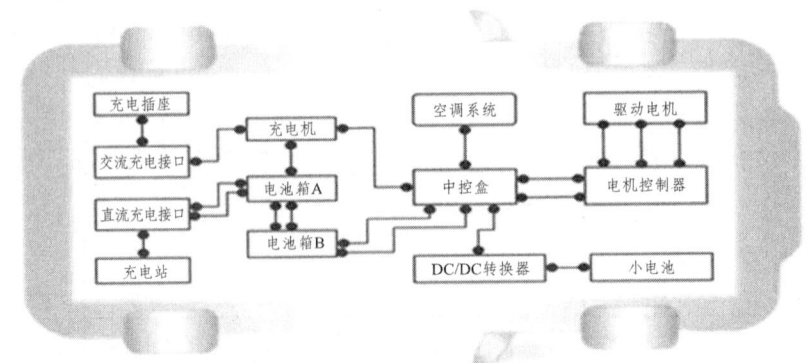

图 2-5-6　电池管理系统示意图

（三）新能源二手车鉴定发展现状

我国新能源汽车产业始于 21 世纪初，2008 年开始进入市场，但那时新能源汽车主要在公共事业领域和出租车行业，私人购买比例较低。"十一五"之后，我国提出"节能和新能源汽车"战略，政府高度关注新能源汽车的研发和产业化,在供给侧给予了大力扶持,诞生了许多新能源汽车品牌;同期在消费端,国家、地方两级政府制定了消费刺激政策和财政补贴,私人新能源汽车慢慢成为时尚。从 2018 年到 2023 年的乘用车消费统计数据(见表 2-5-6)可以看出,新能源汽车呈逐年快速递增态势,已然成为市场中的重要组成,2023 年新能源汽车占有量超过三成。这也为新能源二手车交易夯实了基础。

表 2-5-6　2018—2023 年我国乘用车交易统计表　　　　　　　　　　　　　单位:万辆

	年份	2018 年	2019 年	2020 年	2021 年	2022 年	2023 年
A	新能源车销量	105	121	137	352	655	950
B	二手车成交量	1 382	1 492	1 434	1 758	1 623	1 841
C	乘用车新车销量	2 235	2 144	1 929	2 148	2 686	2 606
D = A+C	乘用车总交易量	3 617	3 637	3 363	3 907	4 309	4 448
B/D	二手车占比	38.2%	41.0%	42.6%	45.0%	37.7%	41.4%
A/D	新能源新车占比	4.7%	5.6%	7.1%	16.4%	24.4%	36.4%

根据乘联会 2023 年提供的数据,2023 年全年纯电动二手车共交易了 76.3 万辆,较 2022 年增长 42%;交易的纯电动二手车使用年限 2 年以下的占 49.3%,2~4 年的占 14.8%,超过 6 年的仅为 7.3%;同期总体二手车交易使用年限,3 年内的约占 28%,3~6 年的占 43.5%,10 年以上的占 8.25%。由于新能源汽车在车辆结构中与燃油汽车存在"三电"差异,且"三电"占整车的价值比例比较高,在 2021 年之前行业内缺乏统一的鉴定评估标准,造成新能源二手车市场风险高、保值率低的现实状况。

(四)新能源二手车鉴定标准及规范

为了规范二手新能源乘用车鉴定评估行为,营造公平、公正的消费环境,保护消费者的合法权益,促进二手新能源乘用车市场健康稳步发展,受商务部委托,中国汽车流通协会多次组织二手纯电动乘用车领域的主机厂、电池制造商、汽车经销商集团、二手车业务有关企业、学术研究机构、数据研究机构等进行研讨,首先起草、制定了团体标准 T/CADA 17—2021《二手纯电动乘用车鉴定评估技术规范》(简称《规范》),并于 2021 年 5 月 8 日向社会发布,供二手车行业有关机构和人员参考。《规范》的实施,使国内二手纯电动乘用车的鉴定评估有了统一标准和依据。

1. 纯电动汽车性能鉴定标准

与二手燃油车不同的是,纯电动车没有发动机、变速器,但增加了动力蓄电池系统、驱动电机系统和电控系统(称为"三电")。除了要对"三电"系统进行特别的技术鉴定外,其他总成和系统的鉴定与传统燃油二手车一致。根据规范的规定,需对涉及车辆功能及状态的 210 个项目进行检测,项目分布汇总见表 2-5-7。其中"三电"检测 29 项,分值 35 分。

表 2-5-7　纯电动二手车鉴定检测项目分布汇总表

项目名称	车身外观部位	电池系统外观	电池综合性能
项目数量	89	12	6
分值	15	5	20
项目名称	电池质保	电机及控制器	驾驶舱
项目数量	1	10	23
分值	5	5	12

续表

项目名称	电控及仪表	路试	底盘
项目数量	12	10	16
分值	10	15	10
项目名称	功能性零部件		
项目数量	14		
分值	3		

2. 动力电池系统评估

《二手纯电动乘用车鉴定评估技术规范》将动力电池系统评估分为外观检查、综合性能评价和电池质保评价三部分，共计 30 分。其中外观检查 5 分，综合性能评价 20 分，电池质保评价 5 分。

1）外观检查

按照规范检查表观察获得。

2）综合性能评价

计算方法为

$$R = E_s(C_s)L$$

式中 $E_s(C_s)$——电量（容量）可用状态；
L——历史使用影响因素系数。

（1）电量（容量）可用状态（E_s/C_s）。

$$E_s = (E_c - E_{end})/(E_r - E_{end}) \text{ 或 } C_s = (C_c - C_{end})/(C_r - C_{end})$$

式中，E_{end} 为电池终止电量，一般约定为 80%。

（2）历史使用影响因素系数。

历史使用影响因素系数为根据驾驶行为、充电行为和运行环境等因素进行评估所得的比例系数，依据车辆使用者出具的经过认定的电池数据或者车辆生产厂家、第三方监控平台等提供的电池运行数据求得，包括日均使用时间系数（L_1）、次均充电 SOC 系数（L_2）、快慢充比系数（L_3）、运行温度在 10~45 ℃ 的频次占比系数（L_4）。

历史运行数据影响因素系数计算公式为

$$L = L_1 L_2 L_3 L_4$$

历史使用影响因素系数最大值为 1。如果不能提供该历史数据，系数应取 0.9。

① 日均使用时间系数（L_1）。

日均使用时间 = 车辆每日使用时间的平均值（T_{day}）。使用时间因素评分表如表 2-5-8 所示。

表 2-5-8 使用时间因素评分表

序号	日均使用时间	$T_{day} < 1$ h	$1\text{ h} \leq T_{day} \leq 4\text{ h}$	$T_{day} > 4$ h
120	系数（L_1）	0.98	1	0.97

② 次均充电 SOC 系数（L_2），参比最佳电池放电深度。

次均充电 SOC = 所有充电结束 SOC 与充电起始 SOC 之差的平均值。次均充电 SOC 评分表如表 2-5-9 所示。

表 2-5-9　次均充电 SOC 评分表

序号	次均充电 SOC	次均充电 SOC < 70%	次均充电 SOC ≥ 70%
121	系数（L_2）	1.0	0.98

③ 快慢充比系数（L_3），参比电池最佳充电倍率。快慢充比评分表如表 2-5-10 所示。

表 2-5-10　快慢充比评分表

序号	快慢充比	快慢充比 < 0.5	0.5 ≤ 快慢充比 < 1
122	系数（L_3）	1.0	0.98

④ 运行温度在 10～45 ℃ 的频次占比系数（L_4），参比电池最佳运行温度。运行温度 10～45 ℃ 的频次占比 = 温度在 10～45 ℃ 的运行时间/总的运行时间。运行温度频次占比评分表如表 2-5-11 所示。

表 2-5-11　运行温度频次占比评分表

序号	运行温度在 10～45 ℃ 的频次占比	占比 > 60%	40% ≤ 占比 < 60%	占比 < 40%
123	系数（L_4）	1	0.98	0.95

按照表 2-5-12，根据性能综合评价值 R 对电池系统进行评分，总计 20 分。

表 2-5-12　电池系统综合性能评价值评分表

序号	性能综合评价值 R	$R < 0.1$	$0.1 \leq R < 0.2$	$0.2 \leq R < 0.3$	$0.3 \leq R < 0.4$	$0.4 \leq R < 0.5$	$0.5 \leq R < 0.6$	$0.6 \leq R < 0.7$	$0.7 \leq R < 0.8$	$0.8 \leq R < 0.9$	$R \geq 0.9$
124	综合性能评价值	0	3	6	8	10	12	14	16	18	20

3）电池质保评价

电池质保评分计算电池的剩余质保时间比和剩余质保里程比，取二者最小值作为评分依据。

电池质保评分 A 计算公式为

$$A = A_s \times 5 \text{（保留 1 位小数）}$$

其中，电池质保评分系数 $A_s = \text{Min}(T_s, D_s)$，$A_s$ 取值为 T_s 和 D_s 中的较小值；剩余质保时间比 $T_s = (T_{max} - T_c)/T_{max}$，如果 $T_c \geq T_{max}$，$T_s = 0$；剩余质保里程比 $D_s = (D_{max} - D_c)/D_{max}$，如果 $D_c \geq D_{max}$，$D_s = 0$；行驶里程 D_c 为车辆当前的行驶公里数；电池质保里程 D_{max} 为厂家提供的电池质保里程数；电池使用时间 T_c 为车辆注册登记后的累计使用时间；电池质保时间 T_{max} 为厂家提供的电池质保时间。电池质保评分表如表 2-5-13 所示。

表 2-5-13　电池质保评分表

序号	检查项目	分值
125	电池质保评价 A	

（五）应用案例

某客户购买的一辆纯电动轿车计划进行二手车评估，目前行驶里程为 2 万千米，车辆铭牌见图 2-5-7、电池铭牌见图 2-5-8。完成车辆三电系统的评价。

图 2-5-7　车辆铭牌　　　　　图 2-5-8　电池铭牌

1. 动力电池系统评估

根据《二手纯电动乘用车鉴定评估技术规范》检查电池外观，无异常（详细项目略）。

1）综合性能评价

（1）由图 2-5-8 可知，额定电压为 400 V，额定容量为 147 Ah，则

额定功率 = 额定电压 × 额定容量 = 400 × 147/1 000 = 58.8（kWh）

（2）按照实际容量 C_c 测量方法，实测充电 E_c 为 57.7 kWh，则计算该车电量可用状态。

$$E_s = (57.7 - 58.8 \times 80\%) / (58.8 - 58.8 \times 80\%) = 10.66/11.76 = 90.64\%$$

（3）确定历史使用影响因素系数 L。

① 日均使用时间系数（L_1）。

因该车为私家车，为车主每日上下班代步使用，3 年使用了 2 万千米，日平均行驶 18.26 km，市内使用，日均行驶小于 1 h。根据使用时间因素评价表，选择 $L_1 = 0.98$。

② 次均充电 SOC 系数（L_2）。

车主无家用充电桩，主要在公共充电站充电，次均充电 SOC ≥ 70%。根据次均充电 SOC 评分表，选择 $L_2 = 0.98$。

③ 快慢充比系数（L_3）。

根据车辆充电站使用习惯，快充占比不超过 40%。根据快慢充比评分表，选择 $L_3 = 1.0$。

④ 运行温度在 10 ~ 45 ℃ 的频次占比系数（L_4）。

该车在深圳市使用，运行温度在 10 ~ 45 ℃ 的频次大于 90%。根据运行温度频次占比评分表，选择 $L_4 = 1.0$。

则 $L = L_1 L_2 L_3 L_4 = 0.98 \times 0.98 \times 1.0 \times 1.0 = 96.04\%$

（4）综合性能评价值 $R = E_s(C_s)L = 90.64\% \times 96.04\% = 87.05\%$

根据电池系统综合性能评价值评分表得到综合性能评价值为 18。

2）电池质保评价

根据该品牌纯电动车型质保标准，"首任车主且年行驶里程不超过 35 000 km，可以享受终身质保"。剩余质保时间比 T_s 为 100%；剩余质保里程比 $D_s = (35 000 - 20 000)/35 000 = 42.85\%$；$A_s = 42.85\%$。

电池质保评分 $A = 42.85\% \times 5 = 2.1$。

2. 电机及控制器

根据《二手纯电动乘用车鉴定评估技术规范》采用目视方法对电机、控制器进行外观检查，并确认电机、控制器基本数据与原车辆生产厂家数据相一致，电机系统外观及高低压连接正常，电机无异响；采用计算机解码器（整车诊断仪）读取电机系统数据，无电机系统故障报警（详细项目略）。

学习任务三 二手车价值评估计算

工作任务	二手车价值评估计算	教学模式	任务驱动
建议学时	16学时	教学地点	一体化实训室
任务描述	作为一名二手车评估专员，在评估现场应掌握资产评估的基本理论及有关管理规定，掌握资产评估的基本要素，合理运用二手车价格评估的四种基本方法，对旧机动车的价值进行评估，并对评估结果进行检查		
学习目标	（1）了解资产评估的基本理论及有关管理规定； （2）掌握资产评估的基本要素； （3）理解资产评估的假设与经济技术原则； （4）了解二手车价格评估的计价标准与基本假设； （5）了解二手车价格评估的四种基本方法； （6）了解二手车鉴定估价方法及二手车的计价形式		
学习活动	学习内容		学时分配
	学习活动一 确定二手车成新率		8
	学习活动二 二手车价格估算		8

学习活动一 确定二手车成新率

一、学习目标

（1）能描述二手车成新率的概念；
（2）能根据具体评估的条件，选择合适的成新率计算方法；
（3）能够正确计算二手车成新率。

二、建议学时

8 学时。

三、学习地点

汽车营销实训室。

四、学习资料

计算机、网络资源、工作页、实训车。

五、学习准备

问题 1　二手车为什么会折价贬值？
_____
_____

问题 2　什么是二手车的成新率？
_____
_____

成新率 = 1 − _____。

问题 3　请小组通过教材或网络查询二手车成新率的计算方法有哪些，并简述其方法。

① 使用年限法；
② 行驶里程法；
③ _____
④ _____
⑤ _____
⑥ _____

六、情景描述

一辆二手车已完成现场鉴定,请你对该车辆进行成新率的计算。

七、计划与实施

(1)某客户计划将家用轿车进行置换,二手车评估人员根据该车辆的信息完成理论成新率的计算。车辆行驶里程为 13.6 万千米,已使用时间为 58 个月,请用等速使用年限法和行驶里程法分别计算成新率。

(2)赵先生几年前花费 52.5 万购买了一辆奥迪 A6 L3.0 轿车,行驶里程为 8 万千米,已经使用了 48 个月,基本为个人市内交通使用,维护保养较好,路试车况较好。评估基准日该车新车销售价为 43.8 万元,请用部件鉴定法计算成新率(见表 3-1-1)。

表 3-1-1 成新率估算明细表

成新率估算明细表				
总成部件	描述	权重/%	成新率/%	加权成新率/%
发动机及离合器总成	动力良好,无失速现象			
变速器及传动轴总成	换挡无顿挫,正常			
前桥及转向器前悬架总成	左前避震器轻微漏油			
后桥及后悬架总成	正常			
制动系统	前制动盘磨损较大,需更换			
车架总成	正常			
车身总成	后杠有掉漆情况			
电气设备及仪表	左前玻璃升降开关失灵			
轮胎	两后轮磨损已到极限			
合计		100		

(3)一辆待评估车辆已使用 46 个月,行驶里程为 7 万千米,主要在城市道路使用。通过现场鉴定,车况检查情况如下。

① 静态检查。

外观整体检查中发现保险杠有碰撞修补的痕迹;车辆的左前侧雾灯下方有剐蹭痕迹,造成了油漆脱落;车辆左侧的滑动门需要进行润滑,整个车身情况保持得比较好。发动机舱线束整齐,观察车辆大梁、左右翼子板没有变形、锈蚀,油路也没有渗油现象。整个前端的车架部分还保持着原厂油漆的痕迹,各部位代码清晰可见,足以证明车辆保养比较专业。车内真皮座椅及内饰干净,丝毫没有旧车的感觉。电动门窗、倒车雷达、音响使用正常。

② 动态检查。

发动机性能比较稳定，轻踩油门，在 4 300 r/min 时达到了动力输出峰值。在车速较高的情况下，风噪、胎噪几乎听不到。紧急制动，反应迅速，没有跑偏现象。高速行驶略有摆振，当车辆在 52 km/h 左右时，前轮摇摆，当车辆保持在低速 38 km/h 以下行驶或高速超过 66 km/h 行驶时，前轮摇摆现象消失，经检查发现左前轮补过轮胎，试验更换两个前胎，摆动现象消失，所以是由于轮胎有过修补引起了启动不平衡。乘坐较舒适，对地面的振动反应一般。

请依据检查状况运用综合分析法进行二手车成新率的核算。

八、拓展与反思

（1）请针对所学成新率的计算方法，进行对比和总结（见表 3-1-2）。

表 3-1-2　成新率计算方法比较

成新率计算方法	特　点
1. 使用年限法	
2. 行驶里程法	
3. 部件鉴定法	
4. 整车观察法	
5. 综合分析法	
6. 综合成新率法	

（2）根据学习状况与小组成员一起完成学习评价表（见表3-1-3）。

表3-1-3 学习评价表

项目	评价内容	评价等级		
		好	中	差
自我评价	学到的知识点：			
	学到的技能点：			
	不理解的有：			
	还需要深化学习并提升的有：			
组内评价	○按时到场　　　○工装齐备　　　○书、本、笔齐全			
	○安全操作　　　○责任心强　　　○7S管理规范			
	○学习积极主动　○合理使用教学资源　○主动帮助他人			
	○接受工作分配　○有效沟通　　　○高效完成工作任务			

九、备忘录

学习活动二　二手车价格估算

一、学习目标

（1）能用现行市价法计算二手车评估值；
（2）能用重置成本法计算二手车评估值；
（3）能用收益现值法计算二手车评估值；
（4）能用清算价格法计算二手车评估值；
（5）能根据评估目的正确选择估算方法。

二、建议学时

8学时。

三、学习地点

汽车营销实训室。

四、学习资料

计算机、网络资源、工作页。

五、学习准备

问题1　通过查询教材，了解二手车价格估算方法有哪几种？

_____
_____
_____
_____

问题2　请正确描述现行市价法的主要内容及方法。
（1）直接市价法：_____

其适用条件：_____

（2）类比调整市价法：_____

其适用条件：_____

问题3　请正确描述重置成本法的主要内容及方法。
（1）重置成本全价的计算方法有几种？

（2）重置成本法的适用条件：_____

问题4 请正确描述收益现值法的主要内容。

（1）收益现值法：_____

（2）其适用条件：_____

问题5 请描述清算价格法的主要计算方法。

六、情景描述

根据老师提供的资料，请你对该车辆进行价格的评定估算。

七、计划与实施

任务一：根据任务背景，通过查询网络，选择参照车辆（见表3-2-1），运用现行市价法计算二手车价格。请写出计算过程。

表3-2-1 参照车辆技术参数

序号	技术经济参数	参照车辆Ⅰ	参照车辆Ⅱ	被评估二手车
1	销售条件	公开市场	公开市场	公开市场
2	交易时间	6个月前	1个月前	
3	使用年限/年	15	15	15
4	已使用时间/月	29.1	21.8	
5	已使用里程/万千米	4.6	5.4	5.5
6	成新率	81.5%	82.2%	81%
7	交易数量	1	1	1
8	付款方式	现金	现金	现金
9	地点	深圳	深圳	深圳
10	物价指数	0.98	1	0.99
11	价格/万元	8.4	8.5	评估价格

任务二：某辆奥迪 A6 L3.0 轿车以 52.5 万购买，初次登记时间为 2010 年 1 月，评估基准日为 2016 年 1 月，行驶里程为 8 万千米，基本为个人市内交通使用，维护保养较好，路试车况较好。2015 年 12 月，该款新车价为 46.8 万元，请用重置成本法来计算二手车评估价格（请写出步骤）。

八、拓展与反思

（1）请针对所学二手车估价方法，进行对比和总结，并填写表 3-2-2。

表 3-2-2　二手车各估价方法特点

二手车估价方法	特　点
重置成本法	
现行市价法	
收益现值法	
清算价格法	

（2）根据学习状况与小组成员一起完成学习评价表（见表 3-2-3）。

表 3-2-3　学习评价表

项　目	评价内容	评价等级		
		好	中	差
自我评价	学到的知识点：			
	学到的技能点：			
	不理解的有：			
	还需要深化学习并提升的有：			
组内评价	○按时到场　　○工装齐备　　○书、本、笔齐全			
	○安全操作　　○责任心强　　○7S 管理规范			
	○学习积极主动　○合理使用教学资源　○主动帮助他人			
	○接受工作分配　○有效沟通　　○高效完成工作任务			

九、备忘录

十、学习材料

(一)成新率的计算方法

确定二手车的成新率是估算二手车价格时首先要解决的问题。

成新率是反映二手车新旧程度的指标,是表示二手车的功能或使用价值占全新机动车的功能或使用价值的比例,也可以理解为二手车的现时状态占全新状态的比例。它与有形损耗率一起反映了同一车辆的两个方面。车辆的有形损耗也称为车辆的实体性贬值,它是由于使用磨损和自然损耗形成的。成新率和有形损耗率的关系如下:

$$成新率 = 1 - 有形损耗率$$

成新率是重置成本法的一项重要指标,如何科学、准确地确定成新率是二手车评估中的重点和难点之一。

二手车成新率的计算方法有使用年限法、行驶里程法、部件鉴定法、整车观测法、综合分析法、综合成新率法等。

1. 使用年限法

1) 计算方法

使用年限法是以被评估二手车的尚可使用年限与规定使用年限的比值来确定二手车成新率的一种方法。其计算公式为

$$C_Y = \frac{Y - Y_1}{Y} \times 100\%$$

式中 C_Y——年限成新率,%;

Y_1——二手车实际已使用年限,通常用月数来表示;

Y——车辆规定的使用年限,通常用月数来表示。

使用年限法估算二手车的成新率是基于这样的假设:二手车在规定的使用寿命期间,实体性损耗与时间呈线性递增关系,二手车价值的降低与其损耗大小成正比。因此,可利用被评估二手车的实际已使用年限与该车型规定使用年限的比值来判断其有形损耗率,进而估算被评估二手车的成新率。

2) 相关参数确定

(1) 已使用年限的确定。已使用年限是代表汽车运行量和工作量的一种计量,这种计量是以汽车正常使用为前提的,包括正常的使用时间和使用强度。对于汽车来说,它的规定寿命指标既有规定使用年限,同时也有行驶里程数。从理论上讲,综合考虑已使用年限和行驶里程数要更符合实际一些,所以汽车的已使用年限应采用折算年限,即

$$折算年限 = 总的累计行驶里程/年平均行驶里程$$

已使用年限的这种表示方法既反映了汽车的使用情况(包括管理水平、使用水平、维护水平和使用强度),又包括了运行条件和某些停驶时间较长的汽车的自然损耗。但在实际操作中很难找到总累计行驶里程和年平均行驶里程这一组数据,所以已使用年限一般取该车从新车在公安机关交通管理部门注册登记日起至评估基准日所经历的时间。这个时间可以用年、月或日为单位计算。实际计算中,评估基准日通常并不恰好与注册登记日同日,如果以年为单位计算实际已使用年限,结果误差太大;如果以日为单位计算实际已使用年限,需要精确计算实际已使用天数,结果精确,但工作量较大,比较麻烦。因此,一般以月为单位计算实际已使用年限,即将已使用年限和规定使用年限

换算成月数，这样，计算简单，结果误差也较小，比较切合实际。

（2）规定使用年限的确定。车辆规定使用年限是指《机动车强制报废标准规定》中对被评估车辆车型规定的使用年限。各种类型汽车规定使用年限应按《机动车强制报废标准规定》的规定执行，对于标准中无报废年限规定的车辆，在进行成新率计算时，通常取 15 年。

3）应用条件

用使用年限法计算成新率的前提条件是车辆在正常使用条件下，按正常使用强度（年平均行驶里程）使用。目前，我国各类汽车年平均行驶里程参考值见表 3-2-4。

表 3-2-4 我国各类汽车年平均行驶里程参考值

汽车类别	年平均行驶里程/万千米
微型、轻型货车	3~5
中型、重型货车	6~10
私家车	1~3
公务、商务用车	3~6
出租车	10~15
租赁车	5~8
旅游车	6~10
中、低档长途客运车	8~12
高档长途客运车	15~25

利用使用年限法计算得到的成新率实际上反映的是车辆的时间损耗及时间折旧，与车辆的日常使用强度和车况无关。

如果车辆的日常使用强度较大，在运用已使用年限指标时，应适当乘以一定的系数。例如，对于某些以双班制运行的车辆，其实际使用时间为正常使用时间的 2 倍，因此该车的已使用年限，应是车辆从开始使用到评估基准日所经历时间的 2 倍。

4）应用案例

（1）车辆基本信息。

车型：厦门金龙，中型客车，非营运。

购车时间：2018 年 5 月。行驶里程数：9 万千米。初次登记日期：2018 年 5 月。

评估基准日：2023 年 5 月。

（2）车辆技术状况评价。前保险杠左前角有一处较为明显的划痕，减振效果较差，其他均正常。

（3）成新率计算。

① 根据对该车的车辆技术状况评价及实际行驶里程数可以判定，该车的使用情况与其使用年限相符，故可采用使用年限法计算其成新率。

② 按我国现行的《机动车强制报废标准规定》，该车报废年限为 20 年（240 个月）。

③ 该车初次登记日为 2018 年 5 月，评估基准日为 2023 年 5 月，已使用 60 个月。

④ 根据公式：

$$C_Y = \frac{Y - Y_1}{Y} \times 100\%$$

可得该车的年限成新率为

$$C_Y = (1 - 60/240) \times 100\% = 66.7\%$$

2. 行驶里程法

《机动车强制报废标准规定》中，部分车型除了规定的使用年限外，还规定了行驶里程，因此也可以用行驶里程法进行成新率的计算。

1）计算方法

行驶里程法是以被评估二手车的尚可行驶里程与规定里程的比值来确定二手车成新率的一种方法。其计算公式为

$$C_S = \frac{L - L_1}{L} \times 100\%$$

式中　C_S——里程成新率，%；

　　　L_1——实际累计行驶里程，km；

　　　L——规定行驶里程，km。

2）相关参数确定

（1）累计行驶里程的确定。二手车累计行驶里程是指被评估二手车从开始使用到评估基准日所行驶的总里程，即表征里程。

（2）规定行驶里程的确定。规定行驶里程是指《机动车强制报废标准规定》中规定的该车型的行驶里程。

行驶里程较已使用年限更真实地反映了二手车使用强度及使用过程中实际的物理损耗。它反映了二手车使用强度对其成新率的影响。总的行驶里程越大，车辆的实际有形损耗也越大。

3）应用条件

行驶里程法计算成新率的前提条件是车辆里程表的记录必须是原始的，不能被人为更改过。由于里程表容易被人为变更，因此，在实际应用中，较少直接采用此方法进行评估。

4）应用案例

（1）车辆基本情况。

评估车型：大众 Polo 1.6 标准版（私家车）。

登记日期：2017 年 9 月。行驶里程：11 万千米。评估基准日：2021 年 5 月。

（2）技术状况评价。前照灯经过更换，制动感觉比较硬，其他均正常。

（3）成新率计算。

① 该车不到 4 年行驶 11 万千米，符合家庭用车的年平均行驶里程统计值，故可认为该车表征里程数没有改动过，可以用行驶里程法计算其成新率。

② 根据《机动车强制报废标准规定》，该车型报废里程为 60 万千米，已行驶里程为 11 万千米。

③ 根据公式：

$$C_S = \frac{L - L_1}{L} \times 100\%$$

可得该车的里程成新率为

$$C_S = (1 - 11/60) \times 100\% \approx 81.7\%$$

3. 部件鉴定法

1）计算方法

部件鉴定法也称技术鉴定法，是在确定二手车各组成部分技术状况的基础上，按其各组成部分

对整车的重要性和价值量的大小加权评分，最后确定成新率的一种方法。采用部件鉴定法估算二手车成新率的计算公式为

$$C_B = \sum_{i=1}^{n}(C_i \times \beta_i)$$

式中　C_B——部件鉴定成新率，%；
　　　C_i——二手车第 i 个部件的成新率，%；
　　　β_i——二手车第 i 个部件的价值权重系数，%。

2）计算步骤

（1）先确定二手车各主要总成、部件，再根据各部分的制造成本占整车制造成本的比重，确定其价值权重系数 β_i（$i=1, 2, \cdots, n$），表3-2-5 为汽车各部分的价值权重系数参考表。

（2）以全新车辆对应的各总成、部件功能为满分（100分），功能完全丧失为零分，再根据被评估二手车各相应总成、部件的技术状况估算出其成新率 C_i（$i=1, 2, \cdots, n$）。

（3）将各总成、部件估算出的成新率与价值权重系数相乘，得到各总成、部件的权重成新率（$C_i \times \beta_i$）（$i=1, 2, \cdots, n$）。

（4）最后将各总成、部件的权重成新率相加，即得出被评估车辆的成新率。

在不同种类、档次的车辆上，各组成部分对整车的重要性及其价值占整车的比重各不相同，有些类型车辆之间的差别还很大。因此，表3-2-5 只能供评估人员参考，不可作为唯一标准。在实际评估时，鉴定评估人员应根据被评估车辆各部分价值量占整车价值的比重，调整各部分的权重。

表 3-2-5　汽车各部分的价值权重系数参考表

序号	车辆各主要总成、部件名称	价值权重系数/%		
		轿车	客车	货车
1	发动机及离合器总成	26	27	25
2	变速器及万向传动装置总成	11	10	15
3	前桥、前悬架及转向系统总成	10	10	15
4	后桥及后悬架总成	8	11	15
5	制动系统	6	6	5
6	车架	2	6	6
7	车身	26	20	9
8	电气仪表	7	6	5
9	轮胎	4	4	5
	合计	100	100	100

3）特点及适用范围

从上述计算步骤可见，采用部件鉴定法计算加权成新率比较费时费力，但评估值更接近客观实际，可信度高。该方法既考虑了二手车的实体性损耗，同时也考虑了二手车维修或换件等追加投资使车辆价值发生的变化。这种方法一般用于价值较高的二手车评估。

4）应用案例

（1）车辆基本情况。

车型：凯迪拉克 2018 款 28T 豪华型，家庭用车。

初次登记日期：2018 年 5 月 20 日。

评估基准日：2023 年 5 月 10 日。

累计行驶里程：12.8 万千米。

该车配置：2.0T 直喷发动机、6 挡手自一体变速器、前麦佛逊式独立悬架、后多连杆独立悬架、安全气囊、前后通风式制动盘、ABS/EBD/EBA/TCS/ESC 安全装置、胎压显示、车道偏离预警、并道辅助、定速巡航、发动机电子防盗、无钥匙启动机远程启动功能、蓝牙电话、8 英寸彩色触控液晶屏、多选择媒体接口、真皮座椅、全景天窗、加热座椅等。

车辆手续：证件、税费单据齐全有效。

（2）车辆技术状况评价。保险杠有碰撞修补的痕迹，左前侧雾灯下方有剐蹭痕迹且有漆膜脱落现象，制动时有轻微异响，其他均正常。

（3）计算成新率。

①根据该新车型的配置情况可确定该车为高档轿车，所以可以选择部件鉴定法计算其成新率。

②根据对该车的检查结果，其成新率的估算明细见表 3-2-6。

表 3-2-6 二手车成新率估算明细表

序号	车辆各主要总成、部件名称	价值权重系数/%	成新率/%	加权成新率/%
1	发动机及离合器总成	23	67	15.41
2	变速器及万向传动装置总成	12	67	8.04
3	前桥、前悬架及转向系统总成	9	67	6.03
4	后桥及后悬架总成	9	67	6.03
5	制动系统	7	65	4.55
6	车架	2	67	1.34
7	车身	24	65	15.6
8	电气仪表	6	67	4.02
9	轮胎	8	50	4
	合计	100		65.02

即用部件鉴定法对该车计算的成新率约为 65%。

4. 整车观测法

1）计算方法

整车观测法是指采用人工观察并辅以简单的仪器检测，判定被评估二手车的技术等级以确定成新率的一种方法。整车观测法观察和检测的技术指标主要包括二手车的现时技术状态、使用时间及行驶里程、主要故障经历及大修情况、整车外观和完整性等，成新率评估参考表见表 3-2-7。

表 3-2-7 中的数据是判定二手车成新率的经验数据，只能供评估人员参考，不能作为唯一标准。由于采用该方法时，对二手车技术状况的评判是采用人工观察方法进行的，所以成新率的估算值是否客观、实际，取决于评估人员的专业水准和评估经验。

表 3-2-7　二手车成新率评估参考表

车辆等级	车况定义	技术状况描述	成新率/%
1	很新	登记后时间不超过 1 年，行驶里程不超过 2 万千米，没有缺陷，没有修理和买卖的经历	95
			90
2	很好	登记后时间不超过 3 年，行驶里程不超过 6 万千米，仅有轻微不明显的损伤，漆面、车身和内部仅有小的瑕疵，没有机械问题，无须更换部件或进行任何修理，无不良记录	85
			80
			75
3	良好	登记后时间不超过 5 年，行驶里程不超过 10 万千米，重新油漆的痕迹是好的，机械部分及易损件已更换，在用状态良好，故障率低，可随时出车使用	70
			65
			60
			55
4	一般	行驶里程不超过 16 万千米，有一些机械方面的明显缺陷，需要进行某些修理或换一些易损部件，可以随时出车，但动力性下降，油耗增加	50
			45
			40
			35
5	尚可使用	处于运行状态的旧车，油漆晦暗，锈蚀严重，有多处机械的明显缺陷，可能存在不容易修复的问题，需要较多维修换件，可靠性很差，使用成本增加	30
			25
			20
			15
6	待报废处理	基本达到或已达到使用年限，通过《机动车安全技术条件》检查，能使用但不能正常使用，动力性、经济性、可靠性下降，燃料费、维修费、大修费用增长速度快，车辆效益与支出基本持平甚至下降，排放污染和噪声污染达到极限	10
			6
			4
7	报废	使用年限已达到报废期，只有基本材料的回收价值	2
			0

2）特点及适用范围

整车观测法简单易行，但其判断结果没有部件鉴定法准确，一般用于初步估算中、低档二手车的价格，或作为综合分析法的辅助手段，用来确定车辆的技术状况调整系数。

3）应用案例

（1）车辆基本情况。

车型：广汽本田飞度 1.5LX CVT 舒适型，家庭用车。

初次登记日期：2017 年 8 月 20 日。

行驶里程：3.98 万千米。

评估基准日：2023 年 3 月 30 日。

（2）车辆技术状况评价。该车未做过车身和发动机大修，未出现保险事故修理，更换过 4 条轮胎及电池，有 4S 店规范保养记录，动力性、转向操纵性、制动性等各项性能良好。

（3）成新率确定。因该车为低档车型，根据车辆使用年限及行驶的里程数，可知该车属于较新旧车，故可使用整车观测法确定其成新率。

由于该车未经过大修，新更换了轮胎和电池，但各项性能恢复较好。根据二手车技术状况分级参数表（见表3-2-7），将其成新率确定为65%。

5．综合分析法

1）计算方法

综合分析法是以使用年限法为基础，综合考虑二手车的实际技术状况、维护状况、制造质量、使用性质及使用条件等多种因素对二手车价值的影响，以调整系数形式确定成新率的一种方法，其计算公式为

$$C_F = C_Y \times K$$

式中　C_F——分析成新率，%；
　　　C_Y——年限成新率，%；
　　　K——综合调整系数。

2）综合调整系数的确定

影响二手车成新率的主要因素有二手车的技术状况、维护状况、制造质量、使用性质和使用条件5个方面，可采用表3-2-8推荐的调整系数，用加权平均的方法进行调整。

表3-2-8　二手车成新率调整系数参考表

序号	影响因素	因素分级	调整系数	权重/%
1	技术状况	好	1.0	30
		较好	0.9	
		一般	0.8	
		较差	0.7	
		差	0.6	
2	维护状况	好	1.0	25
		较好	0.9	
		一般	0.8	
		差	0.7	
3	制造质量	进口名牌	1.0	20
		国产名牌、走私罚没车	0.9	
		进口非名牌	0.8	
		国产非名牌	0.7	
4	使用性质	私用	1.0	15
		公务、商务用	0.7	
		营运	0.5	
5	使用条件	好	1.0	10
		一般	0.8	
		差	0.6	

*根据被评估二手车是否需要进行项目修理或换件维修，综合调整系数有两种确定方法。

（1）二手车无须进行项目修理或换件时，可直接采用表 3-2-8 所推荐的调整系数进行计算，计算公式如下：

$$K = K_1 \times 30\% + K_2 \times 25\% + K_3 \times 20\% + K_4 \times 15\% + K_5 \times 10\%$$

式中　　K——综合调整系数；

　　　　K_1——技术状况调整系数；

　　　　K_2——维护状况调整系数；

　　　　K_3——制造质量调整系数；

　　　　K_4——使用性质调整系数；

　　　　K_5——使用条件调整系数。

（2）二手车需要进行项目修理或换件，或需要进行大修时，可采用"一揽子"评估方法，综合考虑确定表 3-2-8 所列因素的影响。所谓"一揽子"评估方法，就是综合考虑修理后对二手车成新率等估算值的影响，直接确定一个合理的综合调整系数而进行成新率计算的一种方法。

表 3-2-8 中的因素分级和调整系数只是一个参考，实际确定综合调整系数时，应根据具体情况做适当的调整，但各因素的调整系数取值不要超过 1，综合调整系数计算结果也不会超过 100%。

3）调整系数的选取

（1）技术状况调整系数 K_1。二手车技术状况调整系数是在车辆技术状况鉴定的基础上对车辆进行的分级，然后取调整系数来修正车辆的成新率。技术状况调整系数取值范围为 0.6~1.0，技术状况好的取上限，反之取下限。

（2）维护状况调整系数 K_2。维护状况调整系数反映了使用者对车辆使用、维护的水平。不同的使用者，对车辆使用、维护的实际执行情况差别较大，因而直接影响车辆的使用寿命和成新率。维护状况调整系数取值范围为 0.7~1.0，维护状况好的取上限，反之取下限。

（3）制造质量调整系数 K_3。确定该系数时，应了解被评估的二手车是国产车还是进口车，如果是进口车，还应确定进口国别，并了解是名牌产品还是一般产品。一般来说，有国家正规手续的进口车辆质量优于国产车辆，名牌产品优于一般产品，但又有较多例外，故在确定此系数时应慎重。制造质量系数取值范围为 0.7~1.0。

（4）使用性质调整系数 K_4。二手车使用性质（或用途）不同，其繁忙程度不同，使用强度也不同。一般车辆使用性质可分为私人工作和生活用车，机关企事业单位的公务和商务用车，从事旅客、货运、城市出租的营运用车。以普通小轿车为例，一般来说，私人工作和生活用车每年最多行驶 3 万千米；公务、商务用车每年行驶里程不超过 6 万千米；而有些营运出租车每年行驶里程可高达 15 万千米。可见二手车使用性质不同，其使用强度差异很大。二手车使用性质调整系数取值范围为 0.5~1.0，使用强度小的取上限，反之取下限。

（5）使用条件调整系数 K_5。我国地域辽阔，各地自然条件差别很大，车辆的使用条件对其成新率影响很大。使用条件可分为道路使用条件和特殊环境使用条件。

① 道路使用条件。道路使用条件可分为好路、中等路和差路 3 类。好路指国家道路等级中的高速公路，一、二、三级道路，这种道路的好路率在 50% 以上；中等路指符合国家道路等级四级的道路，这种道路的好路率为 30%~50%；差路指国家等级以外的路，这种道路的好路率在 30% 以下。

② 特殊环境使用条件。特殊环境使用条件主要指特殊自然条件，包括寒冷地区、沿海地区、风沙较大的地区和山区等。

车辆使用条件调整系数取值范围为 0.6~1.0，应根据二手车实际使用条件适当取值。当二手车长期在好路和中等路行驶时，K_5 分别取 1 和 0.8；如果二手车长期在差路或特殊环境使用条件下工作，K_5 取 0.6。

从上述影响因素中可以看出，各影响因素关联性较大。一般来说，其中某一影响因素加强时，其他项影响因素也随之加强；反之则减弱。影响因素作用加强时，综合调整系数不要随影响作用加强而随之无限加大，综合调整系数取值最高为100%。

4）特点及适用范围

综合分析法较为详细地考虑了影响二手车价值的各种因素，并用一个综合调整系数指标来调整二手车的成新率，计算准确度较高，因而适用于具有中等价值的二手车评估。这是目前二手车鉴定评估最常用的方法之一。

5）应用案例

（1）车辆基本情况。

车辆型号：上汽通用别克GL8 2018尊贵型，公务用车。

车辆配置：2.0T 260Ps 涡轮增压直喷发动机、6挡手自一体变速器、无钥匙启动、自动启停、上坡辅助、电动侧门开关、安全气囊、倒车影像、定速巡航、遥控防盗、7英寸触控液晶屏、蓝牙车载多媒体、真皮座椅、前排座椅加热功能、自动空调、车内PM2.5过滤器。

登记日期：2018年6月。

行驶里程：15万千米。

评估基准日：2023年5月。

（2）车辆技术状况评价。前、后保险杠有重新喷漆的痕迹，伤处仅仅伤及保险杠体，无重大事故。车内静态动态设备完善，车辆点火、起步、提速、过弯、减速、制动均无问题，加速迅猛，动力输出平稳舒适，无怠速抖动。

（3）成新率计算。由于该二手车为中高档轿车，车况保持较好，初步估计其评估价格较高，故可采用综合分析法计算其成新率。

① 初次登记日为2018年6月，评估基准日为2023年5月，已使用58个月。按GB/T 30323—2013规定，在二手车成新率计算时，乘用车使用年限按15年计算，即180个月。

② 综合调整系数 K 的确定。

该车技术状况较好，车辆技术状况调整系数 $K_1 = 0.9$，权重系数为30%。

维护状况较好，维护状况调整系数 $K_2 = 0.9$，权重系数为25%。

此车是国产名牌车，制造质量调整系数 $K_3 = 0.9$，权重系数为20%。

该车为公务用车，使用性质调整系数 $K_4 = 0.7$，权重系数为15%。

该车主要在市内行驶，使用条件一般，使用条件调整系数 $K_5 = 0.8$，权重系数为10%。

根据公式：

$$K = K_1 \times 30\% + K_2 \times 25\% + K_3 \times 20\% + K_4 \times 15\% + K_5 \times 10\%$$

得综合调整系数为

$$K = 0.9 \times 30\% + 0.9 \times 25\% + 0.9 \times 20\% + 0.7 \times 15\% + 0.8 \times 10\% = 0.86$$

③ 计算成新率 C_F。

根据公式计算得

$$C_F = (1 - Y_1/Y) \times K \times 100\% = (1 - 58/180) \times 0.86 \times 100\% \approx 58.23\%$$

即该车的成新率为58.23%。

6. 综合成新率法

1）计算方法

用使用年限法、行驶里程法和部件鉴定法计算二手车成新率只从单一方面或某些方面考虑了二手车的新旧程度，是不完全也是不完整的。为了全面地反映二手车的新旧状态，可以采用综合成新率来反映二手车的新旧程度。所谓综合成新率，就是采用定性和定量分析的方法，综合多种单一因素对二手车成新率的估算结果，并分别赋予不同的权重，计算加权平均成新率。这样，就可以尽量减小使用单一因素成新率计算给评估结果带来的影响，因而是一种较为科学的方法。

综合成新率法的数学计算公式为

$$C_z = C_1 \cdot a_1 + C_2 \cdot a_2$$

式中　C_z——综合成新率，%；

　　　C_1——理论成新率，%；

　　　C_2——现场查勘成新率，%；

　　　a_1、a_2——权重系数，$a_1 + a_2 = 1$。

2）理论成新率 C_1 的确定

理论成新率包括使用年限法和行驶里程法计算的成新率，是根据二手车实际使用的时间和行驶里程计算得到的，是一种对二手车成新率的定量计算，其结果一般不能人为改变。实际计算中，可对年限成新率和里程成新率进行加权平均得到二手车理论成新率。计算公式为

$$C_1 = C_Y \times 50\% + C_S \times 50\%^*$$

式中　C_Y——年限成新率；

　　　C_S——里程成新率。

3）现场查勘成新率 C_2 的确定

二手车现场查勘成新率是由评估人员根据现场查勘情况而确定的一个综合评价值。具体确定步骤是：评估人员先对二手车做技术状况现场查勘（包括静态检查和动态检查），得出鉴定评价意见；然后对整车和重要部件分别进行综合评分，累加评分，其结果就是二手车现场查勘成新率。可见，二手车现场查勘成新率是一个定性与定量相结合的结果。

（1）二手车技术状况现场查勘。被评估二手车技术状况现场查勘主要内容有以下几点。

① 车身外观。

车身外观现场查勘的内容包括车身颜色、光泽，有无褪色及锈蚀情况，车身是否被碰撞过，车灯是否齐全有效，前、后保险杠是否完整等。

② 车内装饰。

车内装饰现场查勘的内容包括装潢程度、颜色、清洁程度、仪表及座椅是否完整等。

③ 发动机工作状况。

发动机工作状况现场查勘的内容包括发动机动力状况，是否有更换部件（或替代部件）和修复痕迹，是否有漏油现象等。

④ 底盘。

底盘现场查勘的内容包括是否有变形、异响，变速器状况是否正常，前、后桥状况是否正常，传动系统工作状况是否正常，是否有漏油现象，转向系统情况是否正常，制动系统工作状况是否正常等。

注：根据 GB/T 30323—2013《二手车鉴定评估技术规范》，综合成新率中的理论成新率 C_1 可以直接以 C_Y 替代，不考虑 C_S 的影响。

⑤ 电气系统。

电气系统现场查勘的内容包括电源系统是否工作正常，发动机点火装置是否工作正常，空调系统是否工作正常，音响系统是否工作正常等。

以上查勘情况，一般应由评估委托方或者车辆所有单位经办人签名，以确认查勘情况是客观、真实的，不存在与实际车况不相符合的情况。确定查勘情况后，评估人员必须对被评估车辆做出查勘鉴定结论。上述资料经过整理，就可以编制成表3-2-9所示的二手车技术状况查勘表。

表 3-2-9 二手车技术状况查勘表

评估委托方： 评估基准日： 年 月 日

车辆基本情况	明细表序号		车辆牌号			厂牌型号	
	生产厂家		已行驶里程			规定行驶里程	
	购置日期		登记日期			规定使用年限	
	大修情况						
	改装情况						
	耗油量		是否达到环保要求			事故次数及情况	
现场查勘情况							
车辆实际技术状况	车身外观	颜色		光泽		褪色	腐蚀
		是否被碰撞		严重程度		修复	车灯是否齐全
		前、后保险杠是否完整		其他：			
	车内装饰	装潢程度		颜色		清洁	仪表是否齐全
		座椅是否完整		其他：			
	发动机总成	动力状况评分		是否更换部件		是否有修补现象	是否有替代部件
		漏油现象		□严重 □一般 □轻微 □无			
	底盘各部分	有否变形		有否异响		变速器状况	后桥状况
		前桥状况		传动状况		漏油现象	□严重 □一般 □轻微 □无
		转向系统情况				制动系统情况	
	电气系统	电源系统		点火系统		空调系统 □失效 □有效	音响系统
		其他：					
鉴定意见							

委托人（资产占有单位经办人）签字： 评估人签字：

（2）确定现场查勘成新率。在上述对二手车所做的技术状况现场查勘的基础上，对整车和重要部件做定量分析并以评分形式给予量化。目前有两种方法：第一种方法是参考表 3-2-10 对车辆进行评估，得出的总分就是二手车现场查勘成新率；第二种方法是按照 GB/T 30323—2013 规定，对车辆的车身、发动机舱、驾驶舱、启动性能、路试、底盘等项目检查车辆技术状况，满分 100 分，计算鉴定分值也可作为二手车现场查勘成新率，并按照表 3-2-11 确定车辆对应的技术等。

表 3-2-10 二手车现场查勘成新率评定表

序号	项目名称	达标程度	参考标准分	评分
1	整车（满分20分）	全新	20	
		良好	15	
		较差	5	
2	车架（满分15分）	全新	15	
		一般	7	
3	前、后桥（满分15分）	全新	15	
		一般	7	
4	发动机（满分30分）	全新	30	
		轻度磨损	25	
		中度磨损	17	
		重度磨损	5	
5	变速器（满分10分）	全新	10	
		轻度磨损	8	
		中度磨损	6	
		重度磨损	2	
6	转向及制动系统（满分10分）	全新	10	
		轻度磨损	8	
		中度磨损	5	
		重度磨损	2	
总分（现场查勘成新率/%）			100	

表 3-2-11 车辆技术状况等级分值对应表

技术状况等级	分值区间
一级	鉴定总分≥90
二级	60≤鉴定总分<90
三级	20≤鉴定总分<60
四级	鉴定总分<20
五级	事故车

4）权重系数的确定

权重系数的确定要根据实际情况，如果理论成新率计算中包含了年限成新率和里程成新率，则两个权重系数通常各取50%。如果理论成新率计算中缺少某项，则可将 a_1 适当调小（如40%），而将 a_2 适当调大（如60%）。

被评估二手车的理论成新率和现场查勘成新率的权重分配、年限成新率和里程成新率的权重分配，要根据被评估二手车类型、使用状况、维修状况综合考虑，科学、合理地确定权重分配，这与二手车鉴定评估人员的实践工作经验和专业判断能力有很大的关系，需要在实践中注意学习和总结。

5）特点及适用范围

综合成新率法详细地考虑了影响二手车价值的各种因素，并且各因素的权重系数还要根据实际情况进行调整，计算准确度较高，因而适用于价值较高的二手车评估。这是目前二手车鉴定评估最常用的方法之一。

在选用综合成新率法计算二手车成新率时，还应注意一点：凡是经过大修的车辆，无疑增加了车辆的使用寿命，成新率的估算值应当增加。但通常计算成新率时，对于低价格（通常小于7万元）的车辆是不考虑的。

6）应用案例

（1）车辆概况。

车辆型号：宝马5系2019款525Li豪华版。

登记日期：2019年7月。

评估基准日：2023年12月。

行驶里程：4.8万千米。

（2）性能参数及配置。

发动机型号：B48B20C。排量：1 998 mL。最大功率：135 kW。

最大扭矩：290 kN·m。气缸数：4。发动机布局形式：纵置。

环保标准：国Ⅵ。燃油供给方式：直喷。燃油标号：95。

进气形式：涡轮增压。驱动方式：前置后驱。

前悬架：双叉臂式独立悬架。后悬架：多连杆式独立悬架。

转向动力形式：电动助力。制动器：前后通风盘式。驻车制动：电子式。

轮胎型号：245/45 R18。备胎：无。安全气囊数量：6。

驾驶操控：无钥匙启动、发动机启停、自动驻车、上坡辅助。

驾驶辅助：倒车影像、前后雷达、定速巡航、卫星导航。

音响及空调：10.25英寸触控液晶屏、蓝牙车载电话、单碟CD、Harman.Kardon喇叭、温度分区控制、自动空调。

外观尺寸：长×宽×高：5 087 mm×1 868 mm×1 500 mm。

车身结构：4门5座三厢车。整备质量：1 710 kg。

（3）成新率计算。

① 计算理论成新率 C_1。查看该车里程表为4.8万千米，与正常使用年限基本符合，故理论成新率 C_1 由年限成新率和里程成新率进行加权平均而得，但考虑到车辆使用里程较低，因此 a_1、a_2 分别取0.6和0.4。

该车登记日期为2019年7月，评估基准日为2023年12月，已使用52个月，根据二手车评估计算约定，非营运小型汽车的规定使用年限为15年，则

$$C_Y = （1-已使用年限/规定使用年限）\times 100\% = (1-52/180)\times 100\% \approx 73\%$$

根据《机动车强制报废标准规定》，该车型报废里程为60万千米，已行驶里程为4.8万千米，

根据公式 $C_S = \dfrac{L - L_1}{L} \times 100\%$ 计算得：

$$C_S = (1 - 4.8/45) \times 100\% = 92\%$$

理论成新率为 $C_1 = C_Y \times 60\% + C_S \times 40\% = 73\% \times 0.6 + 92\% \times 0.4 = 80.6\%$。

② 计算现场查勘成新率 C_2。评估人员在现场对该车查勘时对车辆的车身、发动机舱、驾驶舱、启动性能、路试、底盘等项目进行了检查，并对车辆技术状况进行了评价，见表 3-2-12。

表 3-2-12　现场查勘评分表

项目	项目总分	鉴定情况	评定分数
车身	20	左前翼子板和右后翼子板有喷漆修复痕迹，两侧后视镜有划痕；全车玻璃为原厂；结构件无焊接修复，轮胎磨损剩余 2 mm 左右	16
发动机舱	20	发动机无油水渗漏，散热器格栅无破损，电池桩柱无腐蚀，发动机皮带有轻微老化，油、水管无裂痕，线束为原产件	18.5
驾驶舱	10	内饰较好，无泡水痕迹，车顶有少量污渍，其他功能良好	9
底盘	15	发动机油底壳、变速器箱体无渗漏，右后减振器有轻微油气，球节良好	14
启动	20	车辆启动尚可，无故障灯；左前小灯不亮，急速正常，空调制冷良好	19
路试	15	发动机运转正常，行车制动不跑偏，但偏软；变速器自动换挡正常顺畅，转向系统正常	13
合计			89.5

根据表 3-2-12，现场查勘成新率 $C_2 =$ 现场查勘打分值 $\times 100\% = 89.5\%$。

取权重系数 $a_1 = 50\%$、$a_2 = 50\%$，则综合成新率为

$$C_z = C_1 \cdot a_1 + C_2 \cdot a_2 = 73\% \times 50\% + 89.5\% \times 50\% = 81.3\%$$

即该车的成新率为 81.3%。

（二）二手车评估价格计算

二手车鉴定评估是一种资产评估，价格评估方法和资产评估方法一样，按照国家规定有 4 种计算方法，分别为现行市价法、重置成本法、收益现值法和清算价格法。

1. 现行市价法估算二手车价格

现行市价法又称市场法、市场价格比较法，是根据车辆技术状况，按照市场现行价格计算出被评估车辆价格的方法，是最直接最简单的评估方法。该方法的计算思路是通过市场调查，选择一个或几个与被评估车辆相同或类似的车辆作为参照物，分析参照物的构造、功能、性能、新旧程度、销售地区、交易条件及成交价格等，并与被评估车辆比照，找出差异在价格上的反映，再经过系数调整从而估算二手车的价格。

1）理论依据

一个正常的消费者在购置某项资产时，其所愿意支付的价格不会高于市场上具有相同用途的替代品的现行市价。而二手车会因有形损耗、功能性损耗以及经济性损耗造成贬值，这在二手车交易时自然会体现在市场成交价格上。因而，将二手车市场成交价格作为参照，能综合反映车辆的各种贬值因素。采用现行市价法评估不再需要专门计算功能性贬值和经济贬值。

2）应用前提

由于现行市价法是以与同类二手车市场成交价格相比较的方式来确定被评估二手车价值的方

法，因此，使用时应具备两个基本前提条件。

（1）要有一个发育成熟、交易活跃的二手车公开交易市场，经常有相同或类似二手车交易，有充分的参照车辆，市场成交的二手车价格能反映市场行情，这是现行市价法评估二手车的关键。

（2）市场上参照的二手车与被评估二手车有可比的指标，且这些指标的技术参数等资料可收集、可量化，其价值影响因素明确。

现行市价法的关键是在交易市场上能够找到与被评估二手车相同或相类似的已成交过的参照车辆，并且参照车辆是近期的、可比较的。一般来说，参照车辆的交易时间与评估基准日不超过三个月，并且参照车辆在规格、型号、功能、性能、配置、内部结构、新旧程度及交易条件等方面与被评估二手车相似或相近。

3）适用范围

现行市价法是从出让者的角度来考虑被评估二手车的变现值，二手车评估价值的大小直接受市场的制约，因此，它特别适用于产权转让的畅销车型的评估，如二手车收购（尤其是成批收购）和典当等业务。畅销车型的数据充分可靠，评估人员熟悉其市场交易情况，评估计算相对简单快捷。

4）特　点

（1）优点。

① 现行市价法能够客观反映二手车当下的市场情况，其评估的参数、指标直接从市场获得，评估值能反映二手车市场现实价格。

② 评估结果易于被交易双方理解和接受。

（2）缺点。

① 现行市价法需要公开及活跃的二手车市场作为基础，对于那些二手车市场不发达的地区，寻找参照车辆有一定的困难。

② 可比因素多而复杂，即使是同一个生产厂家生产的同一型号的产品，同一天注册登记，但可能由于不同的车主使用，其使用强度、使用条件、保养程度等会有较大差别，因此车辆技术状况不同，造成二手车评估价值存在较大差异。

5）评估方法

现行市价法分为直接市价法和类比调整市价法两种。

（1）直接市价法是指在市场上能找到与被评估二手车完全相同的车辆的现行市价，并将其价格直接作为被评估二手车价格的一种方法。直接市价法在以下两种情况下应用。

①参照车辆与被评估二手车完全相同。所谓完全相同，是指车辆型号、使用条件和技术状况相同，生产和交易时间相近。这样的参照车辆常见于市场保有量大、交易比较频繁的畅销车型，如大众迈腾、丰田卡罗拉等。

②参照车辆与被评估二手车相近。这种情况是参照车辆与被评估车辆类别相同、主参数相同、结构性能相同，只是生产序号不同或只做局部改动，交易时间相近。这种情况在我国汽车市场上是非常常见的，很多汽车厂商为了追求车型的变化，给消费者一个新的感受，每年都在原车型的基础上做一些小的改动，如车身的小变化、内饰配置的变化等。

直接市价法评估公式为

$$P = P'$$

式中　P——评估值，元；

　　　P'——参照车辆的市场成交价格，元。

（2）类比调整市价法。

① 计算模型。

类比调整市价法是指评估二手车时，在公开市场上找不到与之完全相同的车辆，但能找到与之相类似的车辆，以此类似车辆为参照车辆，并根据车辆技术状况和交易条件的差异对参照车辆的价格做出相应调整，进而确定被评估二手车价格的一种评估方法。其基本计算公式为

$$P = P' \cdot K$$

式中　P——评估值，元；

　　　P'——参照车辆的市场成交价格，元；

　　　K——差异调整系数。

类比调整市价法不像直接市价法对参照车辆的条件要求那么严格，只要求参照车辆与被评估二手车大的方面相同即可。

由于类比调整市价法可能要对参照车辆与被评估车辆的若干可比因素进行对比分析和差异调整，因此该方法对资料信息的数量和质量要求较高，而且要求评估人员有较丰富的评估经验、市场阅历和较好的评估技巧。

② 评估步骤。

GB/T 30323—2013 对现行市价法的运用描述：评估价值为相同车型、配置和相同技术状况鉴定分值的车辆近期的交易价格；如无参照，可从本区域本月内的交易记录中调取相同车型、相近分值，或从相邻区域的成交记录中调取相同车型、相近分值的成交价格，并结合车辆技术状况鉴定分值加以修正。

6）工作步骤

运用现行市价法评估二手车价值应遵循以下工作步骤。

（1）收集被评估二手车资料。资料内容包括车辆的类别名称、车辆型号和技术性能参数、生产厂家和出厂年月、车辆用途、目前使用情况和实际技术状况、尚可使用的年限等，为市场数据资料的搜集及参照车辆的选择提供依据。

（2）选取参照车辆。根据了解到的被评估二手车资料，按照可比性原则，从二手车交易市场上寻找可类比的参照车辆，参照车辆的选择应在 3 辆以上。车辆的可比因素主要包括以下 9 点：

① 车辆型号和生产厂家。

② 车辆用途。

③ 车辆使用年限和行驶里程。

④ 车辆实际技术性能和技术状况。

⑤ 车辆所处地区。由于地区经济发展的不平衡，收入水平存在差别，在不同地区的二手车交易市场，同样车辆的价格会有较大的差别。

⑥ 市场状况。市场状况指的是二手车交易市场处于低迷还是复苏、繁荣的时期，车源丰富还是匮乏，车型涵盖面如何，交易量如何，新车价格趋势如何等。

⑦ 评估目的。

⑧ 成交数量。单辆与成批车辆交易的价格会有一定差别。

⑨ 成交时间。由于国家经济、金融和交通政策及市场供求关系会随时发生一些变化，市场行情也会随之变化，从而引起二手车价格波动，因此应采用近期成交的车辆作类比对象。

（3）类比和调整。对被评估二手车和参照车辆之间的差异进行分析、比较，并进行适当的量化后调整为可比因素。主要差异及量化方法有以下几个方面。

① 结构性能的差异及量化。汽车型号、结构上的差异都会集中反映到汽车的功能和性能的差异上，功能和性能的差异可通过功能、性能对汽车价格的影响进行估算，即

$$结构性能差异调整值 = 结构性能差异值 \times 成新率$$

例如，同类型的汽油车，配备涡轮增压的发动机相对于自然吸气的发动机要贵接近30%多；对营运汽车而言，主要表现为生产能力、生产效率和运营成本等方面的差异，可利用收益现值法对其进行量化调整。

② 销售时间的差异与量化。在选择参照车辆时，应尽可能选择评估基准日的成交案例，以省略销售时间差异的量化；若参照车辆的交易时间在评估基准日之前，可采用价格指数法将销售时间差异量化并调整。

③ 新旧程度的差异及量化。被评估二手车与参照车辆在新旧程度上存在一定的差异，要求评估人员能够对二者做出基本判断，取得被评估二手车和参照车辆成新率后，以参照车辆的价格乘以被评估二手车与参照车辆成新率之差，即可得到两者新旧程度的差异量，计算公式为

新旧程度差异调整值 = 参照车辆价格 × （被评估二手车成新率 – 参照车辆成新率）

④ 销售数量的差异及量化。销售数量的大小会对二手车成交单价产生影响。通常，卖主充分考虑货币的时间价值，会以较低的单价吸引购买者多买，尽管价格比零售价格低，但可提前收到货款。当被评估二手车成批量交易时，以单辆汽车作为参照车辆是不合适的；当被评估二手车只有一辆时，以成批汽车作为参照车辆也是不合适的。销售数量的不同会造成成交价格的差异，必须对此差异进行分析，适当调整被评估二手车的价值。

⑤ 付款方式的差异及量化。在二手车交易中，绝大多数为现款交易，在一些经济较活跃的地区已出现二手车的银行按揭销售。银行按揭的二手车与一次性付款的二手车价格差异由两部分组成：一是银行的贷款利息，贷款利息按贷款年限确定；二是汽车按揭保险费，各保险公司的汽车按揭保险费率不完全相同，会有一些差异。

⑥ 计算评估值。将各可比因素差异的调整值以适当的方式加以汇总，并据此对参照车辆的成交市价进行调整，从而确定被评估二手车的评估价格。

7）应用案例

（1）基本情况。

孙先生有一辆宝马5系家用轿车，因使用较少，准备到二手车市场上销售，车辆及参照车辆的技术数据见表3-2-13，请运用类比现行市价法进行车辆的评估。

表 3-2-13　被评估车辆及参照车辆参数表

序号	技术经济参数	参照车辆1	参照车辆2	被评估车辆
1	车辆型号	宝马5系2019款530Li领先型	宝马5系2019款525LiM运动型	宝马5系2019款525Li豪华型
2	销售条件	公开市场	公开市场	公开市场
3	交易时间	2个月前	1个月前	
4	规定使用年限/月	180	180	180
5	初次登记日期	2019-01	2019-11	2019-07
6	已使用时间/月	57	48	53
7	已使用里程/万千米	16.2	3.8	4.8
8	成新率	75%	87%	81%
9	交易数量	1	1	1
10	交易地点	C城	C城	C城
11	物价指数	1	0.98	0.97
12	交易价格/万元	17.5	19.5	求评估值

（2）计算过程。

① 参照车辆1作各项差异量化和调整。

A. 结构性能差异量化与调整：参照物1为530Li领先型，被评估车辆为525Li豪华型，评估基准日该项结构差异为－2万元。参照物1与被评估车辆相比，多配置真皮座椅、分段式天窗，该项结构调整为－1万元，则该项调整值为－（2+1）×75%＝－2.25（万元）。

B. 销售时间差异量化与调整：0.97/1＝0.97。

C. 新旧程度差异量化与调整：17.5×（81%－75%）＝1.05（万元）。

D. 销售数量差异量化与调整：无差异，不调整。

E. 付款方式差异量化与调整：无差异，不调整。

$$评估值 = （17.5 - 2.25 + 1.05）× 0.97 = 15.811（万元）$$

② 参照车辆2作各项差异量化和调整。

A. 结构性能差异量化与调整：参照物2为525LiM运动型，被评估车辆为525Li豪华型，评估基准日该项结构差异为0.5万元。参照物2与被评估车辆相比，无前排座椅加热功能，该项结构调整为0.3万元，则该项调整值为（0.5+0.3）×87%＝0.696（万元）。

B. 销售时间量化差异与调整：0.97/0.98＝0.99。

C. 新旧程度差异量化与调整：19.5×（81%－87%）＝－1.17（万元）。

D. 销售数量差异量化与调整：无差异，不调整。

E. 付款方式差异量化与调整：无差异，不调整。

$$评估值 = （19.5 + 0.696 - 1.17）× 0.99 ≈ 18.837（万元）$$

综合参照物1和参照物2，被评估轿车的评估值为

$$（15.811 + 18.837）/2 = 17.32（万元）$$

即该宝马5系家用轿车的评估值为17.32万元。

2. 重置成本法估算二手车价格

重置成本法是指在现时市场条件下重新购置一辆全新状态的被评估车辆所需的全部成本，减去该被评估车辆的各种陈旧贬值后的差额作为被评估车辆现时价格的一种评估方法。

1）理论依据

重置成本法的理论依据：任何一个精明的投资者在购买某项资产时，他所愿意支付的价格，绝不会超过现时市场上能够购买到的与该项资产具有同等效用的全新资产所需的最低成本，而不管这项资产的原拥有者当初在购买这项资产时的购置价（历史成本）是多少。可见，二手车的重置成本是现时购买一辆全新的与被评估二手车相同的车辆所支付的最低金额。

2）应用前提

重置成本法的应用前提是车辆能够以整车状态继续使用。重置成本法是从能够重新取得被评估二手车"新车"的角度来反映二手车的交换价值的，即通过被评估二手车的重置成本来反映二手车的交换价值。只有被评估的二手车处于继续使用状态下，再取得被评估二手车"新车"的全部费用才能构成其交换价值的内容。二手车继续使用包含着其使用有效性的经济意义，只有当二手车能够继续使用并且在持续使用中为潜在投资者带来经济利益时，二手车的重置成本才能为潜在投资者和市场承认及接受。

3）适用范围

重置成本法主要适用于继续使用前提下的二手车评估，可广泛应用于价值较高的中高档车辆评估。

4）特 点

（1）优点。

① 重置成本法比较充分地考虑了车辆的各方面损耗，反映了车辆市场价格的变化，评估结果更趋于公平合理，在不易估算车辆未来收益，或难以在市场上找到可类比对象的情况下可广泛应用。

② 重置成本法将车况和配置以及车辆使用情况用适当的调整系数表征出来，比较清晰地解析了车辆残值的构成，使整个评估过程有理有据，有助于增强交易双方对评估结果的信任。

（2）缺点。

① 重置成本法评估工作量较大，确定相关参数（如成新率）时受主观因素影响较大。

② 重置成本法对极少数的进口车辆及一些已停产或是国内自然淘汰的车型，由于不可能查询到相同车型新车的市场报价，因此难以准确地确定出它们的重置成本。

5）评估方法

由于重置成本法有两个数学计算模型，因此也就存在各种对应的计算方法：一种是基于基本模型的计算方法，另一种是基于成新率的评估计算方法。

（1）基于基本模型的评估值计算。

重置成本法评估价格的基本模型为

$$评估值 = 重置成本全价 - 实体性贬值 - 功能性贬值 - 经济性贬值$$

表达式为

$$P = B - D_S - D_F - D_E$$

式中　P——二手车评估值，元；

　　　B——二手车重置成本全价，元；

　　　D_S——实体性贬值，元；

　　　D_F——功能性贬值，元；

　　　D_E——经济性贬值，元。

基本模型中，各种贬值也可用贬值率来表示，各种陈旧性贬值率 a 可表示为

$$a = \frac{D}{B}$$

式中　D——各种陈旧性贬值，$D = D_S + D_F + D_E$，元。

如果已知各种陈旧性贬值率，则重置成本法计算模型可表示为

$$P = B \times (1 - a)$$

① 重置成本全价（B）。

A. 重置成本的概念。

重置成本是指当前再取得该车新车的成本，一般是依靠市场调查搜集而来的，不需要进行十分复杂的计算。但是对于市场上尚未出现的那些新车型（特别是进口新车型）或市场上逐渐消失的淘汰车型，由于其价格信息一般不容易获得，这时则需要按照其重置成本全价的构成进行估算。

按照恢复车辆的途径，重置成本分为复原重置成本和更新重置成本两种，无论复原重置成本还是更新重置成本，车辆本身的功能不变。

复原重置成本是指用与被评估车辆相同的材料、制造标准、结构设计及技术水平等以现时市场价格重新构建与被评估车辆相同的全新车辆所发生的全部成本。汽车作为一项特殊商品，技术性强且使用法规管控严格，普通消费者很难复原一辆已经停产很久的车辆。

更新重置成本是指利用新型材料、新技术标准和新型设计等，以现时市场价格购置具有相同或相似功能的全新车辆所支付的全部成本。

选择重置成本时，如果可同时取得复原重置成本和更新重置成本，应优先选择更新重置成本；当不存在更新重置成本时，再考虑采用复原重置成本。因此，重置成本法主要立足于二手车的新车现行市价，与二手车的原购置价并无多大的关系。新车现行市价高，重置成本也越高。

重置成本包含直接成本和间接成本。直接成本为现行的新车购买最低价格；间接成本是指在购车时，所支付的购置税、注册登记费等。直接成本与间接成本之和称为重置成本全价。

B. 重置成本的计算方法。

对二手车评估来说，计算重置成本全价可采用重置核算法和物价指数法两种。

a. 重置核算法。

重置核算法是利用成本核算原理，根据重新取得一辆与二手车车型和功能一样的新车所需的费用项目，逐项计算后累加得到二手车的重置成本全价。二手车的重置成本全价具体由二手车的现行购买价格、运杂费及必要的税费构成。国产车和进口车由于新车来源方式不同，二手车重置成本全价构成也是不同的。

对于国内经销的各类国产车及进口车，均可按重置核算法计算其重置成本全价，计算公式为

$$B = B_1 + B_2$$

式中　B——二手车重置成本全价，元；

B_1——重置成本，即购置全新车辆的市场成交价（最低裸车价），元；

B_2——车辆购置价格以外国家和地方政府一次性收缴的各种税费总和，元。

各种税费主要指车辆购置税和注册登记费，重置成本全价构成不应包括车辆拥有阶段及使用阶段的税费，如车辆拥有阶段的年审费、车船税、消费税，车辆使用阶段的保险费、燃油税、路桥费等。

Ⅰ. 确定重置成本。

向汽车销售企业（或网上）咨询新车最低裸车价。在获取上述价格资料时，应注意以下事项。

i. 价格的时效性。

ii. 价格的地域性。

iii. 价格的可靠性。

Ⅱ. 确定车辆购置税。

我国实行从价定率的办法计算应纳税额，即

$$应纳税额 = 计税价格 \times 税率 = 购车款 \div （1 + 增值税率）\times 购置税税率$$

纳税人购买自用的应税车辆的计税价格，为纳税人购买应税车辆而支付给销售者的全部价款和价外费用，不包括增值税税款。目前，我国的增值税税率为17%，购置税税率为10%，所以，二手车重置成本全价可表示为

$$重置成本全价 = 最低新车价 + 购置税 + 注册登记费$$

注册登记费可向当地车管所或车管所指定的安检站咨询。

如果购车价低于国家公布的该车型计税价格，则按公布的计税价格计算购置税；如果购车价高于国家公布的该车型计税价格，则按购车价格计算购置税。

对于已经进口但还没有正式销售的汽车，可根据车辆各种税费的构成情况计算二手车重置成本全价。根据海关税则和收费标准，进口轿车的重置成本（既现行价格）的税费构成为

$$进口车重置成本 = 报关价 + 关税 + 消费税 + 增值税 + 其他必要费用$$

i. 报关价的确定。

报关价即到岸价（CIF），它与离岸价（FOB，指在国外装运港船上交货时的价格）的关系为

$$CIF = FOB + 途中保险费 + 从装运港到目的港的运费$$

由于这部分费用是以外汇支付的,所以在计算时需要将报关价换算成人民币,采用评估基准日的外汇汇率进行计算。

从装运港到目的港的运费和保险费可通过咨询获得。

ii. 关税的确定。

关税的计算方法为

$$关税 = 报关价 \times 关税税率$$

根据我国加入世界贸易组织(WTO)的承诺,自 2006 年 7 月 1 日起,轿车的关税税率为 25%。

iii. 消费税的确定。

消费税的计算方法为

$$消费税 = \frac{报关价 + 关税}{1 - 消费税率} \times 消费税率$$

我国加入 WTO 后,开始实施新的汽车消费税率。2016 年 11 月 30 日,财政部、国家税务总局发布"关于对超豪华小汽车加征消费税有关事项的通知",开始对超豪华小汽车加征消费税。目前执行的消费税分为小汽车、中轻型商用车和超豪华小汽车 3 类,具体税率见表 3-2-14。

表 3-2-14 汽车排量与汽车消费税率对照表

车辆类型		进口环节税	销售环节
乘用车	1.0 L 及以下	1%	
	1.0~1.5 L(含 1.5 L)	3%	
	1.5~2.0 L(含 2.0 L)	5%	
	2.0~2.5 L(含 2.5 L)	9%	
	2.5~3.0 L(含 3.0 L)	12%	
	3.0~4.0 L(含 4.0 L)	25%	
	4.0 L 以上	40%	
中轻型商用客车		5%	
超豪华小汽车		按①和②征收	10%

iv. 增值税的确定。

增值税的计算方法为

$$增值税 = (报关价 + 关税 + 消费税) \times 增值税税率$$

各种进口车增值税税率均为 17%。除了上述费用之外,进口车价还包括通关、商检、仓储运输、银行、选装件价格、经销商、进口许可证等非关税措施造成的费用。这些费用需通过咨询获得。

b. 物价指数法

物价指数法也叫价格指数法或指数调整法,是根据已掌握的历年来的价格指数,在二手车原始成本的基础上,通过现时物价指数确定其重置成本全价。物价指数法的计算公式为

$$B = B_0 \times \frac{I}{I_0}$$

或

$$B = B_0 \times (1 + \lambda)$$

式中　B——重置成本全价,元;
　　　B_0——原始成本,元;
　　　I——评估时的物价指数;
　　　I_0——当初购买时的物价指数(通常定为100);
　　　λ——价格变动指数。

物价指数分为定基物价指数和环比物价指数。定基物价指数,是按时间顺序编制的物价指数数列中,每一个指数都以某一固定时期作为基期,从而反映物价的长期动态;环比物价指数,是按时间顺序编制的物价指数数列中,每一个指数都以其相邻的前一时期为基期,从而反映物价的短期变化程度,如三月和四月的物价比较。

针对二手车评价选择的是定基物价指数。物价指数的基期应和汽车的购置期一致,物价指数的计算期应和汽车评估价格的基准日一致。

当被评估车辆已停产或进口车辆时,评估时无法找到现时市场价格,采用物价指数法是一种较为有效的方法,但必须要先检查被评估车辆的账面购买原价。如果购买原价不准确,则不能用物价指数法。

价格变动指数是表示车辆历年价格变动趋势和速度的指标。应选用国家统计部门、物价管理部门或行业协会定期发布和提供的数据,不能选用无依据、不明来源的数据。

② 二手车重置成本全价的确定。

实际工作中,一般根据鉴定评估的目的确定重置成本的全价,具体有以下两种处理方法。

A. 以所有权转让(交易)为目的的二手车经济行为,按评估基准日在被评估车辆所在地收集的新车现行市场成交价格作为被评估车辆的重置成本全价,其他费用略去不计。

B. 企业产权变动的经济行为(如企业合资、合作和联营,企业分设、合并和兼并,企业清算,企业租赁等),其重置成本全价除了考虑被评估车辆的现行市场购置价格以外,还应将国家和地方政府对车辆加收的其他一次性税费(如车辆购置税、注册登记费等)一并计入重置成本全价中。

③ 实体性贬值(D_S)。

A. 实体性贬值的概念。

实体性贬值也称为实体损耗,是二手车在存放和使用过程中,由于物理和化学原因(如机件磨损、锈蚀和老化等)而导致的车辆实体发生的价值损耗,这种由自然力的作用而发生的损耗,属于有形损耗。计量二手车实体性贬值时主要根据已使用年限进行计算,即实体性贬值的主要计算依据是已使用年限。

B. 实体性贬值的计算方法。

二手车实体性贬值可采取3种方法计算,即使用年限法、观察法和修复费用法。

a. 使用年限法,该方法在成新率的计算方法中已经介绍过,可参看相关学习材料。

b. 观察法,该方法在成新率计算方法的整车观察法中已经介绍过,可参看相关学习材料。

c. 修复费用法。修复费用法也称为功能补偿法,是将二手车恢复原有技术状态和功能所需的费用作为其实体性贬值,即

$$二手车实体性贬值 = 修复费用$$

采用修复费用法确定二手车实体性贬值时,要求二手车技术上可修复,且经济上合理。

④ 功能性贬值(D_F)。

二手车功能性贬值是由于技术进步引起的二手车功能相对落后而导致的贬值,属于无形损耗。功能性贬值具体表现形式有两种:一种是由超额投资成本所致的功能性贬值,也称为一次性功能贬值;另一种是营运性功能贬值,是由于技术进步出现新的性能更优的车辆,致使原有车辆的功能相对落后而引起其贬值,具体表现为原有车辆在完成相同工作任务的前提下,在燃料、人力、配件材

料等方面的消耗增加，形成了一部分超额运营成本。

A. 一次性功能贬值的计算。

如果在目前的市场上能够买到与被评估车辆相同的，且制造厂家继续生产的全新车辆，那么被评估车辆原购车价与全新车辆的市场价之间的差值，即可以看作该车辆的一次性功能贬值额。例如，被评估车辆 A 购置时价格为 20 万元，目前同等新车价格为 15 万元，则差价 5 万元为一次性功能贬值。即全新车辆当前的市场价已经反映了车辆的功能性贬值。一次性功能贬值的计算可用下式表示：

$$一次性功能贬值 = 复原成本 - 更新成本$$

如果被评估车辆所属车型已停产或自然淘汰，找不到该车型新车的市场价，则需要寻找参照车辆，并根据参照车辆的价格利用类比法来计算被评估车辆的一次性功能贬值。参照车辆是与被评估车辆的类别、主要性能参数、结构特征基本相同，只是生产序号不同，并做局部改动的车辆。如果这些替代车辆的功能比原车型有所改进和增加，则其价值通常比原车型价格所反映的价值要高。因此，当根据参照车辆利用类比法对原车型进行鉴定估价时，一定要了解参照车辆在结构上的改进和功能方面的提高情况，再根据其结构和功能的变化情况测算全新的原车在目前市场上的价格。

例如，某客户打算置换的原有汽车属已淘汰产品，无法取得其更新重置成本。根据市场调查询价得知，与该车类似的新款汽车的更新重置成本为 4 万元。新款汽车在外观和技术配置上比被评估汽车有所改善。综合考虑各种因素的影响，取调整系数为 0.85，即被评估二手车的更新重置成本为 3.4 万元。

B. 营运性功能贬值的计算。

营运性功能贬值的计算可用下式表示：

$$营运性功能贬值 = 参照车辆营运成本 - 被评估车辆营运成本$$

估算营运性功能贬值时，可按照下面的步骤进行。

a. 选择参照车辆，并将被评估二手车的年营运成本与参照车辆的年营运成本进行比较。

b. 计算两者之间的差额（即年超额营运成本额）。

c. 估测被评估二手车的剩余寿命。

d. 按相应的所得税率计算被评估二手车因超额营运成本而抵减的所得税额，从而得到被评估车辆的年超额营运成本净额。

e. 确定折现率。将被评估二手车在剩余使用年限中的每年超额营运成本净额（超额营运成本扣除所得税）折现累加，从而求得被评估二手车的营运性功能贬值。

⑤ 经济性贬值（D_E）。

经济性贬值是指由于外部经济环境变化所造成的车辆贬值，这种贬值是一种无形损耗。外部经济环境包括宏观经济政策、市场需求、通货膨胀和环境保护等。例如，2013 年国家发布实施了机动车污染物排放标准后，对于原有国 V 以下排放标准的二手车造成贬值，此项贬值是由于国家（地方）政策引起的，所以属于经济性贬值。经济性贬值是由于外部环境而不是车辆本身或内部因素导致车辆达不到原有设计的获利能力而造成的贬值。外界因素对车辆价值的影响不仅是客观存在的，而且对车辆价值影响还相当大，所以在二手车的评估中不可忽视。

（2）基于成新率的评估值计算。

基于成新率的评估值计算是第二种数学模型的计算，即

$$评估值 = 重置成本全价 \times 成新率$$

也可以表示为

$$P = B \times C$$

式中　P——评估值，元；
　　　B——重置成本全价，元；
　　　C——成新率，%。

重置成本全价可采用重置核算法或价格指数法来确定。成新率需要根据二手车的实际情况，选择前述的成新率计算方法之一确定。

这种计算模型通过成新率综合考虑了各种贬值对二手车价值的影响，是一种定性和定量相结合的评估方法，相对比较容易操作，是目前市场上广泛应用的评估方法之一。

6）应用案例

（1）基本情况。

孔先生2019年7月花费42.6万元购买一辆宝马5系家用轿车，2023年12月已行驶了4.8万千米，当月他到本地二手车评估公司进行估价，鉴定评估人员对其车辆检查后确定符合交易条件，并采用重置成本法对该车进行估价。

（2）计算过程。

A. 确定重置成本。

经查询，2023年12月2022款525Li豪华版经销售价格为33万元（不含税价），采用重置核算法计算重置成本，计算公式为$B = B_1 + B_2$。其中，直接成本B_1为33万元；间接成本B_2 = 购置税 + 增值税 + 车船税 + 上牌费 = $B_1 \times 10\% + B_1 \times 17\% + 0.066 + 0.042\,8 = 9.012\,8$（万元）。因此，$B = 33 + 9.012\,8 = 42.012\,8$（万元）。

B. 确定成新率。

依据综合分析法计算成新率：

$$C_F = C_Y \times K$$

a. 使用年限法计算成新率。

该车已使用时间为53个月，因该车为家庭用车，按180个月为报废时间计算，则计算理论成新率为$C_Y = (1 - 53/180) \times 100\% = 70.5\%$。

b. 确定综合调整系数K。

该车技术状况较好，调整系数K_1取0.9，权重30%；该车维护保养较完整，调整系数K_2取0.8，权重25%；该车制造质量属名牌，调整系数K_3取1.0，权重20%；该车工作性质为私用，调整系数K_4取1.0，权重15%；该车工作条件较好，调整系数K_5取1.0，权重10%；则$K = 0.9 \times 30\% + 0.8 \times 25\% + 1.0 \times 20\% + 1.0 \times 15\% + 1.0 \times 10\% = 92\%$。

计算综合分析成新率C_F。

$$C_F = C_Y \times K = 70.5\% \times 92\% = 64.86\%$$

C. 评估车辆价格。

根据公式$P = B \times C$计算，该车的评估价格$P = 42.012\,8 \times 64.86\% \approx 27.25$（万元）。

3. 收益现值法计算二手车价格

1）概　念

收益现值法是通过估算具有独立、能连续用货币计量的二手车剩余寿命期内的预期收益的一种评估方法。这种方法是基于车辆的获利能力进行的评估。应用收益现值法计算二手车价格评估值实际上是对被评估二手车未来预期收益进行折现的过程。

2）理论依据

收益现值法基于的假设是消费者购买某辆二手车，主要是考虑这辆车能为自己带来一定的收益。

任何一个理智的投资者在决定投资购买这辆二手车时，他所愿意支付的货币金额不会高于评估时得到的该车未来预期收益的折现值。

3）应用前提

（1）被评估二手车必须是经营性车辆，且具有继续经营和获利的能力。
（2）继续经营的预期收益可以预测，而且必须能够用货币金额来表示。
（3）二手车购买者获得预期收益所承担的风险可以预测，并可以用货币衡量。
（4）被评估二手车预期获利年限可以预测。

4）适用范围

运用收益现值法进行二手车评估时，是以车辆投入使用后连续获利为基础的。在二手车交易中，消费者购买二手车的目的往往不是车辆本身，而是车辆获利的能力。因此，收益现值法适用于投资营运的车辆，是工程车辆价格评估中采用最多的方法。

5）特　点

（1）优点。

① 收益现值法与投资决策相结合，容易被交易双方接受。
② 收益现值法能真实和较准确地反映车辆本金化的价格。

（2）缺点。

① 收益现值法相关参数（如预期收益额和折现率以及风险报酬率）的预测难度大。
② 收益现值法受主观判断和未来不可预见因素的影响较大。

6）计算公式

被评估二手车的价格评估值等于剩余寿命期内各收益期的收益现值之和。其基本计算公式为

$$P=\sum_{t=1}^{n}\frac{A_t}{(1+i)^t}=\frac{A_1}{(1+i)^1}+\frac{A_2}{(1+i)^2}+\cdots+\frac{A_n}{(1+i)^n}$$

式中　P——评估值，元；

A_t——未来第 t 个收益期的预期收益额，元；

n——收益年期（即二手车剩余使用寿命的年限），年；

i——折现率，在经济分析中如果不做其他说明，一般指年利率或收益率，%；

t——收益期，一般以年计，表示整个收益期中的第几年。

由于二手车的收益期是有限的，所以上式中的 A_t 还包括收益期末车辆的残值，一般估算时忽略不计。

7）评估程序

（1）收集并验证与评估对象未来预期收益有关的数据资料，包括营运车辆的经营行情经营前景、消费结构、经营风险等。
（2）充分了解被评估车辆的技术状况。
（3）确定剩余寿命、预期收益、折现率等相关参数。
（4）将预期收益折现处理，确定二手车评估值。
（5）分析、确定评估结果。

4. 清算价格法计算二手车价格

1）概　念

清算价格法是以清算价格为依据来估算二手车价格的一种方法。所谓清算价格，是指企业在停业或破产后，在一定的期限内拍卖资产时可得到的变现价格。

2）理论依据

清算价格法在原理上基本与现行市价法相同，不同之处是迫于停业或破产等原因，清算价格往往低于现行市场价格。这多是由于企业被迫停业或破产，急于将车辆拍卖、出售造成的。

3）应用前提

以清算价格法评估二手车价格的前提条件有以下3点。

（1）以具有法律效力的破产处理文件或抵押合同及其他有效文件为依据。

（2）车辆在市场上可以快速出售变现。

（3）卖车收入足以补偿因出售车辆的附加支出费用总额。

4）适用范围

清算价格法适用于企业破产、资产抵押、停业清理时要出售的车辆及拍卖车辆。

（1）企业破产。

当企业因经营不善造成严重亏损，到期不能清偿债务时，企业应依法宣告破产，法院以其全部财产依法清偿其所欠的债务，不足部分不再清偿。

（2）资产抵押。

资产抵押是以所有者的资产作为抵押物进行融资的一种经济行为，是合同当事人一方用自己特定的财产（如机动车）向对方保证履行合同义务的担保形式。提供财产的一方为抵押人，接受抵押财产的一方为抵押权人。抵押人不履行合同时，抵押权人有权利将抵押财产在法律允许的范围内变卖，从变卖抵押物价款中优先受偿。

（3）停业清理。

停业清理是指企业由于经营不善导致严重亏损，已临近破产的边缘或因其他原因无法继续经营下去，为弄清企业财物现状，对全部财产进行清点、整理和查核，为经营决策（破产清算或继续经营）提供依据，以及因资产损毁、报废而进行清理、拆除等的经济行为。

5）影响清算价格的主要因素

在二手车评估中，影响清算价格的主要因素包括破产形式、债权人处置车辆的方式、车辆清理费用、拍卖时限、公平市价和参照车辆价格等。

（1）破产形式：如果企业丧失车辆处置权，出售的一方无讨价还价的可能，则以买方出价决定车辆售价；如果企业未丧失处置权，出售车辆一方尚有讨价还价的余地，则以双方议价决定售价。

（2）债权人处置车辆的方式：按抵押时的合同契约执行，如公开拍卖或收归己有。

（3）车辆清理费用：在企业破产等情况下评估车辆价格时，应对车辆清理费用及其他费用给予充分考虑。如果这些费用太高，拍卖变现后所剩无几，则失去了拍卖还债的意义。

（4）拍卖时限：一般来说，规定的拍卖时限长，则售价会高些；时限短，则售价会低些。这是由资产快速变现原则产生的特定买方市场所决定的。

（5）公平市价：车辆交易成交时，使交易双方都满意的价格。在清算价格中卖方满意的价格一般不易求得。

（6）参照车辆价格：在市场上出售相同或类似车辆的价格。一般来说，市场参照车辆价格高，车辆出售的价格就会高，反之则低。

6）清算价格法的计算方法

清算价格从理论上还难以找到十分有效的依据，实践中主要采用的方法有评估价格折扣法、模拟拍卖法和竞价法3种。

（1）评估价格折扣法。

首先，根据被评估二手车的具体情况及所获得的资料，选择重置成本法、收益现值法及现行市价法中的一种方法确定被评估二手车的价格；然后，根据市场调查和快速变现原则，确定一个合适的折扣率。评估价格乘以折扣率，所得结果即为被评估二手车的清算价格。

（2）模拟拍卖法。

模拟拍卖法，也称意向询价法。这种方法是根据向被评估二手车的潜在购买者询价的办法取得市场信息，最后经评估人员分析确定其清算价格的一种方法。用这种方法确定的清算价格受供需关系影响很大，要充分考虑其影响的程度。

（3）竞价法。

竞价法是由法院按照破产清算的法定程序或由卖方根据评估结果提出一个拍卖的底价，在公开拍卖会上由买方竞争出价，价高者得。

5. 二手车价格评估方法的选择

价格评估方法的多样性为鉴定评估人员提供了选择评估方法的途径。选择价格评估方法时应考虑以下因素。

（1）必须严格与二手车评估的计价标准相适应。

（2）要受可收集数据和信息资料的制约。

（3）要充分考虑二手车鉴定评估工作的效率，选择简单易行的方法。

鉴于上述因素的考虑，在4种价格评估方法中，重置成本法、现行市价法、收益现值法和清算价格法均适用于鉴定评估。采用现行市价法评估时，由于目前我国二手车交易市场发育不完全，很难寻找到与被评估车辆相似的使用日期、使用强度、使用条件等的车辆；采用收益现值法时，由于投资者对预期收益额预测难度大，易受主观判断和未来不可预见因素的影响；采用清算价格法评估车辆时，又受其适用条件的限制。故上述3种价格评估方法在二手车鉴定评估中很少采用。而重置成本法，具有收集资料信息便捷、操作简单易行、评估理论性强，结合对车辆的技术鉴定而使评估结果有依有据、可信度高等优点，故成为二手车鉴定评估中应用最广的一种价格评估方法。

GB/T 30323—2013对评估方法选择的规定：一般情况下，推荐选用现行市价法；在无参照物、无法使用现行市价法的情况下，选用重置成本法。

学习任务四　二手车鉴定评估报告的撰写

工作任务	二手车鉴定评估报告的撰写	教学模式	任务驱动
建议学时	8学时	教学地点	一体化实训室
任务描述	作为一名二手车评估专员，在评估结束后应能根据二手车鉴定评估报告的基本要求和基本内容及编写步骤，编写二手车鉴定评估报告书		
学习目标	（1）掌握二手车鉴定估价报告的基本要求； （2）掌握报告正文的基本内容及编写步骤； （3）二手车鉴定评估报告书范例的学习； （4）能够独立根据评估数据及市场信息撰写完整的评估报告		
学习活动	学习内容		学时分配
	学习活动　撰写二手车评估报告		8

学习活动　撰写二手车评估报告

一、学习目标

（1）掌握二手车鉴定估价报告的基本要求；
（2）掌握报告正文的基本内容及编写步骤；
（3）二手车鉴定评估报告书范例的学习；
（4）能够独立根据评估数据及市场信息撰写完整的评估报告。

二、建议学时

8学时。

三、学习地点

汽车营销实训室。

四、学习资料

计算机、网络资源、工作页。

五、学习准备

问题1 阅读案例，请根据案例进行讨论，并总结一份二手车鉴定报告书的主体内容。

_____
_____
_____
_____
_____
_____
_____
_____

六、情景描述

作为一名二手车评估专员，在评估结束后应能根据二手车鉴定评估报告的基本要求和基本内容及编写步骤，编写二手车鉴定评估报告书。

七、计划与实施

提示：编制报告书的步骤。

（1）评估资料的分类整理；
（2）鉴定评估资料的分析讨论；
（3）鉴定评估报告书的撰写；
（4）评估报告的审核。

案例：

粤 BWF246 二手车鉴定评估报告
深圳××二手车评估中心评报字〔20××〕第××号

一、绪言

深圳××二手车评估中心接受孔×峰的委托，根据《二手车流通管理办法》和《二手车鉴定评估技术规范》等国家有关评估规定，本着客观、独立、公正、科学的原则，按照公认的资产评估方法，对粤 BWF246 的车辆进行鉴定。本机构鉴定评估人员按照必要的程序，对委托鉴定评估车辆进行了实地查勘与市场调查，并对其在 2023 年 12 月 12 日所表现的市场价值做出了公允反映。现将车辆评估情况及鉴定评估结果报告如下：

二、委托方与车辆所有方简介

委托方：孔×峰，委托方联系人：孔×峰，联系电话：139×××8389

根据机动车行驶证所示，委托车辆车主：孔×峰

三、鉴定评估基准日

2023 年 12 月 12 日。

四、鉴定评估车辆信息

厂牌型号：华晨宝马 BMW7201EM；　　牌照号码：粤 BWF246；

发动机号：K346725；　　车辆识别代号/车架号：LBVK××××SW32576；

车身颜色：白色　　表显里程：4.8 万千米；

注册登记日期：2019 年 7 月 20 日；

审检验合格有效期至 2027 年 7 月 20 日；

交强险截止日期：2024 年 7 月 20 日；

车船税截止日期：2024 年 12 月 31 日；

是否为查封、抵押车辆：是□ 否☑

车辆购置税（费）证：有☑ 无□

机动车登记证书：有☑ 无□

机动车行驶证：有☑ 无□

未接受处理的交通违法记录：有□ 无☑

使用性质：□公务用车　☑家庭用车　□营运用车　□出租车　□其他_____

五、技术状况鉴定结果

技术状况缺陷描述：前翼子板和右后翼子板有喷漆修复痕迹，面积大于 100 mm×100 mm 但小于 200 mm×200 mm，两侧后视镜有划痕；两前轮胎磨损剩余 2 mm 左右；发动机皮带有轻微老化，右后减振器有轻微油气；左前小灯不亮；行车制动偏软。

重要配置及参数信息：

✓ 发动机

型号：B48B20C、排量：1 998 mL、最大功率：135 kW、最大扭矩：290 kN·m、环保标准：国Ⅵ、燃油供给方式：直喷、燃油标号：95、进气形式：涡轮增压。

✓ 底盘

驱动方式：前置后驱、前悬：双叉臂式独立悬架、后悬：多连杆式独立悬架、转向

动力形式：电动助力、制动器：前后通风盘式、驻车制动：电子式、轮胎型号：245/45 R18、备胎：无。

☑ 驾驶操控

6 安全气囊、无钥匙启动、发动机启停、自动驻车、上坡辅助、倒车影像、前后雷达、定速巡航、卫星导航。

☑ 音响及空调

10.25 英寸触控液晶屏、蓝牙车载电话、单碟 CD、Harman.Kardon 喇叭、自动空调、温度分区控制。

技术状况等级：二级。等级描述：该车技术状况鉴定得分为 89.5 分，根据二手车鉴定评定标准，因 60≤鉴定总分＜90，因此评定为二级。

六、价值评估

价值估算方法：☑现行市价法　☑重置成本法　☐其他＿＿＿＿

计算过程：① 选取当地近期成交的 2 台二手车辆，采用类比市价法估算价格为 18.84 万元。② 采用重置成本法，以综合成新率为基础计算评估价格为 27.25 万元。考虑到市场变动因素和两种评估方法的特点，评估价格对两种方法的评估价进行平均加权，最终评估价为 23.045 万元。

价值估算结果：车辆鉴定评估价值为人民币 230 450 元，金额大写：贰拾叁万零肆佰伍拾整。

七、特别事项说明[1]

八、鉴定评估报告的法律效力

本鉴定评估结果可以作为作价参考依据。本项鉴定评估结论有效期为 90 天，自鉴日止。定评估基准日至＿＿＿＿年＿＿＿月＿＿＿日止。

九、声明

（1）本鉴定评估机构对该鉴定评估报告承担法律责任。

（2）本报告所提供的车辆评估价值为评估基准日的价值。

（3）该鉴定评估报告的使用权归委托方所有，其鉴定评估结论仅供委托方为本项目鉴定评估目的使用和送交二手车鉴定评估主管机关审查使用，不适用于其他目的，否则本鉴定评估机构不承担相应法律责任；因使用本报告不当而产生的任何后果与签署本报告书的鉴定评估人员无关。

（4）本鉴定评估机构承诺，未经委托方许可，不将本报告的内容向他人提供或公开，否则本鉴定评估机构将承担相应法律责任。

附件：

（1）二手车鉴定评估委托书；

（2）二手车鉴定评估作业表；

（3）车辆行驶证、机动车登记证书复印件；

（4）被鉴定评估二手车照片（要求外观清晰，车辆牌照能够辨认）。

二手车鉴定评估师（签字、盖章）　　　　　　　复核人[2]（签字、盖章）

年　月　日　　　　　　　　　　（二手车鉴定评估机构盖章）　年　月　日

[1] 特别事项是指在已确定鉴定评估结果的前提下，鉴定评估人员认为需要说明在鉴定过程中已发现可能影响鉴定评估结论，但非鉴定评估人员执业水平和能力所能鉴定评估的有关事项以及其他问题。

[2] 复核人是指具有高级二手车鉴定评估师资格的人员。

备注：

（1）本报告书和作业表一式三份，委托方二份，受托方一份。

（2）鉴定评估基准日即为《二手车鉴定评估委托书》签订的日期。

八、拓展与反思

（1）根据老师提供的二手车资料，请完成一份完整的鉴定报告（电子档，包括照片）。
（2）根据学习状况与小组成员一起完成学习评价表（见表4-1-1）。

表4-1-1 学习评价表

项目	评价内容	评价等级		
		好	中	差
自我评价	学到的知识点：			
	学到的技能点：			
	不理解的有：			
	还需要深化学习并提升的有：			
组内评价	○按时到场　　○工装齐备　　○书、本、笔齐全			
	○安全操作　　○责任心强　　○7S管理规范			
	○学习积极主动　○合理使用教学资源　○主动帮助他人			
	○接受工作分配　○有效沟通　　○高效完成工作任务			

九、备忘录

十、学习材料

（一）二手车鉴定评估报告书的概念

二手车鉴定评估报告是指二手车鉴定评估机构按照评估工作制度的有关规定，在完成鉴定评估工作后，向委托方和有关方面提交的说明二手车鉴定评估过程和结果的书面报告。

广义的鉴定评估报告还是一种工作制度，它规定了评估机构在完成二手车鉴定评估工作之后，必须按照一定的程序和要求，用书面形式向委托方报告鉴定评估过程和结果。狭义的鉴定评估报告即鉴定评估结果报告书，既是二手车鉴定评估机构完成对二手车估价意见后提交给委托方的公正性报告，也是二手车鉴定评估机构履行评估合同情况的总结，还是二手车鉴定评估机构为其所完成的鉴定评估结论承担相应法律责任的证明文件。

（二）二手车鉴定评估报告书的作用

1. 对委托方的作用

（1）作为产权交易变动的作价依据。二手车鉴定评估报告书是经具有二手车鉴定评估资格的机构根据被委托鉴定评估车辆的状况，由专业的二手车鉴定评估人员，遵循评估的原则和标准，按照法定的程序，运用科学的方法对被委托评估的车辆价值进行评定和估算后，以报告书的形式提出的作价意见。该报告是专家估价的意见，具有较强的公正性和科学性，因此可以作为二手车交易谈判的参考依据或作为投资出资价格比例的证明材料。

（2）二手车鉴定评估报告作为法庭辩论和裁决时确认财产价格的举证材料。

（3）二手车鉴定评估报告作为支付评估费用的依据。当委托方拿到评估资料及报告后，如果没有提出异议，即评估的资料及结果符合委托书的条款，则委托方应以此为前提和依据向受托方（评估机构）付费。

（4）二手车鉴定评估报告是反映和体现评估的工作情况，明确委托方、受托方及有关方面责任的依据。二手车鉴定评估报告采用文字的形式，对受托方进行二手车评估的目的、背景、产权、依据、程序、方法等过程和评定的结果进行说明和总结，体现了评估机构的工作成果。

2. 对评估机构的作用

（1）二手车鉴定评估报告是评估机构评估成果的体现，是一种动态管理的信息资料，体现了评估机构的工作情况和工作质量。

（2）二手车鉴定评估报告是建立评估档案，归集评估档案资料的重要信息来源。

（三）编制二手车鉴定评估报告书的基本要求

撰写二手车鉴定评估报告的基本要求如下：

（1）二手车鉴定估价报告必须依照客观、公正、实事求是的原则，由二手车鉴定评估机构独立撰写，如实反映鉴定评估的工作情况。

（2）二手车鉴定评估报告应有委托单位（或个人）的名称、二手车鉴定评估机构的名称和印章，二手车鉴定评估机构法人代表或其委托人和二手车鉴定评估师的签字，以及提供报告的日期。

（3）二手车鉴定评估报告要写明评估基准日，并且不得随意更改。所有在评估中采用的税率、费率、利率和其他价格标准均应采用基准日的标准。

（4）二手车鉴定评估报告中应写明评估的目的、范围、二手车的状态和产权归属。

（5）二手车鉴定评估报告应说明评估工作遵循的原则和依据的法律法规，简述鉴定评估过程，写明评估的方法。

（6）二手车鉴定评估报告应有明确的鉴定估算价值的结果，鉴定结果应有二手车的成新率，同时还应有二手车原值、重置价值、评估价值等。

（7）二手车鉴定评估报告还应有齐全的附件。

（四）二手车鉴定评估报告书的基本内容

参照 GB/T 30323—2013 推荐的二手车鉴定评估报告模板，主要内容包括：

（1）封面。

二手车鉴定评估报告书的封面须包含的内容有二手车鉴定评估报告书名称、鉴定评估机构出具的鉴定评估报告编号、二手车鉴定评估机构全称和鉴定评估报告提交日期等。有服务商标的，评估机构可以在报告封面载明其图形标志。

（2）首部。

鉴定评估报告书正文的首部应包括以下内容。

① 标题。标题应简练清晰，含有"×××（评估项目名称）鉴定评估报告书"字样，位置居中偏上。

② 报告书序号。报告书序号应符合公文的要求，包括评估机构特征字、公文种类特征字（例如：评报、评咨和评函，评估报告书正式报告应用"评报"，评估报告书预报告应用"评预报"）、年份、文件序号，如×××评报字〔2022〕第 18 号。

（3）绪言。

鉴定评估报告书的绪言部分应写明该评估报告委托方全称、受委托评估事项及评估工作整体情况，一般应采用包含下列内容的表达格式。

"×××（鉴定评估机构）接受×××的委托，根据国家有关资产评估的规定，本着客观、独立、公正、科学的原则，按照公认的资产评估方法，对车辆×××（车辆号牌）进行了鉴定评估。本机构鉴定评估人员按照必要的程序，对委托鉴定评估车辆进行了实地查勘与市场调查，对其在×年×月×日所表现的市场价格做出了公允反映。现将车辆评估情况及鉴定评估结果报告如下。"

（4）委托方信息与车辆所有方信息。

应写明委托方（委托方联系人的名称、联系电话及住址）和车主的名称。

（5）鉴定评估的目的。

应写明本次鉴定评估是为了满足委托方的何种需要，及其所对应的经济行为类型。例如，根据委托方的要求，本项目评估目的为：□交易□转籍□拍卖□置换□抵押□担保□咨询□法律裁决。

（6）鉴定评估对象。

简要写明评估车辆的厂牌型号、号牌号码、发动机号、车辆识别代号/车架号、注册登记日期、年审检验合格有效日期、车辆购置税证号码、车船使用税缴纳有效期。

（7）鉴定评估基准日。

写明车辆鉴定评估基准日的具体日期，标准式样为"鉴定评估基准日是××××年××月××日"。

（8）评估原则。

报告应严格遵循客观性、独立性、公正性、科学性原则。

（9）评估依据。

评估依据一般包括行为依据、法律法规依据、产权依据和评定及取价依据等。

① 行为依据。行为依据主要是指二手车鉴定评估委托书、法院的委托书等经济行为文件，如《二手车鉴定评估委托书第 72 号》。

② 法律、法规依据。法律、法规依据应包括车辆鉴定评估的有关条款、文件及涉及车辆评估的有关法律、法规等。

③ 产权依据。产权依据是指被评估车辆的机动车登记证书或其他能够证明车辆产权的文件等。

④ 评定及取价依据。评定及取价依据应为鉴定评估机构收集的国家有关部门发布的统计资料和技术标准资料，以及评估机构收集的有关询价资料和参数资料等。

  a. 技术标准资料。技术标准资料包括《最新资产评估常用数据与参数手册》。

  b. 技术参数资料。技术参数资料包括被评估二手车的技术参数表（出厂检验合格证书），车辆性能、装备一览表等。

  c. 技术鉴定资料。技术鉴定资料包括车辆检测报告单、现场查勘记录表、修理厂提供的事故定损修理清单、保险公司提供的事故理赔清单等。

  d. 其他资料。其他资料包括现场工作底稿、市场询价资料等。

（10）评估方法及计算过程。

简要说明评估人员在评估过程中所选择并使用的评估方法；简要说明选择评估方法的依据或原因；若评估时采用一种以上的评估方法，应适当说明原因并说明该资产评估价值的确定方法；对于所选择的特殊评估方法，应适当介绍其原理与适用范围；简要介绍各种评估方法计算的主要步骤等。

（11）评估过程。

评估过程应反映二手车鉴定评估机构自接受评估委托起至提交评估报告的工作过程，包括接受委托、验证、现场查勘、市场调查与询证、评定估算和提交报告等。

（12）评估结论。

鉴定评估报告书的评估结论部分应给出被评估车辆的评估价格、金额（小写、大写）。

（13）特别事项说明。

评估报告中陈述的特别事项是指在已确定评估结果的前提下，评估人员揭示在评估过程中已发现可能影响评估结论，但非评估人员执业水平和能力所能评定估算的有关事项，提示评估报告使用者应注意特别事项对评估结论的影响，并揭示鉴定评估人员认为需要说明的其他问题。

（14）评估报告法律效力。

评估报告的法律效力包括揭示评估报告的有效日期，特别提示评估基准日期后的事项对评估结论的影响以及评估报告的使用范围等。常见写法如下：

① 本项评估结论有效期为90天，自评估基准日至×××年××月××日止。

② 当评估目的在有效期内实现时，本评估结果可以作为估价参考依据；超过90天需重新评估。另外，在评估有效期内，若被评估车辆的市场价格或因交通事故等原因导致车辆的价值发生变化，对车辆评估结果产生明显影响时，委托方也需重新委托评估机构重新评估。

③ 鉴定评估报告的使用权归委托方所有，其评估结论仅供委托方为本项目评估目的使用和送交二手车鉴定评估主管机关审查使用，不适用于其他目的；因使用本报告不当而产生的任何后果与签署本报告的鉴定评估师无关；未经委托方许可，本鉴定评估机构承诺不将本报告的内容向他人提供或公开。

（15）鉴定评估报告提出日期。

鉴定评估报告书的提出日期应写明评估报告提交给委托方的具体时间。评估报告原则上应在确定的评估基准日后1周内提交。

（16）附件。

鉴定评估报告书的附件应包括二手车鉴定评估委托书、二手车鉴定评估表、车辆行驶证复印件、车辆购置税完税凭证复印件、车辆登记证书复印件、二手车鉴定评估人员资格证书复印件、鉴定评估机构营业执照复印件、鉴定评估机构资质复印件和二手车照片等。

（17）尾部。

（五）编制二手车鉴定评估报告书的步骤

编制二手车鉴定评估报告书是完成评估工作的最后一道工序，也是评估工作中的一个很重要的环节。评估报告不仅要真实准确地反映评估工作情况，而且要表明评估人员在今后一段时期里对评估的结果和有关全部附件资料承担相应的法律责任。二手车鉴定评估报告是记述鉴定评估成果的文件，是鉴定评估机构向委托方和二手车鉴定评估管理部门提交的主要成果。鉴定评估报告质量的好坏，不仅反映了鉴定评估人员的水平，而且直接关系到有关各方的利益。因此，要求鉴定评估人员编制的报告要思路清晰，文字简练准确，格式规范，有关的取证与调查材料和数据真实可靠。鉴定评估人员应按下列步骤进行评估报告的编制。

1. 评估资料的分类整理

被评估二手车的有关背景资料、技术鉴定资料及其他可供参考的数据记录等评估资料是编制二手车鉴定评估报告的基础。一个较复杂的评估项目可由两个或两个以上评估人员合作完成，并将评估资料进行分类整理。评估资料主要包括鉴定评估作业表的审核、评估依据的说明和最后形成评估的文字材料。

2. 鉴定评估资料的分析讨论

在评估资料的分类整理工作完成后，应召集参与评估工作有关人员，对评估的情况和初步结论进行分析讨论。如果发现提法不妥、计算失准、作价不合理等方面的问题，应进行必要的调整。若采用两种不同方法评估并得出两个不同结论，需要在充分讨论的基础上得出一个正确的结论。

3. 鉴定评估报告书的撰写

鉴定评估报告的负责人应根据评估资料讨论后的修正意见，进行资料的汇总编排和评估报告书的编制工作；然后将二手车鉴定评估的基本情况和评估报告书初稿得到的初步结论与委托方交换意见，听取委托方的反馈意见后，在坚持客观、公正、科学、可行的前提下，认真分析委托方提出的问题和意见，考虑是否应该修改评估报告书，对报告书中存在的疏忽、遗漏和错误之处进行修正，待修正完毕即可编制出正式的二手车鉴定评估报告书。

4. 鉴定评估报告的审核

鉴定评估报告先由项目负责人审核，再报评估机构负责人审核签发，同时要二手车鉴定评估人员签字并加盖评估机构公章。送达客户签收时，必须要求客户在收到评估书后，按送达回证上的要求认真填写相关手续，并要求收件人签字确认。

如果涉及国有资产评估，《国有资产评估管理办法施行细则》有如下规定。

（1）国有资产占有单位收到资产评估报告书后提出"资产评估结果确认申请报告"，连同评估报告书及有关资料，经上级主管部门签署意见后，报批准立项的国有资产管理行政主管部门确认。

（2）国有资产管理行政主管部门对评估结果的确认工作，分为审核验证和确认两个步骤。先对资产评估是否独立公正、科学合理进行审核验证，然后提出审核意见，并下达"资产评估结果确认通知书"。

国有资产管理行政主管部门从以下方面审核验证资产评估报告。

① 资产评估工作过程是否符合政策规定。
② 资产评估机构是否有评估资格。
③ 实际评估范围与规定评估范围是否一致，被评估资产有无漏评和重评现象。
④ 影响资产价值的因素是否考虑周全。
⑤ 引用的法律、法规和国家政策是否恰当。
⑥ 引用的资料、数据是否真实、合理、可靠。
⑦ 运用的评估方法是否科学。
⑧ 评估价值是否合理。

⑨ 其他。

（3）资产评估报告凡符合《国有资产评估管理办法施行细则》的相关要求的，应予以确认，由负责审批的国有资产管理行政主管部门下达确认通知书；不符合要求的，分情况做出修改、重评或不予确认的决定。

（4）经国有资产管理行政主管部门确认的资产评估价值，可作为资产经营和产权变动的底价或作价的依据。

（六）编制二手车鉴定评估报告书时应注意的事项

编制二手车鉴定评估报告时应注意以下事项：

（1）实事求是，切忌出具虚假报告。报告书必须建立在真实、客观的基础上，不能脱离实际情况，更不能无中生有。报告拟订人应是参与鉴定评估工作并全面了解被评估车辆的主要鉴定评估人员。

（2）坚持一致性做法，切忌出现表里不一。报告书文字、内容要前后一致，正文、评估说明、作业表、鉴定工作底稿、格式甚至数据要相互一致，不能出现相互矛盾和不一致情况。

（3）提交报告书要及时、齐全和保密。在正式完成二手车鉴定评估报告工作后，应按鉴定委托书的约定时间及时将报告书送交委托方。送交报告书时，报告书及有关文件要送交齐全。

学习任务五　二手车交易作业

工作任务	二手车交易作业	教学模式	任务驱动
建议学时	8学时	教学地点	一体化实训室
任务描述	作为一名二手车业务人员，根据企业业务需求，正确分析市场供需状况，确定二手车收购价格、二手车销售价格，正确引导客户办理二手车交易，掌握二手车过户、转籍流程		
学习目标	（1）能正确分析影响二手车收购定价的因素； （2）能选择合适的定价方法确定收购价格； （3）能引导客户办理二手车收购业务； （4）掌握二手车交易过户、转籍的办理程序； （5）能分析影响二手车销售定价的影响因素； （6）能根据企业的定价目标，选择合适的定价方法与计算方法； （7）能选择合适的销售定价策略，确定不同类型二手车的销售价格		
学习活动	学习内容		学时分配
	学习活动一　二手车收购定价		4
	学习活动二　二手车交易实务		4

学习活动一 二手车收购定价

一、学习目标

（1）能正确分析影响二手车收购定价的因素；
（2）能选择合适的定价方法确定收购价格；
（3）能引导客户办理二手车收购业务。

二、建议学时

4学时。

三、学习地点

汽车营销实训室。

四、学习资料

计算机、网络资源、工作页。

五、学习准备

问题1 二手车收购估价的思路与方法有哪三种？

_____
_____
_____

问题2 查询资料，影响二手车收购价格的因素有哪些？

_____
_____
_____
_____

问题3 什么是二手车定价中的变现率？

_____
_____
_____
_____

六、情景描述

一位客户计划用他自己 3 年行驶约 5 万千米的卡罗拉 1.6 自动挡轿车在 4S 店置换一辆奥迪 2.0T Q5 轿车。请你接待并完成交易手续。

七、计划与实施

任务布置：一位客户计划评估他自己 3 年行驶约 5 万千米的卡罗拉 1.6 L 自动挡轿车，请用折旧法进行二手车收购价的计算。

车辆资料：

（1）已使用时间：42 个月。

（2）行驶里程：49 000 km。

（3）1.6 L 自然吸气发动机，双 VVT-i 技术，电动助力转向，双安全气囊，ABS+EBD+EBA，电动天窗，铝合金钢圈，前后雷达，6 向可调真皮座椅，CD/MP3 6 喇叭音响，电动调节后视镜，自动空调等，其他参数如表 5-1-1 所示。

（4）各种证件及票据齐全有效。

（5）新车市场价：11.7 万元。

表 5-1-1 基本参数

基本参数	
车型名称	卡罗拉特装版 1.6 L 自动至酷型 GL
厂商指导价	14.08 万元
级别	紧凑型车
变速器	4 挡自动
长×宽×高/mm	4 545×1 760×1 490
车身结构	4 门 5 座三厢
最高车速	180 km/h

八、拓展与反思

（1）收购估价与鉴定估价有哪些区别？

(2)根据学习状况与小组成员一起完成学习评价表(见表5-1-2)。

表 5-1-2 学习评价表

项 目	评价内容	评价等级		
		好	中	差
自我评价	学到的知识点:			
	学到的技能点:			
	不理解的有:			
	还需要深化学习并提升的有:			
组内评价	○按时到场　　　○工装齐备　　　○书、本、笔齐全			
	○安全操作　　　○责任心强　　　○7S 管理规范			
	○学习积极主动　○合理使用教学资源　○主动帮助他人			
	○接受工作分配　○有效沟通　　　○高效完成工作任务			

九、备忘录

学习活动二　二手车交易实务

一、学习目标

（1）了解二手车交易形式；
（2）了解二手车交易流程。

二、建议学时

4学时。

三、学习地点

汽车营销实训室。

四、学习资料

计算机、网络资源、工作页。

五、学习准备

问题1　查询资料，了解二手车交易有哪些方式？
_____
_____

问题2　什么是二手车置换？
_____
_____

二手车置换方式的特点：_____
_____

问题3　什么是二手车寄售？
_____
_____

二手车寄售模式：二手车公司模式和_____模式。

问题4　什么是二手车拍卖？
拍卖方式的特点：_____
_____

六、情景描述

张先生有一辆卡罗拉，随着生意的不断扩张，他打算换一辆商务车，请你接待并为他换车进行咨询服务。

七、计划与实施

张先生 4 年前购买了一辆卡罗拉 1.6 L 自动挡三厢轿车，现在行驶了 12 万千米，请你分别设计置换和拍卖两种形式为其办理交易业务。

（1）查询资料或网络，制定二手车置换（4S 店）、二手车拍卖交易形式的流程各包含哪些？

（2）根据深圳市场的具体情况，为张先生设计机动车转移登记（过户迁出）流程。

八、拓展与反思

根据学习状况与小组成员一起完成学习评价表（见表 5-2-1）。

表 5-2-1　学习评价表

项目	评价内容	评价等级		
		好	中	差
自我评价	学到的知识点：			
	学到的技能点：			
	不理解的有：			
	还需要深化学习并提升的有：			
组内评价	○按时到场　　○工装齐备　　○书、本、笔齐全			
	○安全操作　　○责任心强　　○7S 管理规范			
	○学习积极主动　○合理使用教学资源　○主动帮助他人			
	○接受工作分配　○有效沟通　　○高效完成工作任务			

九、备忘录

十、学习材料

（一）机动车折旧

1. 概　念

所谓机动车折旧，是指机动车随着时间的推移或在使用过程中，由于损耗而转移到产品中去的那部分价值。这部分价值随着车辆经营产生收益的回收、积累，则形成机动车的折旧基金。折旧基金是为了补偿机动车的损耗而逐年提取的专用基金，其主要目的是在旧机动车不能使用或不再使用时，用折旧基金购置新车辆，保证机动车更新。

2. 机动车折旧的算法

二手车作为固定资产，按现行财务制度规定应计提固定资产折旧。固定资产折旧计算方法很多，《金融保险企业财务制度》规定，银行固定资产折旧的计算一般采用平均年限法和工作量法；对于技术进步较快或使用寿命受工作环境影响较大的固定资产，经财政部批准，可采用双倍余额递减法或年份数求和法。机动车的折旧可根据车辆的价值、使用年限，用所规定的折旧方法计算。对于允许使用的折旧方法，不同的国家有不同的规定，一般有直线折旧法、快速折旧法等多种方法，我国大多数采用直线折旧法。

1）直线折旧法

直线折旧法又称使用年限法或平均折旧法，是指用车辆的原值除以车辆规定使用年限以求得每年平均折旧额的方法。计算公式为

$$D_t = \frac{1}{N}(K_0 - S_V)$$

式中　D_t——年折旧额，元；

　　　K_0——机动车原值，元；

　　　S_V——机动车残值，元；

　　　N——规定的折旧年限，年。

2）快速折旧法

快速折旧法常用的算法有两种，即年份数求和法和余额递减法。

（1）年份数求和法。年份数求和法是指每年的折旧额可用车辆原值减去残值的差额乘以一个逐年变化的递减系数来确定的一种方法。此递减系数的分母为车辆使用年限（通常为报废年限）历年数字的累计之和，即每年递减系数的分母均相等；分子的大小等于当年时止还余有的使用年数。一般来说，车辆使用年限为 N 时，递减系数的分母等于 $N(N+1)/2$，分子等于 $N+1-t$。年份数求和法的计算公式为

$$D_t = (K_0 - S_V) \times \frac{N+1-t}{N(N+1)/2}$$

式中　$\frac{N+1-t}{N(N+1)/2}$——递减系数（或年折旧率）；

　　　t——机动车在使用期限内某一确定年度。

（2）余额递减法。余额递减法是指任何年的折旧额用现有车辆原值乘以在车辆整个寿命期内恒定的折旧率，接着用车辆原值减去该年折旧额作新的原值，下一年重复这一做法，直到折旧总额分摊完毕。在余额递减法中所使用的折旧率，通常大于直线折旧率，当使用的折旧率为直线折旧率的 2 倍时，称为双倍余额递减法。余额递减法的计算公式为

$$D_t = K_0 a(1-a)^{t-1}$$

式中　K_0——机动车原值，元；

　　　a——折旧率，直线法折旧率 $a = 1/N$；

　　　t——在使用期内某一确定年度。

应用该公式计算时，在使用期终仍有余额，为了使折旧总额到使用期终分摊完毕，到一定年度后，要改用直线折旧法。通常，在连续计算各年折旧额时，如果发现使用双倍余额递减法计算的折旧额小于采用直线折旧法计算的折旧额时，就应改用直线折旧法计算折旧。

案例：某机动车的原值为 10 万元，规定使用年限为 10 年，残值忽略不计，试用上述两种快速折旧法分别计算其折旧额。

计算过程见表 5-2-2 和表 5-2-3。

表 5-2-2　用年份数求和法计算折旧额

年数	基数/元	递减系数	年折旧额/元	累计折旧额/元
1	100 000	10/55	18 181	18 181
2		9/55	16 363	34 544
3		8/55	14 545	49 089
4		7/55	12 727	61 816
5		6/55	10 909	72 725
6		5/55	9 090	81 815
7		4/55	7 272	89 087
8		3/55	5 454	94 541
9		2/55	3 636	98 177
10		1/55	1 818	99 995

表 5-2-3　用双倍余额递减法计算折旧额

年数	基数/元	折旧率/%	年折旧额/元	累计折旧额/元
1	100 000	20	20 000	20 000
2	80 000	20	16 000	36 000
3	64 000	20	12 800	48 800
4	51 200	20	10 240	59 040
5	40 960	20	8 192	67 232
6	32 768	20	6 553.6	73 785.6
7	26 214.4	25	6 553.6	80 339.2
8	26 214.4	25	6 553.6	86 892.8
9	26 214.4	25	6 553.6	93 446.4
10	26 214.4	25	6 553.6	100 000

注：表 5-2-3 中为了使累计折旧额在第 10 年终分摊完毕，在第 7 年开始使用直线折旧法。

3．机动车折旧与估价的异同

（1）实体性贬值与折旧额的区别。实体性贬值不同于折旧额，不能用账面上的累计折旧额代替实体性贬值。折旧是由损耗决定的，但折旧并不等同于实体损耗。折旧是高度政策化了的损耗。在车辆使用过程中，价值的变化依次经过价值损耗、价值转移和价值补偿，折旧作为转移价值，是在损耗的基础上确定的。

（2）使用年限与折旧年限的区别。使用年限不同于折旧年限。折旧年限是对某类资产做出的会计处理的统一标准，是一种高度集中的理论系数和常数，对于该类资产中的每一项资产虽然具有普遍性、同一性和法定性，但不具有实际磨损意义上的个别性或特殊性。实际上，它的特征表现在以下几个方面。

① 折旧年限是一个平均年限，对同一类型中的任何一项资产均适用。

② 折旧年限是在考虑损耗的同时，又考虑技术、经济政策和生产力发展水平，有时甚至以之为经济杠杆，体现对某类资产的鼓励或限制生产政策。

③ 折旧年限是以同类资产中各项资产运转条件均相同的假定条件为前提的。这种情况下，同类型的资产，无论其所在地如何，维护情况、运行状况如何，均适用统一的折旧年限。因此评估工作

中,鉴定评估人员不能直接按照会计学中的折旧年限来取低使用年限。

(3)成新率与基础损耗的区别。确定折旧年限的损耗包括有形损耗(实体性损耗)和无形损耗;而评估中确定成新率的损耗,包括实体性损耗、功能性损耗和经济性损耗。由于折旧中的有形损耗不是具体的损耗,而无形损耗覆盖面比功能性损耗和经济性损耗之和要广,所以成新率对应的实体损耗并不等同于折旧率中的基础损耗。

(二)二手车收购定价的影响因素

二手车收购的影响因素有车辆的总体价值、二手车收购后应支出的费用、市场宏观和微观环境、经营的需要、品牌知名度和维修服务条件等。

1. 车辆的总体价值

二手车收购要充分考虑车辆的总体价值,它主要包括车辆实体产品价值和各项手续价值。

(1)车辆实体的产品价值。除了用鉴定估价的方法评估车辆实体的产品价值外,还应根据经验结合目前市场行情综合评定。评定的主要项目包括车身外观整齐程度、漆面质量如何等静态检查项目和发动机怠速声音、尾气排放情况等动态检查项目。另外,配置、装饰、改装等项目也很重要,包括有无 ABS、助力装置、真皮座椅、电动门窗、中控防盗锁等;有效的改装包括动力改装、悬架系统改装、音响改装、座椅及车内装饰改装等。

(2)各项手续的价值。各项手续主要包括登记证、原始购车发票或交易过户票、行驶证、购置税本、车船使用税证明、车辆保险合同等。如果收购车辆的证件和税费凭证不全,就会影响收购价格,因为代办手续不但要耗费人工成本,而且可能造成转籍过户中意想不到的麻烦和难以解决的后续问题。

2. 二手车收购后应支出的费用

二手车收购除了支付车辆产品的货币以外,从收购到售出时限内,还要支出的费用有保险费、日常维护费、停车费、收购支出的货币利息和其他管理费等。

3. 市场宏观和微观环境

(1)宏观环境。二手车收购要注意国家宏观政策、国家和地方性法规的变化因素以及这些影响导致的车辆经济性贬值。

例如,国家和地区设定了严格的汽车尾气排放标准,2017年1月1日我国颁布国Ⅵ排放标准后,那些排放的车辆会受到限行或禁止上路的限制,这直接导致这些车辆的市场需求减少,从而影响其二手价格,买家在考虑购买二手车时,会优先考虑符合最新排放标准的车型,以确保车辆的使用不受限制,这使得符合高标准排放的二手车价值上升。

新能源汽车的优惠政策也间接影响了传统燃油车的二手车市场,国家对新能源汽车的购置税减免、补贴以及免费或低成本的充电设施等政策,提升了新能源汽车的吸引力。随着新能源汽车保有量的增长和消费者接受度的提高,部分潜在买家转向新能源二手车,进一步压缩了燃油二手车的市场份额,导致其价值下降。

环保意识的提升改变了消费者的购车偏好,越来越多的消费者在选择二手车时,将车辆的环保性能作为重要考量因素,这种趋势促使那些能提供更低排放、更高燃油效率或为电动、混合动力的二手车获得更高的估值。环保不仅仅是政策要求,也成为了一种消费时尚,影响着二手车市场的供需关系。

(2)微观环境。这里所说的市场微观环境,主要指新车价格的变动以及新车型的上市对收购价格的影响。例如千里马轿车降价后,二手车的保值率就降低了,贬值后收购价格自然也会降低。另外,新款车型问世挤压旧车型,"老面孔"身价自然受到影响。

4. 经营的需要

二手车经营者应根据库存车辆的多少提高或降低收购价格。例如本期库存车辆减少、货源紧张时，应适当提高车辆收购价格，以补充货源保证库存的稳定。反之，库存车辆多时，则应降低收购价格。另外一种情况是，某一车型出现断档情况时，该车型的收购价格会提高。如某公司本期二手桑塔纳轿车销售一空，该公司会马上提高桑塔纳车型的收购价格；反之，如果某公司本期二手桑塔纳轿车销路不畅，库存积压显著，那么应降低桑塔纳轿车的收购价格，同时库存桑塔纳轿车的销售价格也会降低。

5. 品牌知名度和维修服务条件

对不同品牌的二手车，其品牌知名度和售后服务的质量不同，这也会影响收购价格的制定。像一汽、上汽、东风等，都是国内颇具实力的企业，其产品具有很高的品牌知名度，技术相对成熟，维修服务体系也很健全，二手车收购定价可以适当提高。

（三）二手车收购定价方法

二手车收购价格的确定是根据其特定的目的，在二手车鉴定估价的基础上，充分考虑市场的供求关系，对评估的价格做快速变现的特殊处理。按不同的原则，二手车收购定价一般有以下几种方法。

1. 基于现行市价、重置成本的方法

由现行市价法、重置成本法对二手车进行鉴定估算产生客观价格，再根据快速变现原则，估定一个折扣率并以此确定二手车收购价格。如运用重置成本法估算某机动车的价格为 10 万元，据市场销售情况调查，估定折扣率为 20% 可出售，则该车辆收购价格为 8 万元。

2. 基于清算价格的方法

清算价格的特点是企业（或个人）由于破产或其他原因，要求在一定的期限内将车辆变现，在企业清算之日预期出卖车辆，收回快速变现金额。具体来说，主要根据二手车技术状况，运用现行市价法或重置成本法估算其正常价值，再根据处置情况和变现要求，乘以一个折扣率，最后确定评估价格。

基于清算价格的方法确定收购价格，由于顾客要求快速转卖变现，因此其估价大大低于二手车市场成交的同类型车辆的公平市价，一般来说也低于车辆现时状态客观存在的价格，所以可作为收购估价的参考。

3. 基于快速折旧的方法

根据机动车的重置成本，计算折旧额来确定收购价格。年折旧额的计算方法建议采用年份数求和法或双倍余额递减法。由于年份数求和法折旧较快，所以通常采用这种方法。

（四）二手车收购价格的计算方法

二手车收购价格的确定是指在被收购车辆手续齐全的前提下对车辆实体价格的确定。如果所缺失的手续能以货币支出补办，则收购价格应扣除补办手续的货币支出、时间和精力的成本支出，具体采用以下几种方法。

（1）运用重置成本法对二手车进行鉴定估价，然后根据快速变现的原则，估定一个折扣率，将被收购车辆的估算价格乘以折扣率，即得二手车的收购价格，用数学式表示为

$$收购价格 = 评估价格 \times 折扣率$$

（2）运用现行市价法对二手车进行鉴定估价，再根据上述办法计算收购价格，表达式同上式。

折扣率是指车辆能够当即出售的清算价格与现行市场价格之间的比值。它的确定是在经营者对市场销售情况的充分调查和了解后凭经验而估算的。

（3）运用快速折旧法，首先计算出二手车已使用年数累计折旧额，然后将重置成本全价减去累计折旧额，再减去车辆需要维修换件的总费用，即得二手车收购价格，用数学式表示为

$$收购价格 = 重置成本全价 - 累计折旧额 - 维修费用$$

重置成本全价一律采用国内现行的新车市场价格。

下面通过一个评估案例介绍二手车收购定价中值得注意的一些问题。

在现实的二手车收购业务中，除了参考当前新车的售价以外，有时也要考虑二手车的原始价格，以平衡买卖双方的利益。

例如，某车是在半年前购买的，发票价格是15.56万元，该车当时的厂家指导价为16.36万元，由此可见销售价格优惠了0.8万元。半年后主机厂为了推出新车型，加大了该车型的优惠幅度，达到1.5万元，目前提车时，发票上所注价格为14.56万元。则重置成本法进行估价时需要将14.56万元作为重置成本评估标准。例如按第一年折旧率15%～20%来计算，该车的收购价在12.38万～11.65万元。这与该车主原购买价产生约3.2万元的差距。15多万元购买的新车，使用仅半年，且车况良好，卖车时损失近3.2万元，车主是无法接受的。

在二手车交易具体环节中，买卖双方都会追求自身利益的最大化，只有在交易双方达成一致、认可价格的基础上，才能达成交易。对于上述这辆车，如果二手车经营者想达成交易，就要保证车主的损失不应过大，至少应该在其可以接受的范围之内。所以，比较现实的做法就是依据购车发票上的原始价格，即15.56万元来进行价值评估，评估价范围在12.4万～14万元。如果收购价格达到13.2万元，与当前新车优惠后的购买价，即14.56万元过于接近，对二手车经营者来说，必然造成经营风险，所以现实中是采取"折中"的办法，一般会选择13.2万元，或适当再高一些的价格。因为选择"13万出头"这样的收购价，二手车商家再转手时，例如增加0.7万元的利润，销售价也不会超过14万元，这让消费者在心理上也可以接受。如果收购价超过14.5万元，那么想不超过15万元转手，利润最多不会超过0.5万元。这样对于二手车经营者而言，利润显然太少了。但如果转手价超过15万元，就与新车售价（即15.56万元）非常接近，消费者是很难接受的。

从上面的例子可见原购车发票价格的重要性。所以在车辆收购环节中，不应过分依赖评估方法和各种公式，应权衡利益。二手车经营的最终目的是顺利地达成交易，实现经济利益。但需要注意的是，一些使用年限短，通常为使用一年或一年以内的车辆适用于上述办法。对于使用时间超过一年的，采用重置成本法较为有效。

（五）二手车收购中的风险与防范

在二手车收购的过程中，环境的变化有可能产生机会，也有可能带来风险。风险是指由于客观环境的变化带来损失，从而难以实现某种目的的可能性。二手车收购中的风险是指由于二手车收购环境的变化，给二手车的销售带来的各种损失。收购环境的变化是绝对的、客观的，并经常会发生，因而在二手车收购过程中，既充满了机会，同时又会出现许多风险。所以，二手车流通企业要生存与发展，就必须加强收购活动中的风险管理，能否获取期望利润，关键在于能否有效地控制和降低风险损失。

由于二手车价格的某些不可预见的因素，收购过程具有比销售过程更大的风险，对企业造成的潜在损失也更大。因此，如何有效地将收购风险控制在一定范围内，善于分析研究环境变化可能带来的风险，发现并及时规避风险，对降低收购成本、增加企业利润、最大限度地减小可能遭受的损失具有重大意义。

1. 收购风险防范原则

二手车收购环境的变化是绝对的、必然的，收购风险也势必是存在的。不可能完全避免收购风险，而只能掌握战胜风险的策略和技巧，积极化险为夷，把风险变为机会，实现成功的转化，总体原则如下。

（1）要提高识别二手车收购风险的能力。应随时收集、分析并研究市场环境因素变化的资料和信息，判断收购风险发生的可能性，积累经验，培养并增强对二手车收购风险的敏感性，及时发现或预测收购风险。

（2）要提高风险的防范能力，尽可能规避风险。可通过预测风险，尽早采取科学的防范措施来规避风险。在二手车收购工作中，要尽可能谨慎，最大限度地消除二手车收购风险发生的隐患。

（3）在无法避免的情况下，要提高处理二手车收购风险的能力，尽可能最大限度地降低损失，并防止引发其他负面效应和有可能派生出来的消极影响。

2. 收购风险的影响因素

在二手车收购风险的防范上，具体可从以下几个方面考虑影响二手车收购中的风险因素，以便积极采取相应的防范措施。

（1）新车型的影响。新车型大量应用了新技术，技术含量的提高使老车型贬值甚至被淘汰。从国内市场看，新车型投放速度明显加快，技术含量和配置也越来越高。如电子转向助力、安全气囊、ABS+EBD、电子防盗、中控彩色屏幕等都已成了标准装备。以广汽丰田凯美瑞为例，凯美瑞经历了多次改款，早期的凯美瑞和新款的凯美瑞在外观和装备上存在着许多差异。因此，二手车经营者在收购二手车时应以最新款车的技术装备和价格作为参照，否则会给二手车收购带来一定的风险。

（2）车市频繁降价的影响。在新车市场频繁降价、优惠促销的环境下，二手车经销公司面临很大的风险，如出现损失只能自己承担。所以，二手车收购价格都是以某一款车目前新车市场的开票价格来计算，而不会去考虑消费者买车时的价格。如果某一款车最近有降价的可能，二手车经销公司要考虑新车降价的风险，开价往往要比正常的收购价还要低一些。如果某一款车刚降完价，那么收购价就会稳定一段时期。为了减少车辆频繁降价的风险，规范市场、稳定价格成为当务之急。另外，通过二手车代办的方式，一方面可从中收取一定的交易费，另一方面可以降低风险。

（3）折旧加快的影响。从实际行情看，使用期限在3年以内的车辆折旧最高，使用3年的车辆往往要折旧到40%~50%，其后的几年进入了一个相对稳定的低折旧期，使用10年的车辆折旧又开始加快。所以，3年以内的车要收购的话，收购定价要考虑车辆的大幅折旧因素的影响。

（4）排放标准提高的影响。尾气排放标准提高也加速了在用车辆的折旧和淘汰。越来越严格的排放标准将使老旧车型加速淘汰。因此，在确定二手车收购价格时应考虑车辆排放标准提高的影响。

（5）车况优劣的影响。有的车虽然只开了两三年，但是其机件的磨损已很严重，操作感不好。而有的车已开了五六年，发动机的状况依然良好，各机件操作顺畅。这些不同车辆的技术状况自然影响到二手车的收购价格。

（6）品牌知名度的影响。知名品牌的汽车因其市场保有量大、质量可靠而深受消费者的青睐。这些品牌的汽车在新车市场售价较为稳定，口碑好，所以在二手车市场认同率较高，贬值的程度自然要低于其他品牌。

（7）库存的影响。若二手车销售顺畅，求大于供，二手车经销公司的库存急剧减少，商家们为了保持正常的经营运转，维持一定的库存，可适当抬高一些收购价格。反之在二手车销售低迷时，商家们的库存积压，流通不畅，供大于求，商家的主要任务是消化库存，这个时期应压低收购价格，规避由于库存积压所带来的风险。

（8）二手车收购合法性的影响。收购二手车时要防止收购盗抢车、伪劣拼装车，要预防收购那些伪造手续凭证，伪造车辆档案的车辆。一旦有所失误，不仅给公司造成直接经济损失，更重要的是造成不良的社会影响，从而损害公司的公众形象。

（9）宏观环境的影响。要密切关注国家有关二手车的政策与法规的变化，做到未雨绸缪。要能够根据已有的和即将颁布的国家有关二手车的政策与法规预测二手车价格的可能变动趋势，及时调整二手车的收购价格，使收购二手车的风险降到最低。

（六）二手车销售定价的影响因素

影响二手车销售定价的主要因素有成本、供求关系、竞争状况和国家政策法规等。

1. 成　本

产品成本是销售定价的基础和最低界限，二手车的销售价格如果不能保证成本，企业的经营活动就难以维持。二手车流通企业应分析价格、需求量、成本、销量、利润之间的关系，正确地估算成本，并将其作为定价的依据。二手车销售定价时应考虑收购车辆的总成本费用，总成本费用由固定成本费用和变动成本费用之和构成。

（1）固定成本费用及其摊销率。

① 固定成本费用是指在既定的经营目标内，不随收购车辆的变化而变动的成本费用。如分摊在这一经营项目的固定资产的折旧、管理费等支出。

② 固定成本费用摊销率是指单位收购价值所包含的固定成本费用，即固定成本费用与收购车辆总价值之比。如某企业根据经营目标，预计某年度收购100万元的车辆，分摊固定成本费用1万元，则单位固定成本费用摊销率为1%。如花费4万元收购一辆旧桑塔纳轿车，则应该将400元计入固定成本费用。

（2）变动成本费用。变动成本费用指随收购价格和其他费用而相应变动的费用，主要包括车辆实体的价格、运输费、保险费、日常维护费、维修翻新费、资金占用的利息等。

由上面的成本分析可知，一辆二手车收购的总成本费用是这辆车应分摊的固定成本费用与变动成本费用之和，用数学式表示为

$$二手车的总成本费用 = 收购价格 \times 固定成本费用摊销率 + 变动成本费用$$

2. 供求关系

在市场经济中，产品的价格由买卖双方的相互作用来决定，以市场供求为前提，所以供给和需求也是决定价格的两个基本因素。需求大于供给，价格就会上升，需求小于供给，价格就会下降，市场的一切交易活动和价格的变动都遵循这一规律，这就是供求规律或称供求法则，它是市场变化的基本规律。供求关系表明价格只能围绕价值上下波动，而价值仍然是确定价格水平及其变动的决定性因素。企业在做定价决策时，除了以产品价值为基础外，还可以运用供求关系来分析和制定产品的价格。

价格在受供求影响而有规律性的变动过程中，不同商品的变动幅度是不一样的。因此在销售定价时还要考虑需求价格弹性。所谓需求价格弹性，是指因价格变动而引起的相应的需求变动率，它反映需求变动对价格变动的敏感程度。按照相关经济学理论，当某种产品需求弹性较小时，提高价格可以增加企业利润；反之，当产品需求富有弹性时，降低价格也可以增加企业利润，同时还能起到打击竞争对手，提高自己产品市场占有率的作用。

对于二手车来说，其需求价格弹性较强，即二手车价格的上升（或下降）会引起需求量较大幅度的减少（增加）。因此，在对二手车进行销售定价时，应该把价格定得低一些，应该以薄利多销达到增加盈利、服务顾客的目的。

3. 竞争状况

在产品供不应求时，企业选择定价方式的自由度较大；而在供大于求时，竞争必然随之加剧，定价方式的选择只能被动地根据市场竞争的需要来进行。为了稳定维持自己的市场份额，二手车的销售定价要考虑本地区同行业竞争对手的价格状况，根据自己的市场地位和定价的目标，选择与竞争对手相同的价格，甚至以低于竞争对手的价格进行定价。

4. 国家政策法规

任何国家对物价都有适度的管理，而各个国家和地区对价格的控制程度、范围、方式等存在着一定的差异，完全放开和完全控制的情况是没有的。一般而言，国家可以通过物价部门直接对企业定价进行干预，也可以用一些财政、税收手段对企业定价实行间接影响。

（七）二手车销售定价的目标

二手车销售定价的目标是指二手车流通企业通过调整价格水平，凭借价格产生的效用来达到预期的目的。企业在定价以前，必须根据企业的内部和外部环境，制定出既不违背国家的方针政策，又能协调企业的其他经营目标的价格。企业定价目标类型较多，二手车流通企业要根据自己树立的市场观念和市场微观、宏观环境，确立自己的销售定价目标。企业定价目标主要有两大类，即获取利润目标和占领市场目标。

1. 获取利润目标

利润是考核和分析二手车流通企业营销工作好坏的一项综合性指标，是二手车流通企业最主要的资金来源。以利润为定价目标有3种具体形式，即预期收益、最大利润和合理利润。

（1）获取预期收益目标。预期收益目标是一些二手车流通企业以预期利润（包括预交税金）为定价基点，并以利润加上商品的完全成本构成价格出售商品，从而获取预期收益的一种定价目标。预期收益目标有长期和短期之分，大多数企业都采用长期目标。预期收益高低的确定，应当考虑商品的质量与功能、同期的银行利率、消费者对价格的反应、企业在同类企业中的地位和在市场竞争中的实力等因素。预期收益定得过高，企业会处于市场竞争的不利地位；定得过低，又会影响企业投资的回收。一般情况下，预期收益适中，可能获得长期稳定的收益。

（2）获取最大利润目标。最大利润目标是指二手车流通企业在一定时期内综合考虑各种因素后，以总收入减去总成本的最大差额为基点，确定单位商品的价格，以取得最大利润的一种定价目标。最大利润是企业在一定时期内可能并准备实现的最大利润总额，而不是单位商品的最高价格，最高价格不一定能获取最大利润。当企业的产品在市场上处于绝对有利地位时，往往采取这种定价目标，能够使企业在一定时期内获得高额利润。最大利润一般应以长期的总利润为目标，在个别时期，甚至允许以低于成本的价格出售，以便招揽顾客。

（3）获取合理利润目标。合理利润目标是指二手车流通企业在补偿正常情况下的社会平均成本基础上，适当地加上一定量的利润作为商品价格，以获取正常情况下合理利润的一种定价目标。企业在自身力量不足，不能实现最大利润目标或预期收益目标时，往往采取这一定价目标。这种定价目标以稳定市场价格、避免不必要的竞争、获取长期利润为前提，因而商品价格适中，顾客乐于接受，政府积极鼓励。

2. 占领市场目标

以市场占有率为定价目标是一种志存高远的选择方式。市场占有率是指一定时期内某二手车流通企业的销售量占当地细分市场销售总量的份额。市场占有率高意味着企业的竞争能力强，说明企业对消费信息把握准确、充分。资料表明，企业利润与市场占有率正向相关，提高市场占有率是增加企业利润的有效途径。

由于企业所处的市场营销环境不同，自身条件与营销目标不同，企业定价目标也大相径庭。因此，二手车流通企业应在综合考虑市场环境、自身实力及经营目标的基础上，将利润目标和占领市场目标结合起来，兼顾企业的眼前利益与长远利益，来确定适当的定价目标。

（八）二手车销售定价的方法

定价方法是二手车流通企业为了在目标市场实现定价目标，给产品制定基本价格和浮动范围的技术思路。成本、需求和竞争是影响企业定价的最基本因素，产品成本决定了价格的最低限，产品本身的特点决定了需求状况，从而确定了价格的最高限，竞争者产品与价格又为定价提供了参考的基点。基于上述原因，形成了以成本、需求、竞争为导向的三大基本定价思路。

1. 成本导向定价法

成本导向定价法可分为成本加成定价法、目标收益定价法和边际成本定价法3种。

（1）成本加成定价法。成本加成定价法也称为加额定价法、标高定价法或成本基数法，是一种应用比较普遍的定价方法。它首先确定单位产品总成本（包括变动成本和固定成本），然后在单位产品总成本基础上加上一定比例的利润，从而形成单位产品的销售价格。该方法的计算公式为

$$单位产品销售价格 = 单位产品总成本 \times (1 + 成本加成率)$$

由此可以看到，成本加成定价法的关键是成本加成率的确定。成本加成率与单位产品成本、资金周转率及需求价格弹性反向变化。

（2）目标收益定价法。目标收益定价法又称投资收益率定价法，是根据企业的投资总额、预期销量和投资回收期等因素来确定价格的方法。在产品供不应求的条件下，或在产品需求价格弹性很小的细分市场中，目标收益法具有一定的应用价值。

（3）边际成本定价法。边际成本是指每增加或减少单位产品所引起的总成本的增加或减少额。采用边际成本定价法时，是以单位产品的边际成本作为定价依据和可接受价格的最低界限的，在价格高于边际成本的情况下，企业出售产品的收入除完全补偿变动成本外，尚可用来补偿一部分固定成本，甚至可能提供利润。边际成本定价法在竞争激烈的市场条件下具有极大的定价灵活性，在有效应对竞争、开拓新市场、调节需求的季节差异、形成最优产品组合等方面可以发挥巨大的作用。

2. 需求导向定价法

需求导向定价法是以消费者的价值认知、需求强度及对价格的承受能力为依据，以市场占有率、品牌形象和最终利润为目标，真正按照有效需求来策划价格的定价方法。需求导向定价法又称顾客导向定价法，是二手车流通企业根据市场需求状况和消费者的不同反应分别确定产品价格的一种定价方式，其特点是平均成本相同的同一产品价格随需求变化而变化，一般是以该产品的历史价格为基础，根据市场需求变化情况，在一定的幅度内变动价格，以致同一商品可以按两种或两种以上价格销售。这种差价可以因顾客的购买能力、对产品的需求情况、产品的型号和式样以及时间、地点等因素而存在不同的形式。

3. 竞争导向定价法

竞争导向定价法是以企业所处的行业地位和竞争定位而制定价格的一种方法，是二手车流通企业根据市场竞争状况确定商品价格的一种定价方式，其特点是价格与成本和需求不发生直接关系。它主要以竞争对手的价格为基础，并与竞争品价格保持一定的比例。竞争品价格未变，即使产品成本或市场需求变动了，也应维持原价；竞争品价格变动，即使产品成本和市场需求未变，也要相应调整价格。

上述定价方法中，企业要考虑产品成本、市场需求和竞争形势，研究价格如何适应这些因素。但在实际定价中，企业往往只能侧重考虑某一类因素，选择某种定价方法，并通过一定的定价策略对计算结果进行修订。成本加成定价法深受企业界欢迎，主要基于以下原因。

（1）定价工作简化。由于成本的不确定性一般比需求的不确定性小得多，定价着眼于成本可以使定价工作大大简化，不必随时依据需求情况的变化而频繁地调整定价，因而大大简化了企业的定价工作。

（2）可降低价格竞争程度。只要同行业都采用这种定价方法，那么在成本与加成率相似的情况下价格也大致相同，这样可以使价格竞争减至最低限度。

（3）对买卖双方都较为公平。卖方不利用买方需求量增大的优势趁机哄抬物价，因而有利于买方，固定的加成率也可以使卖方获得相当稳定的投资收益。

（九）二手车销售定价的策略

在二手车的市场营销中，尽管非价格竞争作用在增长，但价格仍然是影响销售的重要因素，是营销组合中的关键因素。定价是否恰当，不仅直接关系到二手车的销量和企业的利润，而且还关系到企业其他营销策略的制定。营销中定价策略的意义在于有利于挖掘新的市场机会，实现企业的整体目标。在市场经济条件下，价格决策已成为企业经营者面临的具有现实意义的重大决策课题。

二手车销售定价策略是指二手车流通企业根据市场中不同变化因素对二手车价格的影响程度而采用不同的定价方法，制定出适合市场变化的二手车销售价格，进而实现定价目标的企业营销战术。

二手车销售定价策略分为阶段定价策略、心理定价策略和折扣定价策略等。

1. 阶段定价策略

阶段定价策略就是根据企业成长期各阶段不同的市场特征而采用不同的定价目标和对策。投入期以打开市场为主，成长期以获取目标利润为主，成熟期以保持市场份额、利润总量最大为主，衰退期以回笼资金为主。另外，还要兼顾不同时期的市场行情，相应修改销售价格。

2. 心理定价策略

不同的消费者有不同的消费心理，有的注重经济实惠、物美价廉，有的注重名牌产品，有的注重产品的文化情感含量，有的追赶消费潮流。心理定价策略就是在补偿成本的基础上，按不同的需求心理确定价格水平和变动幅度。如尾数定价策略就是企业针对消费者的求廉心理，在二手车定价时有意定一个与整数有一定差额的价格。这是一种具有强烈刺激作用的心理定价策略。价格尾数的微小差别，能够明显影响消费者的购买行为，会给消费者一种经过精确计算的、最低价格的心理感觉。如某品牌的二手车标价 99 998 元，给人很便宜的感觉，认为只要不到 10 万元就能买一辆质地不错的品牌二手车。

3. 折扣定价策略

在市场营销活动中，二手车流通企业一般按照确定的目标价格或标价出售商品。但随着企业内外部环境的变化，为了促进销售者、顾客更多地销售和购买本企业的产品，往往根据交易数量、付款方式等条件的不同，在价格上给销售者和顾客一定的减让，这种生产者给销售者或消费者的一定程度的价格减让就是折扣。灵活运用价格折扣策略，可以鼓励需求、刺激购买，有利于企业搞活经营，提高经济效益。

（十）二手车最终销售价格的确定

二手车流通企业通过以上程序制定的价格只是基本价格，只确定了价格的范围和变化的途径。为了实现定价目标，二手车流通企业还需要考虑国家的价格政策、用户的要求、产品的性价比、品牌价值及服务水平，应用各种灵活的定价战术对基本价格进行调整，同时将价格策略和其他营销策略结合起来，如针对不同消费心理的心理定价和让利促销的各种折扣定价等，以确定具体的最终价格。

（十一）汽车置换

随着汽车产业的快速发展，汽车保有量越来越多，同时人们对汽车的需求也越来越多样化，汽车置换作为汽车交易的一种方式，逐渐显示出满足人们需要的优越性和调节汽车流通的重要作用。

1. 定 义

置换业务源自国外，在字典上有两个单词与之相近：Exchange 与 Displacement。就字面意义而言，Exchange 这个词偏重交换的等价性，而 Displacement 则强调的是旧物品（或次一等、较差的物品）与新物品（较好的物品）进行交换。这种交换的不等价性由置换方给予差额补贴。

2. 国内主要汽车置换运作模式

（1）我国汽车置换模式。从国内的交易情况来看，目前在我国进行的汽车置换有以下3种模式。

① 用本厂二手车置换新车（即以旧换新）。如厂家为"广汽丰田"，车主可将雷凌二手车折价变给广汽丰田的零售店，再买一辆新凯美瑞车。

② 用本品牌二手车置换新车。如品牌为"大众"，假设拥有一辆捷达二手车的车主看上了帕萨特车，那么他可以在任何一家"大众"的零售店里置换到一辆他喜欢的帕萨特车。

③ 只要购买本厂的新车，置换的二手车不限品牌。国外基本上采用的是这种汽车置换方式。上海某二手车销售服务公司开展的就是这种汽车置换模式，消费者可以用各种品牌的二手车置换本田飞度品牌的新车。

如果考虑买车人的选择余地和便利程度，当然是第3种方式最佳。不过，这种方式对厂商和经销商而言非常具有挑战性。这是因为，我国的车主一般既不从一而终地在指定维修点维护修理，也不保留车辆的维修档案，车况极不透明；再者，不同品牌、不同型号的车在技术和零部件上千差万别；另外，给个别已经停产车型更换零部件将越来越麻烦。

车辆更新对于车主来说，是一个烦琐的过程，首先要到二手车市场把车卖掉，其中要经历了解市场行情、咨询二手车价格、与购买者公司讨价还价直至成交、办理各种手续和等待回款等过程，至少要几天时间，等拿到钱后再到新车市场买新车，又是一番周折。对于车主来说更新一部车比买新车麻烦得多。在生活节奏日益加快的今天，人们期盼能否有一种便捷的以旧换新业务，使他们在自由选择新车的同时，很方便地处理旧车。因此，具有汽车置换资质的经销商作为中介的重要作用就显现出来了。

（2）汽车置换授权经销商。汽车置换授权经销商是我国汽车置换运作的中介主体。汽车置换授权经销商的车辆置换服务将消费者淘汰旧车和购买新车的过程结合在一起，一次完成甚至一站完成，为用户解决了先要卖掉旧车再去购买新车的麻烦。我国汽车置换授权经销商的汽车置换服务一般具有以下特点。

① 打破车型限制。与以往一些开展汽车置换的厂家或品牌专卖店不同，汽车置换授权经销商对所要置换的旧车以及选择购买的新车，都没有品牌及车型的限制，可以任意置换，汽车置换授权经销商采用汽车连锁超市的模式经营新车的销售，连锁超市中经营的汽车品牌众多，可以满足消费者的不同需求，也可根据顾客的要求，到指定的经销商处，为顾客购进指定的车辆，真正做到了无品牌限制的置换。

② 让利置换，旧车增值。汽车置换授权经销商将车辆置换作为顾客购买新车的一项增值服务，与顾客将旧车出售给二手车经销公司不同，汽车置换授权经销商通常是以二手车交易市场中最高收购价格确定二手车价格，经双方认可后，置换二手车的钱款直接冲抵新车的价格。

汽车置换授权经销商通常拥有自己的二手车经纪公司，同时与二手车交易市场中的众多经纪公司保持联系，保证市场信息渠道的畅通，以保证所置换的旧车能够有快速的销售途径。车况较好的旧车，汽车置换授权经销商经过整修后，补充到租赁车队中投放低端租车市场，用租赁收入弥补旧车的增值部分后，到二手车市场处置；或者发挥汽车置换授权经销商租车网络优势，在中小城市租赁运营。

③ "全程一对一"的置换服务。汽车连锁销售提供的车辆置换服务是一种"全程一对一"的服务模式。由于汽车置换授权经销商的业务涉及汽车租赁、销售、汽车金融以及二手车经纪，因此顾客在汽车置换授权经销商处选择置换的购车方式后，从旧车定价、过户手续，到新车的贷款、购买及办理保险、牌照等过程都由汽车置换授权经销商公司内部的专业部门完成，保证了效率和服务水准。

④ 完善的售后服务。在汽车置换授权经销商处通过置换购买的新车，汽车置换授权经销商将提供包括保险、救援、替换车、异地租车等服务在内的完善的售后服务。对于符合条件的顾客及车辆，汽车置换授权经销商还提供更加个性化的车辆保值回购计划，使顾客可以无须考虑再次更新时的车辆残值，安心使用车辆。

3. 汽车置换质量认证

汽车置换中一个最重要、最容易引起争议的问题就是置换旧车的质量问题。和新车交易相比，二手车市场存在很多不透明的地方，二手车评估本身就比较复杂，加上二手车交易又存在"一旦售出，后果自理"的规则，所以在购买二手车的时候，大部分消费者并不信任卖家。

为了保障交易双方权益、减少纠纷，国外汽车厂商从20世纪90年代就开始对汽车进行质量认证，我国的汽车厂商也从近几年开始开展这一业务。汽车厂家利用自己的技术、设备、人员以及信誉优势，对回购的二手车进行检测、修复，给当前庞大的二手车消费群体提供"放心车""明白车"，即使价格高于其他市场上的二手车，消费者也认为值得。同时，汽车厂家介入二手车市场也对规范二手车市场、降低交通安全隐患产生积极影响。

（1）认证的基本概念。

经汽车厂商授权的汽车经销商对收购的该品牌二手车进行一系列检测、维修之后，使该车成为经品牌认证的车辆，销售出去之后可以给予一定的质量担保和品质保证，这一过程通称为认证。

二手车认证方案的开展是市场对二手车"刮目相看"的首要原因，现在已经得到广泛的支持，很多汽车生产厂家还针对二手车推出一些令人鼓舞的消费措施。目前，认证方案项目一般包括合格的质量要求、严格的检测标准、质量改进保证、过户保证以及比照新车销售推出的送货方案等，一些大公司开展的认证还包括提供与新车一样利率的购车贷款。通过认证，顾客和经销商双方都从中得到了实惠。首先顾客对自己购买二手车的心态更加趋于平和，相应地，经销商也实现了认证车辆的溢价销售。而且，顾客再不会有车刚到手就发生故障的经历，经销商也不必再频繁地处理质量投诉。

（2）我国的二手车认证。我国二手车认证业务主要是在一些合资企业中开展的，其中以上汽通用公司和一汽大众公司为代表。

① 上汽通用公司的二手车认证。上海通用汽车认证的二手车要经过多道程序的严格筛选。首先，认证的二手车有自己统一的品牌，能通过认证需要达到以下条件：无法律纠纷，非事故车，无泡水经历；使用不超过5年，行驶10万千米以内；原来用途不是营运和租赁。

上汽通用的二手车认证有106项检验项目，这106项检验要进行两次，进场一次，整修后还要进行一次。106项检验主要包括车身、电气、底盘、制动等六大类，基本囊括了整个汽车的零配件。通过筛选的二手车，经过整修，再进行106项检测，全部合格后才能获得上海通用公司的认证书。经认证过的二手车出售后能获得半年或1万千米的质量保证，在质保期间，如果车辆出现质量问题，客户可以在全国联网的品牌专业维修店获得免费修理和零配件更换服务。

② 一汽大众的二手车认证。一汽大众的二手车认证有141项检测项目，包括发动机（检查压缩比、排放、点火正时等11项），离合器（离合器线束调整、噪声检测等5项），变速器（变速器各挡位操控性、变速器油位等8项），悬架（减震器泄漏等5项），传动系统（差速器泄漏和噪声等4项），转向系统（转向齿条等7项），制动系统（制动蹄片磨损情况等8项），制冷系统（管道泄漏等4项），轮胎轮辋（前轮定位等5项），仪表（仪表灯亮度等15项），灯光系统（车内外灯光光线、报警灯等10项），电子电器（蓄电池、各种熔断器等8项），车辆外部（刮水器胶皮磨损等7项），车辆内部（座椅、杯架、后视镜等9项），空调（气流、风向等6项），收音机及CD（播放器、扬声器等3项），内饰外观（各种塑料件、装饰件等3项），车身及漆面（破裂、剐蹭等5项），完备性（备胎、说明书等7项），最终路试（操控性、循迹性等11项）。

4. 汽车置换的服务程序

汽车置换包括旧车出售和新车购买两个环节。不同的汽车置换授权经销商对汽车置换流程的规定不完全一样。

国内一般汽车置换程序如下所述。

（1）顾客通过电话或直接到汽车置换授权经销商处进行咨询，也可以登录汽车置换授权经销商的网站进行置换登记。

（2）旧车评估定价。

（3）汽车置换授权经销商销售顾问陪同选定新车。

（4）签订旧车购销协议及置换协议。

（5）置换旧车的钱款直接冲抵新车的车款，顾客补足新车差价后，办理提车手续，或由汽车置换授权经销商的销售顾问协助在指定的经销商处提取所定车辆，汽车置换授权经销商提供一条龙服务。

（6）顾客如需贷款购买新车，则置换旧车的钱款作为新车的首付款，汽车置换授权经销商为顾客办理购车贷款手续，提供因汽车消费信贷所产生的资信管理服务，并建立个人资信数据库。

（7）汽车置换授权经销商办理旧车过户手续，顾客提供必要的协助和材料。

（8）汽车置换授权经销商为顾客提供全程后续服务。

在汽车置换中，新车可选择仍使用原车牌照，或上新牌照，购买新车需交钱款为新车价格与旧车评估价格的差额，如果旧车贷款尚未还清，可由经销商垫付还清货款，款项为提新车需交钱款。

（十二）二手车质量保证

二手车的质量保证就是销售商承诺对车辆进行有条件、有范围、有限期的质量保证，并切实履行承诺的责任和义务。

1. 意　义

（1）保护消费者权益。

（2）促进二手车行业的规范发展。

（3）有利于经营品牌的创立。

（4）有利于开辟新的交易方式。

根据我国目前二手车交易发展水平，这种质量保证只能是有条件、有范围和有限期的质量保证。

2. 前提及质量保证期

二手车质量保证只对二手车经销企业要求。《二手车交易规范》对质量保证的规定如下所述。

（1）二手车质量保证的前提：使用年限在 3 年以内或行驶里程在 6 万千米以内的车辆。

（2）二手车质量保证期限：不少于 3 个月或 5 000 km。

（3）二手车质量保证的范围：发动机系统、转向系统、传动系统、制动系统和悬架系统等。

3. 二手车的售后服务

（1）二手车售后服务的规定。

《二手车交易规范》对二手车售后服务有如下规定。

① 二手车经销企业向最终用户提供售后服务时，应向其提供售后服务清单。

② 在提供售后服务的过程中，不得擅自增加未经客户同意的服务项目。

③ 二手车经销企业应建立售后服务技术档案，售后服务技术档案保存时间不少于 3 年。

（2）售后服务技术档案内容。

① 车辆基本资料。

② 客户基本资料。

③ 维修记录。

附　录

附录一　《二手车流通管理办法》

商务部、公安部、工商总局、税务总局令2005年第2号《二手车流通管理办法》

【发布单位】商务部、公安部、工商总局、税务总局
【发布文号】商务部、公安部、工商总局、税务总局令2005年第2号
【发布日期】2005-08-29
【生效日期】2005-10-01

《二手车流通管理办法》已经2004年12月18日商务部第18次部务会议审议通过,并经公安部、工商总局、税务总局同意,现予公布,自2005年10月1日起施行。

二〇〇五年八月二十九日

《二手车流通管理办法》

第一章　总　则

第一条　为加强二手车流通管理,规范二手车经营行为,保障二手车交易双方的合法权益,促进二手车流通健康发展,依据国家有关法律、行政法规,制定本办法。

第二条　在中华人民共和国境内从事二手车经营活动或者与二手车相关的活动,适用本办法。

本办法所称二手车,是指从办理完注册登记手续到达到国家强制报废标准之前进行交易并转移所有权的汽车（包括三轮汽车、低速载货汽车,即原农用运输车,下同）、挂车和摩托车。

第三条　二手车交易市场是指依法设立、为买卖双方提供二手车集中交易和相关服务的场所。

第四条　二手车经营主体是指经工商行政管理部门依法登记,从事二手车经销、拍卖、经纪、鉴定评估的企业。

第五条　二手车经营行为是指二手车经销、拍卖、经纪、鉴定评估等。

（一）二手车经销是指二手车经销企业收购、销售二手车的经营活动；

（二）二手车拍卖是指二手车拍卖企业以公开竞价的形式将二手车转让给最高应价者的经营活动；

（三）二手车经纪是指二手车经纪机构以收取佣金为目的,为促成他人交易二手车而从事居间、行纪或者代理等经营活动；

（四）二手车鉴定评估是指二手车鉴定评估机构对二手车技术状况及其价值进行鉴定评估的经营活动。

第六条　二手车直接交易是指二手车所有人不通过经销企业、拍卖企业和经纪机构将车辆直接出售给买方的交易行为。二手车直接交易应当在二手车交易市场进行。

第七条 国务院商务主管部门、工商行政管理部门、税务部门在各自的职责范围内负责二手车流通有关监督管理工作。

省、自治区、直辖市和计划单列市商务主管部门（以下简称省级商务主管部门）、工商行政管理部门、税务部门在各自的职责范围内负责辖区内二手车流通有关监督管理工作。

第二章 设立条件和程序

第八条 二手车交易市场经营者、二手车经销企业和经纪机构应当具备企业法人条件，并依法到工商行政管理部门办理登记。

第九条 二手车鉴定评估机构应当具备下列条件：

（一）是独立的中介机构；

（二）有固定的经营场所和从事经营活动的必要设施；

（三）有3名以上从事二手车鉴定评估业务的专业人员（包括本办法实施之前取得国家职业资格证书的旧机动车鉴定估价师）；

（四）有规范的规章制度。

第十条 设立二手车鉴定评估机构，应当按下列程序办理：

（一）申请人向拟设立二手车鉴定评估机构所在地省级商务主管部门提出书面申请，并提交符合本办法第九条规定的相关材料；

（二）省级商务主管部门自收到全部申请材料之日起20个工作日内作出是否予以核准的决定，对予以核准的，颁发《二手车鉴定评估机构核准证书》；不予核准的，应当说明理由；

（三）申请人持《二手车鉴定评估机构核准证书》到工商行政管理部门办理登记手续。

第十一条 外商投资设立二手车交易市场、经销企业、经纪机构、鉴定评估机构的申请人，应当分别持符合第八条、第九条规定和《外商投资商业领域管理办法》、有关外商投资法律规定的相关材料报省级商务主管部门。省级商务主管部门进行初审后，自收到全部申请材料之日起1个月内上报国务院商务主管部门。合资中方有国家计划单列企业集团的，可直接将申请材料报送国务院商务主管部门。国务院商务主管部门自收到全部申请材料3个月内会同国务院工商行政管理部门，作出是否予以批准的决定，对予以批准的，颁发或者换发《外商投资企业批准证书》；不予批准的，应当说明理由。

申请人持《外商投资企业批准证书》到工商行政管理部门办理登记手续。

第十二条 设立二手车拍卖企业（含外商投资二手车拍卖企业）应当符合《中华人民共和国拍卖法》和《拍卖管理办法》有关规定，并按《拍卖管理办法》规定的程序办理。

第十三条 外资并购二手车交易市场和经营主体及已设立的外商投资企业增加二手车经营范围的，应当按第十一条、第十二条规定的程序办理。

第三章 行为规范

第十四条 二手车交易市场经营者和二手车经营主体应当依法经营和纳税，遵守商业道德，接受依法实施的监督检查。

第十五条 二手车卖方应当拥有车辆的所有权或者处置权。二手车交易市场经营者和二手车经营主体应当确认卖方的身份证明，车辆的号牌、《机动车登记证书》《机动车行驶证》、有效的机动车安全技术检验合格标志、车辆保险单、交纳税费凭证等。

国家机关、国有企事业单位在出售、委托拍卖车辆时，应持有本单位或者上级单位出具的资产处理证明。

第十六条 出售、拍卖无所有权或者处置权车辆的，应承担相应的法律责任。

第十七条 二手车卖方应当向买方提供车辆的使用、修理、事故、检验以及是否办理抵押登记、交纳税费、报废期等真实情况和信息。买方购买的车辆如因卖方隐瞒和欺诈不能办理转移登记，卖方应当无条件接受退车，并退还购车款等费用。

第十八条 二手车经销企业销售二手车时应当向买方提供质量保证及售后服务承诺，并在经营场所予以明示。

第十九条 进行二手车交易应当签订合同。合同示范文本由国务院工商行政管理部门制定。

第二十条 二手车所有人委托他人办理车辆出售的，应当与受托人签订委托书。

第二十一条 委托二手车经纪机构购买二手车时，双方应当按以下要求进行：

（一）委托人向二手车经纪机构提供合法身份证明；

（二）二手车经纪机构依据委托人要求选择车辆，并及时向其通报市场信息；

（三）二手车经纪机构接受委托购买时，双方签订合同；

（四）二手车经纪机构根据委托人要求代为办理车辆鉴定评估，鉴定评估所发生的费用由委托人承担。

第二十二条 二手车交易完成后，卖方应当及时向买方交付车辆、号牌及车辆法定证明、凭证。车辆法定证明、凭证主要包括：

（一）《机动车登记证书》；

（二）《机动车行驶证》；

（三）有效的机动车安全技术检验合格标志；

（四）车辆购置税完税证明；

（五）养路费缴付凭证；

（六）车船使用税缴付凭证；

（七）车辆保险单。

第二十三条 下列车辆禁止经销、买卖、拍卖和经纪：

（一）已报废或者达到国家强制报废标准的车辆；

（二）在抵押期间或者未经海关批准交易的海关监管车辆；

（三）在人民法院、人民检察院、行政执法部门依法查封、扣押期间的车辆；

（四）通过盗窃、抢劫、诈骗等违法犯罪手段获得的车辆；

（五）发动机号码、车辆识别代号或者车架号码与登记号码不相符，或者有凿改迹象的车辆；

（六）走私、非法拼（组）装的车辆；

（七）不具有第二十二条所列证明、凭证的车辆；

（八）在本行政辖区以外的公安机关交通管理部门注册登记的车辆；

（九）国家法律、行政法规禁止经营的车辆。

二手车交易市场经营者和二手车经营主体发现车辆具有（四）、（五）、（六）情形之一的，应当及时报告公安机关、工商行政管理部门等执法机关。

对交易违法车辆的，二手车交易市场经营者和二手车经营主体应当承担连带赔偿责任和其他相应的法律责任。

第二十四条 二手车经销企业销售、拍卖企业拍卖二手车时，应当按规定向买方开具税务机关监制的统一发票。

进行二手车直接交易和通过二手车经纪机构进行二手车交易的，应当由二手车交易市场经营者按规定向买方开具税务机关监制的统一发票。

第二十五条 二手车交易完成后，现车辆所有人应当凭税务机关监制的统一发票，按法律、法规有关规定办理转移登记手续。

第二十六条 二手车交易市场经营者应当为二手车经营主体提供固定场所和设施,并为客户提供办理二手车鉴定评估、转移登记、保险、纳税等手续的条件。二手车经销企业、经纪机构应当根据客户要求,代办二手车鉴定评估、转移登记、保险、纳税等手续。

第二十七条 二手车鉴定评估应当本着买卖双方自愿的原则,不得强制进行;属国有资产的二手车应当按国家有关规定进行鉴定评估。

第二十八条 二手车鉴定评估机构应当遵循客观、真实、公正和公开原则,依据国家法律法规开展二手车鉴定评估业务,出具车辆鉴定评估报告;并对鉴定评估报告中车辆技术状况,包括是否属事故车辆等评估内容负法律责任。

第二十九条 二手车鉴定评估机构和人员可以按国家有关规定从事涉案、事故车辆鉴定等评估业务。

第三十条 二手车交易市场经营者和二手车经营主体应当建立完整的二手车交易购销、买卖、拍卖、经纪以及鉴定评估档案。

第三十一条 设立二手车交易市场、二手车经销企业开设店铺,应当符合所在地城市发展及城市商业发展有关规定。

第四章 监督与管理

第三十二条 二手车流通监督管理遵循破除垄断,鼓励竞争,促进发展和公平、公正、公开的原则。

第三十三条 建立二手车交易市场经营者和二手车经营主体备案制度。凡经工商行政管理部门依法登记,取得营业执照的二手车交易市场经营者和二手车经营主体,应当自取得营业执照之日起2个月内向省级商务主管部门备案。省级商务主管部门应当将二手车交易市场经营者和二手车经营主体有关备案情况定期报送国务院商务主管部门。

第三十四条 建立和完善二手车流通信息报送、公布制度。二手车交易市场经营者和二手车经营主体应当定期将二手车交易量、交易额等信息通过所在地商务主管部门报送省级商务主管部门。省级商务主管部门将上述信息汇总后报送国务院商务主管部门。国务院商务主管部门定期向社会公布全国二手车流通信息。

第三十五条 商务主管部门、工商行政管理部门应当在各自的职责范围内采取有效措施,加强对二手车交易市场经营者和经营主体的监督管理,依法查处违法违规行为,维护市场秩序,保护消费者的合法权益。

第三十六条 国务院工商行政管理部门会同商务主管部门建立二手车交易市场经营者和二手车经营主体信用档案,定期公布违规企业名单。

第五章 附 则

第三十七条 本办法自2005年10月1日起施行,原《商务部办公厅关于规范旧机动车鉴定评估管理工作的通知》(商建字〔2004〕70号)、《关于加强旧机动车市场管理工作的通知》(国经贸易〔2001〕1281号)、《旧机动车交易管理办法》(内贸机字〔1998〕33号)及据此发布的各类文件同时废止。

注:根据2017年9月14日发布的《商务部关于废止和修改部分规章的决定》(商务部令2017年第3号),删去《二手车流能管理办法》(商务部、公安部、工商总局、税务总局令〔2005〕2号)第九条、第十条、第十一条。

附录二 机动车强制报废标准规定

第一条 为保障道路交通安全、鼓励技术进步、加快建设资源节约型、环境友好型社会，根据《中华人民共和国道路交通安全法》及其实施条例、《中华人民共和国大气污染防治法》《中华人民共和国噪声污染防治法》，制定本规定。

第二条 根据机动车使用和安全技术、排放检验状况，国家对达到报废标准的机动车实施强制报废。

第三条 商务、公安、环境保护、发展改革等部门依据各自职责，负责报废机动车回收拆解监督管理、机动车强制报废标准执行有关工作。

第四条 已注册机动车有下列情形之一的应当强制报废，其所有人应当将机动车交售给报废机动车回收拆解企业，由报废机动车回收拆解企业按规定进行登记、拆解、销毁等处理，并将报废机动车登记证书、号牌、行驶证交公安机关交通管理部门注销：

（一）达到本规定第五条规定使用年限的；

（二）经修理和调整仍不符合机动车安全技术国家标准对在用车有关要求的；

（三）经修理和调整或者采用控制技术后，向大气排放污染物或者噪声仍不符合国家标准对在用车有关要求的；

（四）在检验有效期届满后连续3个机动车检验周期内未取得机动车检验合格标志的。

第五条 各类机动车使用年限分别如下：

（一）小、微型出租客运汽车使用8年，中型出租客运汽车使用10年，大型出租客运汽车使用12年；

（二）租赁载客汽车使用15年；

（三）小型教练载客汽车使用10年，中型教练载客汽车使用12年，大型教练载客汽车使用15年；

（四）公交客运汽车使用13年；

（五）其他小、微型营运载客汽车使用10年，大、中型营运载客汽车使用15年；

（六）专用校车使用15年；

（七）大、中型非营运载客汽车（大型轿车除外）使用20年；

（八）三轮汽车、装用单缸发动机的低速货车使用9年，装用多缸发动机的低速货车以及微型载货汽车使用12年，危险品运输载货汽车使用10年，其他载货汽车（包括半挂牵引车和全挂牵引车）使用15年；

（九）有载货功能的专项作业车使用15年，无载货功能的专项作业车使用30年；

（十）全挂车、危险品运输半挂车使用10年，集装箱半挂车使用20年，其他半挂车使用15年；

（十一）正三轮摩托车使用12年，其他摩托车使用13年。

对小、微型出租客运汽车（纯电动汽车除外）和摩托车，省、自治区、直辖市人民政府有关部门可结合本地实际情况，制定严于上述使用年限的规定，但小、微型出租客运汽车不得低于6年，正三轮摩托车不得低于10年，其他摩托车不得低于11年。

小、微型非营运载客汽车，大型非营运轿车，轮式专用机械车无使用年限限制。

机动车使用年限起始日期按照注册登记日期计算，但自出厂之日起超过2年未办理注册登记手续的，按照出厂日期计算。

第六条 变更使用性质或者转移登记的机动车应当按照下列有关要求确定使用年限和报废。

（一）营运载客汽车与非营运载客汽车相互转换的，按照营运载客汽车的规定报废，但小、微型非营运载客汽车和大型非营运轿车转为营运载客汽车的，应按照本规定附件1所列公式核算累计使用年限，且不得超过15年；

（二）不同类型的营运载客汽车相互转换，按照使用年限较严的规定报废；

（三）小、微型出租客运汽车和摩托车需要转出登记所属地省、自治区、直辖市范围的，按照使用年限较严的规定报废；

（四）危险品运输载货汽车、半挂车与其他载货汽车、半挂车相互转换的，按照危险品运输载货车、半挂车的规定报废。

距本规定要求使用年限1年以内（含1年）的机动车，不得变更使用性质、转移所有权或者转出登记地所属地市级行政区域。

第七条 国家对达到一定行驶里程的机动车引导报废。达到下列行驶里程的机动车，其所有人可以将机动车交售给报废机动车回收拆解企业，由报废机动车回收拆解企业按规定进行登记、拆解、销毁等处理，并将报废的机动车登记证书、号牌、行驶证交公安机关交通管理部门注销。

（一）小、微型出租客运汽车行驶60万千米，中型出租客运汽车行驶50万千米，大型出租客运汽车行驶60万千米；

（二）租赁载客汽车行驶60万千米；

（三）小型和中型教练载客汽车行驶50万千米，大型教练载客汽车行驶60万千米；

（四）公交客运汽车行驶40万千米；

（五）其他小、微型营运载客汽车行驶60万千米，中型营运载客汽车行驶50万千米，大型营运载客汽车行驶80万千米；

（六）专用校车行驶40万千米；

（七）小、微型非营运载客汽车和大型非营运轿车行驶60万千米，中型非营运载客汽车行驶50万千米，大型非营运载客汽车行驶60万千米；

（八）微型载货汽车行驶50万千米，中、轻型载货汽车行驶60万千米，重型载货汽车（包括半挂牵引车和全挂牵引车）行驶70万千米，危险品运输载货汽车行驶40万千米，装用多缸发动机的低速货车行驶30万千米；

（九）专项作业车、轮式专用机械车行驶50万千米；

（十）正三轮摩托车行驶10万千米，其他摩托车行驶12万千米。

第八条 本规定所称机动车是指上道路行驶的汽车、挂车、摩托车和轮式专用机械车；非营运载客汽车是指个人或者单位不以获取利润为目的的自用载客汽车；危险品运输载货汽车是指专门用于运输剧毒化学品、爆炸品、放射性物品、腐蚀性物品等危险品的车辆；变更使用性质是指使用性质由营运转为非营运或者由非营运转为营运，小、微型出租、租赁、教练等不同类型的营运载客汽车之间的相互转换，以及危险品运输载货汽车转为其他载货汽车。本规定所称检验周期是指《中华人民共和国道路交通安全法实施条例》规定的机动车安全技术检验周期。

第九条 省、自治区、直辖市人民政府有关部门依据本规定第五条制定的小、微型出租客运汽车或者摩托车使用年限标准，应当及时向社会公布，并报国务院商务、公安、环境保护等部门备案。

第十条 上道路行驶拖拉机的报废标准规定另行制定。

第十一条 本规定自2013年5月1日起施行。2013年5月1日前已达到本规定所列报废标准的，应当在2014年4月30日前予以报废。《关于发布〈汽车报废标准〉的通知》（国经贸经〔1997〕456号）、《关于调整轻型载货汽车报废标准的通知》（国经贸经〔1998〕407号）、《关于调整汽车报废标准若干规定的通知》（国经贸资源〔2000〕1202号）、《关于印发〈农用运输车报废标准〉的通知》（国经贸资源〔2001〕234号）、《摩托车报废标准暂行规定》（国家经贸委、发展计划委、公安部、环保总局令〔2002〕33号）同时废止。

附录三　新能源乘用车二手车鉴定评估技术规范
第1部分：纯电动汽车

前　言

本标准的全部技术内容为推荐性。

本标准按照 GB/T 1.1—2020 给出的规则起草。

本标准由中华人民共和国商务部提出并归口。

本标准负责起草单位：中国汽车流通协会

本标准参与起草单位：

北京理工大学、北京交通大学、厦门理工学院、京东数学科技控股有限公司、蓝谷智慧（北京）能源科技有限公司、特来电新能源有限公司、北京华奥汽车服务股份有限公司、北交新源（北京）科技有限公司。

本标准主要起草人：宋双羽、王占国、罗磊、黄彧、洪汉池、刘晓东、王勇、林逊、于琨、陈伟杰、车晓刚、袁庆民、王小飞、李东光、闻达。

引　言

为规范新能源乘用车二手车鉴定评估行为，营造公平、公正的新能源乘用车二手车绿色消费环境，保护消费者合法权益，促进汽车市场健康发展，制定本标准。本标准在制定过程中，主要针对中国新能源汽车的特点，并参考了国内外二手车鉴定评估有关法规与行业标准的主要思路与方法。

新能源乘用车二手车鉴定评估技术规范　第1部分：纯电动汽车

1　范围

本标准规定了新能源纯电动乘用车二手车鉴定评估的术语和定义、企业要求、作业流程和方法等技术要求。

本标准适用于从事新能源纯电动乘用车二手车鉴定评估的活动。从事其他新能源二手车鉴定评估，以及其他涉及新能源汽车鉴定评估活动可参照执行。

2　规范性引用文件

下列规范所包含的条文，通过在本规范中引用而构成本规范的条文。本规范出版时，所示版本均为有效。所有规范都会被修订，使用本规范的各方应探讨使用下列规范最新版本的可能性。凡是不注明日期的引用文件，其最新版本适用于本规范。

GB 7258	机动车运行安全技术条件
GB/T 30323	二手车鉴定评估技术规范
GB/T 3730.1	汽车、挂车及汽车列车的术语和定义　第1部分：类型

GB/T 19596　　　　电动汽车术语
GB/T 32960.3　　　电动汽车远程服务与管理技术规范 第 3 部分：通信协议及数据格式

3 术语和定义

GB/T 30323、GB/T 3730.1、GB/T 19596、GB/T 32960.3 中界定的以及下列术语和定义适用于本文件。

3.1 新能源纯电动二手车 battery electric second-hand vehicle

本规范所述新能源纯电动二手车是指从办理完注册登记手续到达国家强制报废标准之前进行交易并转移所有权的新能源纯电动汽车，以下简称新能源二手车。

3.1.1 新能源纯电动车用动力电池 power battery for battery electric vehicle

采用燃油发动机以外的能源方式驱动在路面行驶的车辆所使用的用于存储驱动车辆行驶电能的电池。

3.2 新能源二手车鉴定评估 identification and assessment for battery electric second-hand vehicle

对新能源二手车进行技术状况检测、鉴定，确定某一时点价值的过程。

3.2.1 新能源二手车技术状况鉴定 technical identification for battery electric second-hand vehicle

对新能源二手车技术状况进行缺陷描述、等级评定。

3.2.2 新能源二手车价值评估 value assessment for battery electric second-hand vehicle

根据新能源二手车技术状况鉴定结果和鉴定评估目的，对目标车辆价值进行评估。价值评估方法主要包括现行市价法、重置成本法。

3.2.2.1 现行市价法 current market price method

根据车辆技术状况按照市场现行价格计算出被评估车辆价值的方法。

3.2.2.2 重置成本法 replacement cost method

按照相同车型市场现行价格重新购置一个全新状态的评估对象，用所需的全部成本减去评估对象的实体性、功能性和经济性陈旧贬值后的差额，以其作为评估对象现时价值的方法。

3.3 新能源二手车鉴定评估机构 identification and assessment agency for battery electric second-hand vehicle

从事新能源二手车鉴定评估经营活动的第三方服务机构。

3.3.1 新能源二手车（纯电动）鉴定评估师 battery electric second-hand vehicle appraiser

依法取得中国汽车流通协会颁发的新能源二手车（纯电动）鉴定评估师岗位技能证书。

3.4 荷电状态 stage-of-charge；SOC

当前蓄电池中按照规定放电条件可以释放的容量占可用容量的百分比。

4 新能源二手车鉴定评估机构条件要求

4.1 场地要求

经营面积不少于 200 m^2。

4.2 人员要求

4.2.1 作业人员应持有特种作业操作证（电工作业），具备电池基本常识及评估设备操作能力。

4.2.2 作业人员应经过中国汽车流通协会组织的新能源二手车（纯电动）培训并考核通过或具有中国汽车流通协会颁发的新能源二手车（纯电动）鉴定评估师岗位技能证书。

4.3 设备设施要求

4.3.1 具备汽车举升设备；

4.3.2 具备电脑解码器（整车诊断仪）、制动液含水量检测仪、冷却液冰点检测仪、全自动电子车身检测仪或者车辆结构尺寸检测工具或设备；

4.3.3 具备车辆外观缺陷测量工具、漆膜厚度仪、轮胎气压表、轮胎花纹深度尺、红外线测温仪；

4.3.4 具备强光手电筒或者照明工具、照相机、螺丝刀、扳手等常用操作工具；

4.3.5 具备绝缘手套、护目镜、绝缘鞋等个人安全防护设备；

4.3.6 具备电动汽车充电设备，能够完成充电电量计量/充电容量计量；

4.3.7 具备具有充放电功能的动力蓄电池状态评估设备，能够检测电池状态参数（电池电压、电流、内阻等）评估动力蓄电池的实际容量/实际电量及电池管理系统功能。

4.4 其他

4.4.1 具备电脑等办公设施。

4.4.2 具备符合国家有关规定的消防设施。

5 新能源二手车鉴定评估程序

5.1 新能源二手车鉴定评估作业流程

二手车鉴定评估机构开展新能源二手车鉴定评估经营活动按图 1 流程作业，并按照附录 A 填写《新能源二手车鉴定评估作业表》。二手车经销、拍卖、经纪等企业开展业务涉及新能源二手车鉴定评估活动的，参照图 1 有关内容和顺序作业，即查验可交易车辆—登记基本信息—判别事故车—鉴定技术状况，并按照附录 B 填写《新能源二手车技术状况表》。

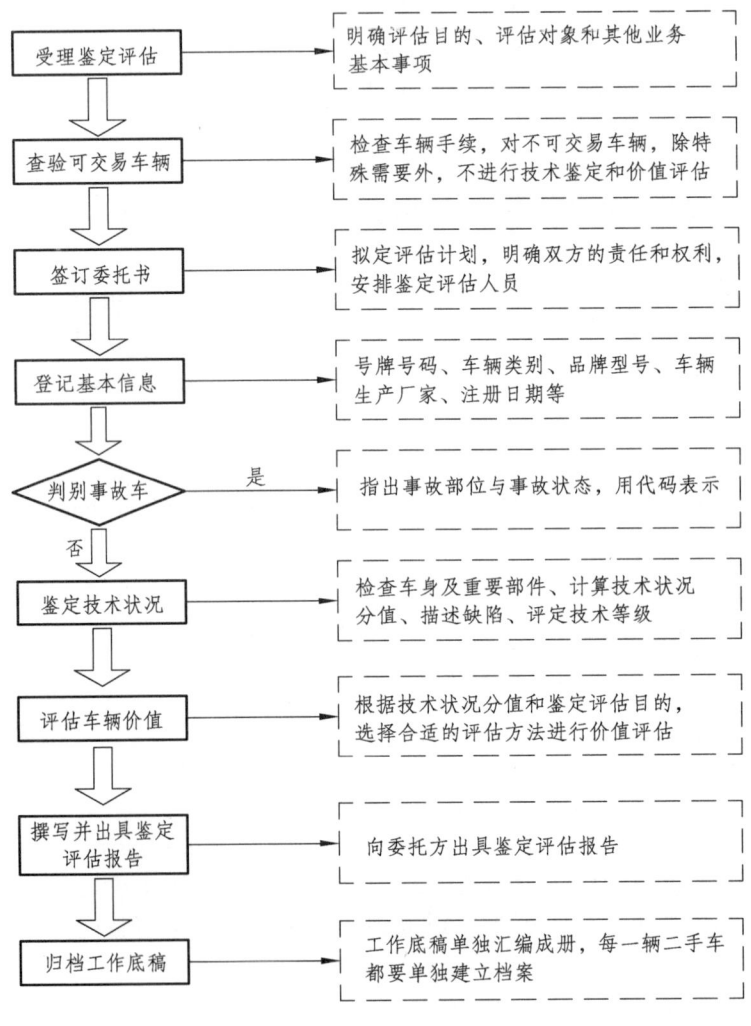

图 1 新能源二手车鉴定评估作业流程

5.2 受理鉴定评估

了解委托方及其车辆的基本情况，明确委托方要求，主要包括委托方要求的评估目的、评估基准日、期望完成评估的时间等。

5.2.1 查验机动车登记证书、机动车行驶证、有效机动车安全技术检验合格标志、车辆购置税完税证明、车船使用税缴付凭证、车辆保险单等法定证明、凭证是否齐全，并按照表1检查所列项目是否全部判定为"Y"。

表 1 可交易车辆判别表

序号	检查项目	判别
1	未达到国家强制报废标准	Y 是　N 否
2	未处于抵押期间或海关监管期间的车辆	Y 是　N 否
3	未处于人民法院、检察院、行政执法等部门依法查封、扣押期间的车辆	Y 是　N 否
4	未确定为盗窃、抢劫、诈骗等违法犯罪手段获得的车辆	Y 是　N 否
5	发动机号（电动机号）与机动车登记证书的登记号码一致，且无凿改痕迹	Y 是　N 否
6	车辆识别代号（VIN码）或车架号码与机动车登记证书的登记码一致，且无凿改痕迹	Y 是　N 否
7	未确定为走私、非法拼组装车辆	Y 是　N 否
8	未确定为法律法规禁止经营的车辆	Y 是　N 否

5.2.2 如发现上述法定证明、凭证不全、或表1检查项目任何一项判别为"N"的车辆，应告知委托方，不需继续进行技术鉴定和价值评估（司法机关委托等特殊要求的除外）。

5.2.3 发现法定证明、凭证不全，或者表1中第1项、4项至8项任意一项判断为"N"的车辆应及时报告公安机关等执法部门。

5.3 签订委托书

对相关证照齐全、表1检查项目全部判别为"Y"的，或者司法机关委托等特殊要求的车辆，并按照附录C填写《新能源二手车鉴定评估委托书》。

5.4 登记基本信息

5.4.1 登记车辆使用性质信息，明确营运与非营运车辆；

5.4.2 登记车辆基本情况信息，包括车辆类别、品牌型号、号牌号码、车辆、生产厂家、注册日期、发证日期、表征行驶里程、动力性质等。如果表征行驶里程与实际车况明显不符，应在《新能源二手车鉴定评估报告》或《新能源二手车技术状况表》有关技术缺陷描述时予以注明。

5.5 判别事故车

5.5.1 参照图2所示车体部位，按照表2要求检查车辆外观，判别车辆是否发生过碰撞、水泡、火烧，确定车体结构是完好无损或者有事故痕迹。

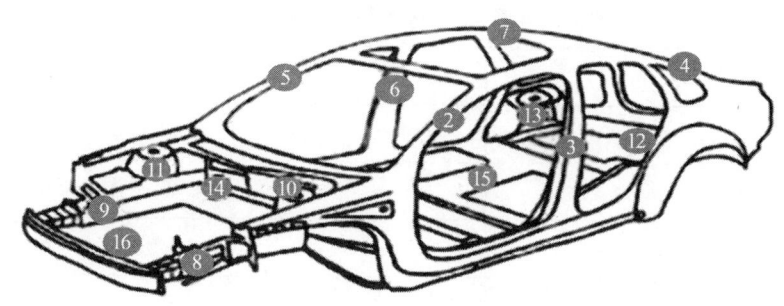

图 2 车体结构示意图

表 2 车体部位代码表

序号	检查项目或车体部位	序号	检查项目或车体部位
1	车体左右对称性	10	左前减振器悬挂部位
2	左A柱	11	右前减振器悬挂部位
3	左B柱	12	左后减振器悬挂部位
4	左C柱	13	左后减振器悬挂部位
5	右A柱	14	前围板部位
6	右B柱	15	车底板部位
7	右C柱	16	水箱框架部位（非拆卸式）
8	左前纵梁	17	其他（只描述缺陷，不扣分）
9	右前纵梁		

5.5.2 使用漆膜厚度仪对车体覆盖件表面进行检测；使用全自动电子车身检测仪、车辆结构尺寸测量工具或设备对车体结构部件或车体左右对称性进行检测。

5.5.3 根据表 2、表 3 对车体状态进行缺陷描述。即：序号（车身部位）+ 状态。2BX，左A柱有变形痕迹。

5.5.4 当表 2 中任何一个检查项目存在表 3 中对应的缺陷时，则该车为事故车。

5.5.5 事故车的车辆技术鉴定和价值评估不在本规范的范围之内。

表 3 车辆缺陷状态描述对应表

代表字母	BX	NQ	GH	SH	ZZ
缺陷描述	变形	扭曲	更换	烧焊	褶皱

5.6 鉴定车辆技术状况

5.6.1 按照车身、驾驶舱、电控及仪表、路试、底盘、电池系统、电机及电控等项目顺序检查车辆技术状况。

5.6.2 根据检查结果确定车辆技术状况的分值。总分值为各个鉴定项目分值累加，即鉴定总分 = $\sum$ 项目分值，满分 100 分。

5.6.3 根据鉴定分值，按照表 4 确定车辆对应的技术等级。

表 4 车辆技术状况等级分值对应表

技术状况等级	分值区间
一级	鉴定总分≥90
二级	60≤鉴定总分＜90
三级	20≤鉴定总分＜60
四级	鉴定总分＜20
五级	事故车 = 0

5.7 评估车辆价值

5.7.1 根据车辆技术状况分值和技术等级，以及鉴定评估目的，选择评估方法，并对车辆价值进行评估。

5.7.2 评估方法选用原则：一般情况下，推荐选用现行市价法；在无参照物、无法使用现行市价法的情况下，选用重置成本法。

5.7.3 现行市价法的运用方法：评估价值为相同车型、配置和相同技术状况鉴定检测分值的车辆近期的交易价格；如无参照，可从本区域本月内的交易记录中调取相同车型、相近分值，或从相邻区域的成交记录中调取相同车型、相近分值的成交价格，并结合车辆技术状况鉴定分值加以修正。

5.7.4 当无任何参照物车辆时，使用重置成本法计算车辆价值。

$$车辆评估价值 = 更新重置成本 \times 综合成新率$$

5.7.4.1 更新重置成本为在评估基准日购买一辆与被评估车辆车型、配置完全相同的新车并处于在用状况所花费的全部成本。

5.7.4.2 综合成新率由年限成新率与技术鉴定成新率组成，即：

$$综合成新率 = 年限成新率 \times \alpha + 技术鉴定成新率 \times \beta$$

其中，年限成新率 = 预计车辆剩余使用年限/车辆使用年限（乘用车使用年 15 年，超过 15 年的按实际年限计算；有年限规定的车辆、营运车辆按实际要求计算）；技术鉴定成新率 = 车辆技术状况分值/100；α、β 分别为年限鉴定成新率与技术成新率权重系数，由评估人员根据市场行情、电池剩余质保、是否可以更换电池等因素确定，且 $\alpha + \beta = 1$。

5.7.5 在同款车型停产，更新重置成本难以计算的情况下，应选取型号、配置最接近的新车，并单独计算电池的价值，以此计算重置成本。

5.8 撰写及出具鉴定评估报告

5.8.1 根据车辆技术状况鉴定等级和价值评估结果等情况，按照附录 D 要求撰写《新能源二手车鉴定评估报告》，做到内容完整、客观、准确，书写工整。

5.8.2 按委托书要求及时向客户出具《新能源二手车鉴定评估报告》，并由鉴定评估师与复核人签章、鉴定评估机构加盖公章。

5.9 归档工作底稿

将《新能源二手车鉴定评估报告》及其附件与工作底稿独立汇编成册，存档备查，每一辆二手车都要单独建立档案。档案保存一般不低于 5 年；鉴定评估目的涉及财产纠纷的，其档案至少应当保存 10 年；法律法规另有规定的，从其规定。

6 新能源二手车技术状况鉴定要求

6.1 车身外观

6.1.1 车身外观部位及对应序号见图 3 和表 5 的标示。参照图 3 标示，按照表 5 和表 6 要求检查序号 18～106 共 89 个项目，程度为 1 的扣 0.5 分，每增加一个程度加扣 0.5 分。共计 15 分，扣完为止。轮胎部分需高于程度 4 的标准，不符合标准时扣 1 分。

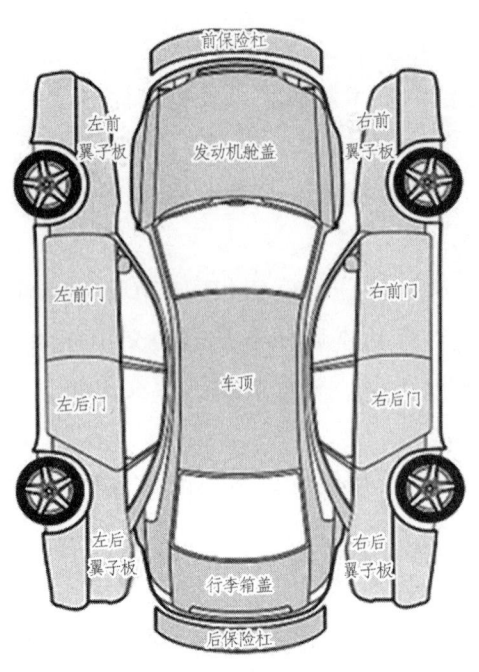

图 3 车身外观展开示意图

表 5 车身外观检查项目表

序号	外观部位	序号	外观部位
18	车顶	39	左后车门
19	车顶密封条	40	右后车门
20	天窗	41	左前车窗玻璃
21	左侧底大边	42	右前车窗玻璃
22	右侧底大边	43	左后车窗玻璃
23	左A柱	44	右后车窗玻璃
24	右A柱	45	左前门锁
25	左B柱	46	右前门锁
26	右B柱	47	左后门锁
27	左C柱	48	右后门锁
28	右C柱	49	左前车门密封条
29	左前翼子板	50	右前车门密封条
30	右前翼子板	51	左后车门密封条
31	左后翼子板	52	右后车门密封条
32	右后翼子板	53	左前车窗玻璃密封条
33	左前翼子板内衬	54	右前车窗玻璃密封条
34	右前翼子板内衬	55	左后车窗玻璃密封条
35	左后翼子板内衬	56	右后车窗玻璃密封条
36	右后翼子板内衬	57	左前车门外拉手
37	左前车门	58	右前车门外拉手
38	右前车门	59	左后车门外拉手

续表

序号	外观部位	序号	外观部位
60	右后车门外拉手	84	前机舱盖支撑杆
61	左前车门铰链	85	行李箱盖
62	右前车门铰链	86	行李箱盖铰链
63	左后车门铰链	87	行李箱密封条
64	右后车门铰链	88	行李箱锁
65	左前减振器支撑座	89	行李箱外拉手
66	右前减振器支撑座	90	左后视镜
67	左后减振器支撑座	91	右后视镜
68	右后减振器支撑座	92	左前轮毂
69	前风窗玻璃	93	右前轮毂
70	后风窗玻璃	94	左后轮毂
71	前风窗玻璃密封条	95	右后轮毂
72	后风窗玻璃密封条	96	左前轮毂罩
73	前雨刷片	97	右前轮毂罩
74	后雨刷片	98	左后轮毂罩
75	前雨刷器摆臂	99	右后轮毂罩
76	后雨刷器摆臂	100	左前轮胎
77	前保险杠	101	右前轮胎
78	后保险杠	102	左后轮胎
79	车标	103	右后轮胎
80	前机舱盖	104	备胎支架
81	前机舱盖锁止开关	105	充电接口及护盖
82	前机舱盖铰链	106	其他（只描述缺陷，不扣分）
83	前机舱盖密封条		

表6 车身外观状态描述对应表

代表字母	HH	BX	XS	L	AX	XF
缺陷描述	划痕	变形	锈蚀	裂纹	凹陷	修复痕迹

程度：1——面积≤100 mm×100 mm；

2——100 mm×100 mm＜面积≤200 mm×300 mm；

3——面积＞200 mm×300 mm；

4——轮胎纵向花纹深度＜1.6 mm。

6.1.2 使用全自动电子车身检测仪、车辆外观缺陷测量工具或者漆膜厚度仪结合目测法对车身外观进行检测。

6.1.3 根据表5、表6描述缺陷，车身外观项目的转义描述为：序号（车身部位）+状态+程度。

6.2 电池系统

6.2.1 采用目视方法对电池系统进行外观检查，并确认动力电池系统基本数据（电池厂家、型号、额定电压、额定容量/能量）与原汽车生产厂家数据相一致；评估前需检查车辆充电功能，确保可正常进行交流、直流充电。

6.2.2 采用电脑解码器（整车诊断仪）读取电池系统数据，进行电池系统基本性能检查，无电池系统的电压、温度、绝缘等故障报警。

6.2.3 采用电量评估法测量动力电池系统可充入电量，或者采用容量评估法测量动力电池系统实际容量，并确认电池管理系统功能，实现电池系统评估。

6.2.4 依据车辆使用者出具的经过认定的或者车辆生产厂家、第三方监控平台提供的历史数据，从驾驶行为、充电行为和环境因素等方面进行电池系统辅助评估。

6.2.5 在评估过程中还需考虑电池系统质保年限、质保里程等相关因素。

6.2.6 评定方法

电池系统共计30分，其中外观检查5分，综合性能评价20分，电池质保评价5分。

6.2.6.1 外观检查

按表7要求检查序号107～118共12个项目，选择A不扣分，其中107～111项选择C扣5分，112～117项选择C扣1分，共计5分，扣完为止。

表7 电池系统外观检查项目表

序号	检查项目	A	C
107	电池铭牌与出厂的基本数据一致	是	否
108	无起火痕迹	是	否
109	无腐蚀痕迹	是	否
110	无浸水痕迹	是	否
111	电池箱是原厂配件	是	否
112	电池箱固定件无松动、破损	是	否
113	电池冷却系统无渗漏、损坏	是	否
114	电池系统插接件无异常（松动、脱落、变形、腐蚀）	是	否
115	直流充电插座无异常（松动、脱落、变形、腐蚀）	是	否
116	交流充电插座无异常（松动、脱落、变形、腐蚀）	是	否
117	电池高低压线束及防护无破损、腐蚀	是	否
118	其他（只描述缺陷，不扣分）		

6.2.6.2 综合性能评价

综合性能评价包括电池当前电量（容量）状态及历史行为评估两部分，即

$$性能综合评价值\ R = 电量（容量）可用状态 \times 历史使用影响因素系数$$

1）电量（容量）可用状态

电量（容量）可用状态计算公式为

电量可用状态：$E_s = (E_c - E_{end})/(E_r - E_{end})$；

如果 $E_c \geq E_r$，$E_s = 1$，$E_c \leq E_{end}$ 时，$E_s = 0$；

容量可用状态：$C_s = (C_c - C_{end})/(C_r - C_{end})$；

如果 $C_c \geq C_r$，$C_s = 1$，$C_c \leq C_{end}$ 时，$C_s = 0$。

其中：

实际电量（容量）[$E_c(C_c)$]：实际测试电量（容量）或通过历史数据估算值；

额定电量（容量）[$E_r(C_r)$]：新车公告的电量（容量）；

电池寿命终止电量（容量）[$E_{end}(C_{end})$]：达到电池寿命终止的电量（容量），按国家标准或厂家电池质保的电量（容量）。

电量（容量）可用状态评分表见表8。

表 8 电量（容量）可用状态评分表

序号	检查项目	分值
119	电量（容量）可用状态（E_s/C_s）	

（1）实际电量 E_c 测量方法。

在室温（25 °C ± 5 °C）下按照以下顺序进行充电测试：

① 将动力蓄电池系统调整至车辆所能达到的最低 SOC；

② 将动力蓄电池系统充电至满电状态，记录充入的电量 E；

③ 如采用交流充电时，计算充入实际电量需考虑车载充电机的转换效率，实际电量 E_c 的计算公式为

$$E_c = E × 车载充电机的转换效率$$

（2）实际容量 C_c 测量方法。

在室温（25 °C ± 5 °C）下按照以下顺序进行充放电测试：

① 放电：将动力蓄电池系统调整至车辆所能达到的最低 SOC；或者使用放电设备以 1 C 或按照制造商推荐的放电机制至制造商规定的放电截止条件，静置30分钟；

② 充电：使用充电设备以 1 C 充电至制造商规定的充电截止条件或按照制造商推荐的充电机制充满电，充电电量为 C_c。

（3）基于历史数据的电量（E_c）、容量（C_c）估算法。

评估机构优选实际测量方法，如果实际测量存在难度，可委托有相关技术能力和资质的第三方机构进行测量或者采用估算方法得到 E_c 或 C_c，评估机构如果采用历史数据进行电量、容量估算时，应取得车辆所有者授权，并在报告上注明数据来源、数据周期、评估方法、估算结果、估算结果置信度等信息。

2）历史使用影响因素系数

历史使用影响因素系数为根据驾驶行为、充电行为和运行环境等因素进行评估所得的比例系数，依据车辆使用者出具的经过认定的电池数据或者车辆生产厂家、第三方监控平台等提供的电池运行数据求得，包括日均使用时间系数（L_1）、次均充电 SOC 系数（L_2）、快慢充比系数（L_3）、运行温度在 10 °C ~ 45 °C 的频次占比系数（L_4）。

历史使用影响因素系数最大值为1。如果不能提供该历史数据，系数应取0.9。

（1）日均使用时间系数（L_1）。

$$日均使用时间 = 车辆每日使用时间的平均值（T_{day}）$$

使用时间因素评分表见表9。

表 9 使用时间因素评分表

序号	日均使用时间	$T_{day} < 1\ h$	$1\ h ≤ T_{day} < 4\ h$	$T_{day} > 4\ h$
120	系数（L_1）	0.98	1.0	0.97

（2）次均充电 SOC 系数（L_2），参比最佳电池放电深度。

次均充电 SOC = 所有充电结束 SOC 与充电起始 SOC 之差的平均值。
次均充电 SOC 评分表见表 10。

表 10 次均充电 SOC 评分表

序号	次均充电 SOC	次均充电 SOC < 70%	次均充电 SOC ≥ 70%
121	系数（L_2）	1.0	0.98

（3）快慢充比系数（L_3），参比电池最佳充电倍率。

快慢充比 = 快充次数/慢充次数

快慢充比评分表见表 11。

表 11 快慢充比评分表

序号	快慢充比	快慢充比 < 0.5	0.5 ≤ 快慢充比 < 1	快慢充比 ≥ 1
122	系数（L_3）	1.0	0.98	0.95

（4）运行温度在 10 ℃ ~ 45 ℃ 的频次占比系数（L_4），参比电池最佳运行温度。

运行温度在 10 ℃ ~ 45 ℃ 的频次占比 = 温度在 10 ℃ ~ 45 ℃ 的运行时间/总的运行时间
运行温度频次占比评分表见表 12。

表 12 运行温度频次占比评分表

序号	运行温度在 0 ℃ ~ 45 ℃ 的频次占比	占比 > 60%	40% ≤ 占比 < 60%	占比 < 40%
123	系数（L_4）	1.0	0.98	0.95

历史运行数据影响因素系数计算公式为

$$L = L_1 \times L_2 \times L_3 \times L_4$$

3）综合性能评价值性
综合性能评价值计算方法为

$$R = E_s(C_s) \times L$$

按照表 13，根据性能综合评价值 R 对电池系统进行评分，总计 20 分。

表 13 电池系统综合性能评价值评分表

序号	性能综合评价值 R	R < 0.1	0.1 ≤ R < 0.2	0.2 ≤ R < 0.3	0.3 < R < 0.4	0.4 ≤ R < 0.5	0.5 < R < 0.6	0.6 ≤ R < 0.7	0.7 ≤ R < 0.8	0.8 < R < 0.9	R ≥ 0.9
124	综合性能评价值	0	3	6	8	10	12	14	16	18	20

6.2.6.3 电池质保评价

电池质保评分计算电池的剩余质保时间比和剩余质保里程比，取二者最小值作为评分依据。
电池质保评分 A 计算公式为

$$A = A_s \times 5 \text{（保留 1 位小数）}$$

其中，电池质保评分系数 A_s：$A_s = \mathrm{Min}(T_s, D_s)$，$A_s$ 取值为 T_s 和 D_s 中的较小值；
剩余质保时间比 T_s：$T_s = (T_{max} - T_c)/T_{max}$；如果 $T_c \geq T_{max}$，$T_s = 0$；

剩余质保里程比 D_s：$D_s = (D_{max} - D_c)/D_{max}$；如果 $D_c \geq D_{max}$，$D_s = 0$；
行驶里程（D_c）：车辆当前的行驶公里数；
电池质保里程（D_{max}）：厂家提供电池质保公里数；
电池使用时间（T_c）：车辆注册登记后的累计使用时间；
电池质保时间（T_{max}）：厂家提供电池质保时间。
电池质保评分表见表14。

表 14 电池质保评分表

序号	检查项目	分值
125	电池质保评价 A	

6.3 电机及控制器

6.3.1 采用目视方法对电机、控制器进行外观检查，并确认电机、控制器基本数据与原车辆生产厂家数据相一致，电机系统外观及高低压连接正常，电机无异响。

6.3.2 采用电脑解码器（整车诊断仪）读取电机系统数据，无电机系统故障报警。

6.3.3 检查评定方法

按表15对电机系统进行外观检查，检查序号126～135共10个项目，选择A不扣分，其中126～129项选择C扣5分，130～134项选择C扣1分，共计5分，扣完为止。

表 15 电机及控制器检查项目表

序号	检查项目	A	C
126	铭牌字迹和内容清楚，与出厂的基本数据一致	是	否
127	无起火痕迹	是	否
128	无腐蚀痕迹	是	否
129	无浸水痕迹	是	否
130	电机和控制器表面无碰伤、划痕	是	否
131	电机冷却系统无渗漏、损坏	是	否
132	电机系统插接件无异常（松动、脱落、变形、腐蚀）	是	否
133	电机系统高低压线束及防护无破损、腐蚀	是	否
134	驱动电机和控制器安全接地检查合格	是	否
135	其他（只描述缺陷，不扣分）		

6.4 驾驶舱

按表16要求检查序号136～158共23个项目。选择A不扣分，第136项选择C扣1.5分；第137、138、144项选择C扣0.5分；其余项目选择C扣1分。共计12分，扣完为止。

表 16 驾驶舱检查项目表

序号	检查项目	A	C
136	车内无水泡痕迹	是	否
137	车内后视镜完整、无破损	是	否
138	座椅完整、无破损	是	否
139	座椅调节功能	是	否

续表

序号	检查项目	A	C
140	座椅加热和通风	是	否
141	中控物理按钮	是	否
142	中控显示屏及触控外观	是	否
143	出风口无裂痕,配件无缺失	是	否
144	车内整洁、无异味	是	否
145	方向盘自由行程转角小于15°	是	否
146	车顶及周边内饰无破损、松动及裂缝和污迹	是	否
147	仪表台无划痕,配件无缺失	是	否
148	排挡把手柄及护罩完好、无破损	是	否
149	储物盒无裂痕,配件无缺失	是	否
150	天窗移动灵活、关闭正常	是	否
151	门窗密封条完整、功能正常	是	否
152	安全带结构完整、功能正常	是	否
153	驻车制动系统灵活有效	是	否
154	玻璃窗升降器、门窗工作正常	是	否
155	左、右后视镜折叠装置工作正常	是	否
156	气囊完整、功能正常	是	否
157	头枕完整、无破损	是	否
158	其他(只描述缺陷,不扣分)		

6.5 电控及仪表

按表17要求检查序号159~170共12个项目。选择A不扣分,第159、160项选择C扣1分;第161项选择C扣0.5分;第162~165项,选择C扣0.3分;第168、169项选择C扣5分。共计10分,扣完为止。

如检查第160项时发现仪表板指示灯显示异常或出现故障报警,则应查明原因,并在《新能源二手车鉴定评估报告》或《新能源二手车技术状况表》的技术状况缺陷描述中予以注明。

优先选用汽车解码器对车辆技术状况进行检测。

表17 电控及仪表检查项目表

序号	检查项目	A	C
159	车辆可正常上电(中控大屏和仪表点亮)	是	否
160	仪表板指示灯显示正常,无故障报警	是	否
161	各类灯光和调节功能正常	是	否
162	泊车辅助系统工作正常	是	否
163	制动防抱死系统(ABS)及各种扩展功能工作正常	是	否
164	空调系统风量、方向调节、分区控制、自动控制、制冷工作正常	是	否

续表

序号	检查项目	A	C
165	车载摄像头能够正常识别并显示	是	否
166	车载电话/音响系统可连接可工作	是	否
167	车载智能系统（中控大屏）开启正常，无死机/黑屏等故障	是	否
168	电机启动正常（需要使用举升机或将车轮架起）	是	否
169	电机无异响，空挡状态下逐渐增加电机转速，声音过渡无异响（需要使用举升机或将车轮架起）	是	否
170	其他（只描述缺陷，不扣分）		

6.6 路试

按表18要求检查序号171~180共10个项目，选择A不扣分，选择C扣2分。共计15分，扣完为止。

表18 路试检查项目表

序号	检查项目	A	C
171	动力系统正常，无报警无故障	是	否
172	加速、动能回收工作正常	是	否
173	行车制动系最大制动效能在踏板全行程的4/5以内达到（装有自动调整间隙装置）	是	否
174	行驶无跑偏	是	否
175	制动系统工作正常有效、制动不跑偏	是	否
176	行驶过程中车辆底盘部位无异响	是	否
177	行驶过程中车辆转向部位无异响	是	否
178	行驶过程中车辆电机部位无异响	是	否
179	行驶过程中电池电量和剩余里程正常递减无异常	是	否
180	其他（只描述缺陷，不扣分）		

如果检查第171项时发现动力系统故障，第175项制动系出现刹车距离长、跑偏等不正常现象，则应在《新能源二手车鉴定评估报告》或《新能源二手车技术状况表》的技术缺陷描述中予以注明，并提示修复前不宜使用。

路试要求：需要20分钟以上测试，至少在5 km行驶里程中，分别完成新能源二手车的起步、加速、匀速、减速、紧急制动等各种工况的检测，通过从低速到高速，从高速到低速的行驶，检查新能源二手车的操纵性能、制动性能、减震性能、加速性能、电机噪声、底盘噪声等情况，以鉴定新能源二手车的技术状况。路试测试也可以在底盘测功机上进行检测。

路试开始时间：_____年____月____日____时____分

路试结束时间：_____年____月____日____时____分

路试开始里程：_____km 路试结束里程：_____km

6.7 底盘

按表19要求检查序号181~196共16个项目。选择A不扣分，选择C时每个故障点扣1分；第195项选择C扣8分。其中底盘部分共计10分，扣完为止。

表 19　底盘检查项目表

序号	检查项目	A	C
181	转向节臂球销无松动	是	否
182	三角臂球销无松动	是	否
183	传动轴防尘套无渗漏、无破损	是	否
184	转向机无损坏	是	否
185	万向节球笼无损坏	是	否
186	减振器无渗漏、无损坏	是	否
187	减振弹簧无破损	是	否
188	上摆臂无损坏	是	否
189	下摆臂无损坏	是	否
190	后桥缓冲胶套、防尘套无破损	是	否
191	制动盘无破损，无异常磨损	是	否
192	制动片无破损，无异常磨损，厚度符合要求	是	否
193	制动油管路无破损、无渗漏	是	否
194	制动鼓无破损，无异常磨损	是	否
195	电池箱外防护装置无变形	是	否
196	其他（只描述缺陷，不扣分）		

6.8 功能性零部件

对表 20 中所示零部件进行序号 197～210 共 14 个项目检查，结构或功能损坏的，应在检测报告中进行缺陷描述。每个缺陷值扣 0.5 分。其中功能性零部件部分共计 3 分，扣完为止。

表 20　功能性零件检查项目表

序号	类别	零部件名称	序号	类别	零部件名称
197	随车附件	备胎	204	其他	机械式钥匙
198		千斤顶	205		遥控钥匙
199		轮胎扳手及随车工具	206		后备箱隔板
200		三角警示牌	207		汽车空调效果
201		灭火器	208		汽车音响品质
202		充电线缆或便携式随车充电器	209		制动液含水量
203		反光背心	210		防冻液冰点

6.9 拍摄车辆照片

车辆拍照表如表 21 所示，包含外观照片、驾驶舱照片、前机舱照片三类"标准照片"，以及缺陷部位带标尺的"附加照片"。

表 21 车辆拍照表

序号	具体部位	照片类别
1	正前视图	外观照片
2	正后视图	外观照片
3	左前 45°	外观照片
4	右后 45°	外观照片
5	充电接口及规格	外观照片
6	底盘	外观照片
7	前机舱	前机舱照片
8	前排座椅	驾驶舱照片
9	仪表盘	驾驶舱照片
10	后排座椅	驾驶舱照片
11	中控台	驾驶舱照片
12	铭牌	驾驶舱照片
13	缺陷部位附加照片	附加照片

7 新能源二手车鉴定评估机构经营管理

（1）有规范的名称、组织机构、固定场所和章程，遵守国家有关法律、法规及行规行约，客观公正地开展二手车鉴定评估业务。

（2）在经营场所明显位置悬挂二手车鉴定评估机构核准证书和营业执照等证照，公示新能源二手车鉴定评估流程和收费标准。

（3）新能源二手车鉴定评估人员应严格遵守职业道德、职业操守和执业规范。

（4）开展新能源二手车鉴定评估活动应坚持客观、独立、公正、科学的原则，按照关联回避原则，回避与本机构、评估人有关联的当事人委托的鉴定评估业务。

（5）建立质量管理体系，评估师及专业人员培训考核制度。确保鉴定评估人员职业素质和鉴定评估工作质量。

（6）建立和完善新能源二手车鉴定评估档案制度，并根据委托书的要求做好相关保密工作。

（7）合理确定适宜的建档内容、档案查阅范围和保管期限。

（8）制定安全作业规范程序文件，参与鉴定评估人员须持有国家安全生产监督管理总局颁发的特种作业操作证（低压电工作业），严格遵守电工操作规程。

（9）准备相应的电器检测设施、设备，妥善保管，定期检查与维护。

附录 A 新能源纯电动二手车鉴定评估作业表（示范文本）

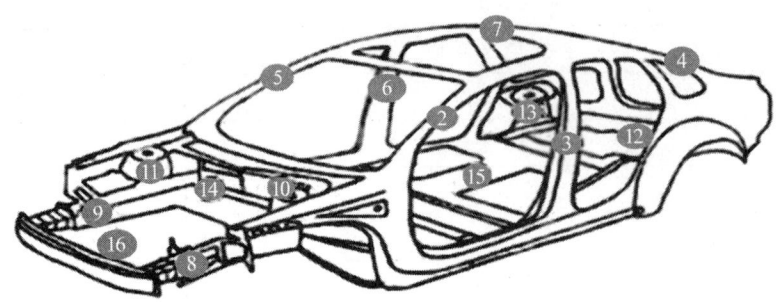

2—左 A 柱；3—左 B 柱；4—左 C 柱；5—右 A 柱；6—右 B 柱；7—右 C 柱；8—左纵梁；9—右纵梁；10—左减振器悬挂部位；11—右减振器悬挂部位；12—左后减振器悬挂部位；13—右后减震器悬挂部位；14—前围板部分；15—车底板部位；16—水箱框架部位。

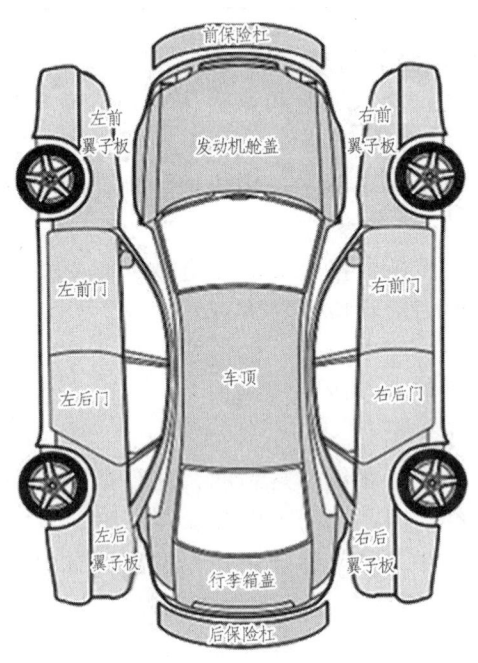

流水号：　　　　　　　　　　　　　　　　　　鉴定评估日：　　　年　　月　　日

品牌型号		行驶里程	表显	km
号牌号码			推定	km
VIN码		车身颜色		
电动机号		车主姓名/名称		
电池类型		电池额定电量		
使用性质	□营运用车　□出租车　□公务用车　□家庭用车　□其他			
车辆生产厂家				
法人代码/身份证号码		注册日期	年　月　日	
		发证日期	年　月　日	
年检证明	□有（至_年_月）□无	车船税证明	□有（至_年_月）□无	
交强险	□有（至_年_月）□无	购置税证书	□有　□无	
其他法定凭证/证书	□号牌号码　□行驶证　□登记证书　□保险单　□其他			
是否为事故车	□否　□是	损伤位置及损伤状况		
车辆主要技术缺陷描述				
总得分				
估价方法				
参考价值				
评估师（签章）				
评估师证号				
审核人（签章）				
二手车鉴定评估结论				

　　　　　　　　　　　　　　　　　　　　　　　　　　　评估单位名称（盖章）

序号	车体骨架检查（17项）				
1	车体左右对称性				
2	左A柱		10	左前减振器悬挂部位	
3	左B柱		11	右前减振器悬挂部位	
4	左C柱		12	左后减振器悬挂部位	
5	右A柱		13	左后减振器悬挂部位	
6	右B柱		14	前围板部位	
7	右C柱		15	车底板部位	
8	左前纵梁		16	水箱框架部位（非拆卸式）	
9	右前纵梁		17	其他（只描述缺陷，不扣分）	
代表字母	BX	NQ	GH	SH	ZZ
缺陷描述	变形	扭曲	更换	烧焊	褶皱
车体骨架缺陷描述					
事故判定			□事故车	□正常车	

序号	车身外观检查（89项）	扣分	缺陷描述	序号	车身外观检查（89项）	扣分
18	车顶			40	右后车门	
19	车顶密封条			41	左前车窗玻璃	
20	天窗		划痕 HH 变形 BX 锈蚀 XS 裂纹 LW 凹陷 AX 修复痕迹 XF	42	右前车窗玻璃	
21	左侧底大边			43	左后车窗玻璃	
22	右侧底大边			44	右后车窗玻璃	
23	左A柱			45	左前门锁	
24	右A柱			46	右前门锁	
25	左B柱			47	左后门锁	
26	右B柱			48	右后门锁	
27	左C柱			49	左前车门密封条	
28	右C柱			50	右前车门密封条	
29	左前翼子板		缺陷程度	51	左后车门密封条	
30	右前翼子板			52	右后车门密封条	
31	左后翼子板			53	左前车窗玻璃密封条	
32	右后翼子板		1—面积≤100 mm×100 mm； 2—100 mm×100 mm<面积≤200 mm×300 mm； 3—面积>200 mm×300 mm； 4—轮胎花纹深度<1.6 mm	54	右前车窗玻璃密封条	
33	左前翼子板内衬			55	左后车窗玻璃密封条	
34	右前翼子板内衬			56	右后车窗玻璃密封条	
35	左后翼子板内衬			57	左前车门外拉手	
36	右后翼子板内衬			58	右前车门外拉手	
37	左前车门			59	左后车门外拉手	
38	右前车门			60	右后车门外拉手	
39	左后车门			61	左前车门铰链	

续表

序号	车身外观检查（89项）	扣分	缺陷描述	序号	车身外观检查（89项）	扣分
62	右前车门铰链			85	行李箱盖	
63	左后车门铰链			86	行李箱盖铰链	
64	右后车门铰链			87	行李箱密封条	
65	左前减振器支撑座		划痕 HH	88	行李箱锁	
66	右前减振器支撑座		变形 BX	89	行李箱外拉手	
67	左后减振器支撑座		锈蚀 XS	90	左后视镜	
68	右后减振器支撑座		裂纹 LW	91	右后视镜	
69	前风窗玻璃		凹陷 AX	92	左前轮毂	
70	后风窗玻璃		修复痕迹 XF	93	右前轮毂	
71	前风窗玻璃密封条			94	左后轮毂	
72	后风窗玻璃密封条			95	右后轮毂	
73	前雨刷片		缺陷程度	96	左前轮毂罩	
74	后雨刷片			97	右前轮毂罩	
75	前雨刷器摆臂			98	左后轮毂罩	
76	后雨刷器摆臂		1—面积≤100 mm×100 mm；	99	右后轮毂罩	
77	前保险杠		2—100 mm×100 mm＜面积≤200 mm×300 mm；	100	左前轮胎	
78	后保险杠			101	右前轮胎	
79	车标			102	左后轮胎	
80	前机舱盖		3—面积＞200 mm×300 mm；	103	右后轮胎	
81	前机舱盖锁止开关		4—轮胎花纹深度＜1.6 mm	104	备胎支架	
82	前机舱盖铰链			105	充电接口及护盖	
83	前机舱盖密封条			106	其他（只描述缺陷，不扣分）	
84	前机舱盖支撑杆					
小计						

序号	电池系统外观检查（12项）		扣分
107	电池铭牌与出厂的基本数据一致	是	否
108	无起火痕迹	是	否
109	无腐蚀痕迹	是	否
110	无浸水痕迹	是	否
111	电池箱是原厂配件	是	否
112	电池箱固定件无松动、破损	是	否
113	电池冷却系统无渗漏、损坏	是	否
114	电池系统插接件无异常（松动、脱落、变形、腐蚀）	是	否
115	直流充电插座无异常（松动、脱落、变形、腐蚀）	是	否
116	交流充电插座无异常（松动、脱落、变形、腐蚀）	是	否

续表

序号	电池系统外观检查（12项）			扣分
117	电池高低压线束及防护无破损、腐蚀	是	否	
118	其他（只描述缺陷，不扣分）			
小计				

序号	电池系统综合性能评价（6项）	分值
119	电量（容量）可用状态（E_S/C_S）	
120	日均使用时间系数（L_1）	
121	次均充电SOC系数（L_2）	
122	快慢充比系数（L_3）	
123	运行温度超过10～45 ℃的频次占比（L_4）	
124	电池系统综合性能评价值	

序号	电池系统质保评价（1项）	分值
125	电池质保评价A	
小计		

序号	电机及控制器检查（10项）			扣分
126	铭牌字迹和内容清楚，与出厂的基本数据一致	是	否	
127	无起火痕迹	是	否	
128	无腐蚀痕迹	是	否	
129	无浸水痕迹	是	否	
130	电机和控制器表面无碰伤、划痕	是	否	
131	电机冷却系统无渗漏、损坏	是	否	
132	电机系统插接件无异常（松动、脱落、变形、腐蚀）	是	否	
133	电机系统高低压线束及防护无破损、腐蚀	是	否	
134	铭牌字迹和内容清楚，与出厂的基本数据一致	是	否	
135	其他（只描述缺陷，不扣分）			
小计				

序号	驾驶舱检查（23项）			扣分
136	车内无水泡痕迹	是	否	
137	车内后视镜完整、无破损	是	否	
138	座椅完整、无破损	是	否	
139	座椅调节功能	是	否	
140	座椅加热和通风	是	否	
141	中控物理按钮	是	否	
142	中控显示屏及触控外观	是	否	
143	出风口无裂痕，配件无缺失	是	否	

续表

序号	驾驶舱检查（23项）			扣分
144	车内整洁、无异味	是	否	
145	方向盘自由行程转角小于15°	是	否	
146	车顶及周边内饰无破损、松动及裂缝和污迹	是	否	
147	仪表台无划痕，配件无缺失	是	否	
148	排挡把手柄及护罩完好、无破损	是	否	
149	储物盒无裂痕，配件无缺失	是	否	
150	天窗移动灵活、关闭正常	是	否	
151	门窗密封条完整、功能正常	是	否	
152	安全带结构完整、功能正常	是	否	
153	驻车制动系统灵活有效	是	否	
154	玻璃窗升降器、门窗工作正常	是	否	
155	左、右后视镜折叠装置工作正常	是	否	
156	气囊完整、功能正常	是	否	
157	头枕完整、无破损	是	否	
158	其他（只描述缺陷，不扣分）			
小计				

序号	电控及仪表检查（12项）			扣分
159	车辆可正常上电（中控大屏和仪表点亮）	是	否	
160	仪表板指示灯显示正常，无故障报警	是	否	
161	各类灯光和调节功能正常	是	否	
162	泊车辅助系统工作正常	是	否	
163	制动防抱死系统（ABS）及各种扩展功能工作正常	是	否	
164	空调系统风量、方向调节、分区控制、自动控制、制冷工作正常	是	否	
165	车载摄像头能够正常识别并显示	是	否	
166	车载电话/音响系统可连接可工作	是	否	
167	车载智能系统（中控大屏）开启正常，无死机黑屏等故障	是	否	
168	电机启动正常（需要使用举升机或将车轮架起）	是	否	
169	电机无异响，空挡状态下逐渐增加电机转速，声音过渡无异响（需要使用举升机或将车轮架起）	是	否	
170	其他（只描述缺陷，不扣分）			
小计				

序号	路试检查（10项）			扣分
171	动力系统正常，无报警无故障	是	否	
172	加速、动能回收工作正常	是	否	
173	行车制动系最大制动效能在踏板全行程的 4/5 以内达到（装有自动调整间隙装置）	是	否	

续表

序号	驾驶舱检查（23项）			扣分
174	行驶无跑偏	是	否	
175	制动系统工作正常有效、制动不跑偏	是	否	
176	行驶过程中车辆底盘部位无异响	是	否	
177	行驶过程中车辆转向部位无异响	是	否	
178	行驶过程中车辆电机部位无异响	是	否	
179	行驶过程中电池电量和剩余里程正常递减无异常	是	否	
180	其他（只描述缺陷，不扣分）			
小计				

序号	底盘检查（16项）			扣分
181	转向节臂球销无松动	是	否	
182	三角臂球销无松动	是	否	
183	传动轴防尘套无渗漏、无破损	是	否	
184	转向机无损坏	是	否	
185	万向节球笼无损坏	是	否	
186	减振器无渗漏、无损坏	是	否	
187	减振弹簧无破损	是	否	
188	上摆臂无损坏	是	否	
189	下摆臂无损坏	是	否	
190	后桥缓冲胶套、防尘套无破损	是	否	
191	制动盘无破损，无异常磨损	是	否	
192	制动片无破损，无异常磨损，厚度符合要求	是	否	
193	制动油管路无破损、无渗漏	是	否	
194	制动鼓无破损，无异常磨损	是	否	
195	电池箱外防护装置无变形	是	否	
196	其他（只描述缺陷，不扣分）			
小计				

序号	功能性零部件检查（14项）			扣分
197	备胎	是	否	
198	千斤顶	是	否	
199	轮胎扳手及随车工具	是	否	
200	三角警示牌	是	否	
201	灭火器	是	否	
202	充电线缆或便携式随车充电器	是	否	
203	反光背心	是	否	
204	机械式钥匙	是	否	
205	遥控钥匙	是	否	
206	后备箱隔板	是	否	
207	汽车空调效果	是	否	
208	汽车音响品质	是	否	
209	制动液含水量	是	否	
210	防冻液冰点	是	否	
小计				

附录 B 新能源纯电动二手车技术状况表（示范文本）

	品牌型号		号牌号码	
	电动机号		VIN 码	
	注册日期	年　　月　　日	发证日期	年　　月　　日
	总质量/座位		表显里程	万千米
车辆基本信息	车辆类型	□国产 □进口	车身颜色	
	年检证明	□有（至_年_月）□无	购置税证书	□有　□无
	车船税证明	□有（至_年_月）□无	交强险	□有（至_年_月）□无
	使用性质	□营运用车　□出租车　□公务用车　□家庭用车　□其他		
	车辆生产厂家			
	其他法定、凭证、证明	□机动车号牌　□机动车行驶证　□机动车登记证书 □第三者强制保险单　□其他		
	车主名称/姓名		企业法人证书代码/ 身份证号码	
	系统额定电量		剩余最大电量/%	
重要配置	电池系统品牌		电机功率	
	安全气囊		ABS	□有　□无
	助力转向		ESP	□有　□无
	其他重要配置			
是否为事故车	□是□否	损伤位置及损伤状况		
鉴定结果	分值		技术状况等级	
	鉴定科目	鉴定结果（得分）	缺陷描述	
	车身外观检查			
	电池系统检查			
车辆技术状况鉴定缺陷描述	电机及控制器检查			
	驾驶舱检查			
	电控及仪表检查			
	路试检查			
	底盘检查			
	功能性零部件检查			

声明：

本新能源二手车技术状况表所体现的鉴定结果仅为鉴定日期当日被鉴定车辆的技术状况表现与描述，若在当日内被鉴定车辆的市场价值或因交通事故等原因导致车辆的价值发生变化，对车辆鉴定结果产生明显影响时，本技术状况鉴定说明书不作为参考依据。

说明：

本新能源二手车技术状况表由二手车经销企业、拍卖企业、经纪企业使用，作为新能源二手车交易合同的附件。车辆展卖期间，放置在驾驶室前风挡玻璃左下方，供消费者参阅。

新能源二手车（纯电动）鉴定评估师：_____   鉴定单位：（盖章）

鉴定日期：_____年_____月_____日

附录 C 新能源纯电动二手车鉴定评估委托书（示范文本）

委托书编号：_____
法人代码证（身份证）号：_____ 委托方名称（姓名）：_____
鉴定评估机构名称：_____ 法人代码证：_____
委托方地址：_____
鉴定评估机构地址：_____ 联系人：_____ 电话：_____

因 □交易 □典当 □拍卖 □置换 □抵押 □担保 □咨询 □司法裁决需要，委托人与受托人达成委托关系，对号牌号码为_____，车辆类型为_____，车架号（VIN 码）为_____，电动机号为_____的车辆进行技术状况鉴定并出具评估报告书，_____年____月____日前完成。

委托评估车辆基本信息：

车辆情况	品牌型号			使用用途	□营运 □非营运
	总质量/座位			车身颜色	
	电池类型	□三元锂 □磷酸铁锂 □其他		电池额定电量	
	注册日期	年　月　日		发证日期	年　月　日
	使用性质	□营运用车 □出租车 □公务用车 □家庭用车 □其他			
	车辆生产厂家				
	已使用年限	____年____月		累计行驶里程/万千米	
	大修次数	电池系统/次		整车/次	
	维修情况				
	事故情况				
价值反映	购置日期	年　月　日		原始价格/元	
备注：					

受托方：（签字、盖章）　　　　　　　　　　委托方：（签字、盖章）
（二手车鉴定评估机构盖章）
_____年____月____日　　　　　　　　　　____年____月____日

备注：
① 委托方保证所提供的资料客观真实，并负法律责任。
② 仅对车辆进行鉴定评估。
③ 评估依据：GB 7258《机动车运行安全技术条件》、GB/T 30323《二手车鉴定评估技术规范》、

T/CADA 17—2020《新能源乘用车二手车鉴定评估技术规范》等。

④ 评估结论仅对本次委托有效,不可作其他用途。

⑤ 鉴定评估人员与有关当事人没有利害关系。

⑥ 委托方如对评估结论有异议,可于收到《新能源纯电动二手车鉴定评估报告》之日起 10 日内向受托方提出,受托方应给予解释。

附录 D 新能源纯电动二手车鉴定评估报告（示范文本）

××××鉴定评估机构评报字（20　年　第×××号）

一、绪言

_____（鉴定评估机构）接受_____的委托，根据国家有关评估及《二手车流通管理办法》和《新能源乘用车二手车鉴定评估技术规范》的规定，本着客观、独立、公正、科学的原则，按照公认的评估方法，对号牌号码为_____车辆进行了鉴定。本机构鉴定评估人员按照必要的程序，对委托鉴定评估的车辆进行了实地查勘与市场调查，并对其在_____年_____月_____日所表现的市场价值作出了公允反映。现将该车辆鉴定评估结果报告如下：

二、委托方信息

委托方：_____　　委托方联系人：_____
联系电话：_____　　车主姓名/名称：（填写机动车登记证书所示的名称）

三、鉴定评估基准

_____年_____月_____日

四、鉴定评估车辆信息

品牌型号：_____　　号牌号码：_____
发动机号（电动机号）：_____　车辆VIN码：_____
车辆生产厂家：_____
车身颜色：_____　　表显里程：_____万千米
注册日期：_____年____月____日　　发证日期：_____年____月____日
年审检验合格至：_____年____月　　交强险截止日期：_____年____月____日
车船税截止日期：_____年____月
是否查封、抵押车辆：□是 □否　　车辆购置税（费）证：□有 □无
机动车行驶证：□有 □无　　　　机动车登记证书：□有 □无
未接受处理的交通违法记录：□有 □无
使用性质：□公务用车 □家庭用车 □营运用车 □出租车 □其他：_____

五、技术鉴定结果

技术状况缺陷描述：_____
_____
重要配置及参数信息：_____
_____
技术状况鉴定等级：_____　　等级描述：_____

六、价值评估

价值估算方法：☐现行市价法　☐重置成本法　☐其他_____
价值估算结果：车辆鉴定评估价值为人民币_____元，金额大写：_____

七、特别事项说明

特别事项是指在已确定鉴定评估结果的前提下，鉴定评估人员认为需要说明在鉴定过程中已发现可能影响鉴定评估结论，但非鉴定评估人员执业水平和能力所能鉴定评定估算的有关事项以及其他问题。

八、鉴定评估报告法律效力

本鉴定评估结果可以作为作价参考依据。本项鉴定评估结论有效期为90天，自鉴定评估基准日至____年___月____日止。

九、声明

（1）本鉴定评估机构对该鉴定评估报告承担法律责任；
（2）本报告所提供的车辆评估价值为评估基准日的价值；
（3）该鉴定评估报告的使用权归委托方所有，其鉴定评估结论仅供委托方为本项目鉴定评估目的使用和送交二手车鉴定评估主管机关审查使用，不适用于其他目的，否则本鉴定评估机构不承担相应法律责任；因使用本报告不当而产生的任何后果与签署本报告书的鉴定评估人员无关；
（4）本鉴定评估机构承诺，未经委托方许可，不将本报告的内容向他人提供或公开，否则本鉴定评估机构将承担相应法律责任。

附件：
（1）新能源纯电动二手车鉴定评估委托书；
（2）新能源纯电动二手车鉴定评估作业表；
（3）机动车行驶证、机动车登记证书证复印件；
（4）被鉴定评估新能源二手车照片（要求外观清晰，车辆牌照能够辨认）。

新能源二手车（纯电动）鉴定评估师（签字、盖章）　　　　　　　复核人（签字、盖章）
_____年____月____日　　　　　　　　　　　　　　　　　　　　　　　_____年____月____日
　　　　　　　　　　　　　　　　　　　　　　　　　　　　　　　　（二手车鉴定评估机构盖章）
　　　　　　　　　　　　　　　　　　　　　　　　　　　　　　　　_____年____月____日

备注：
① 本报告书和作业表一式三份，委托方二份，受托方一份；
② 鉴定评估基准日即为《新能源纯电动二手车鉴定评估委托书》签订的日期。

附录四 机动车鉴定评估师国家职业技能标准

扫码阅读

参考文献

[1] 吴兴敏. 二手车鉴定与评估[M]. 3版. 北京：人民邮电出版社，2019.

[2] 刘宁，孙丽. 二手车鉴定评估与交易[M]. 济南：山东大学出版社，2022.

[3] 郑锦汤，蔡兴旺. 新能源汽车结构与维修[M]. 3版. 北京：北京工业出版社，2023.

[4] 陈高翔，陈明旭. 二手车盈利宝典：评估·采购·销售实战全解[M]. 北京：机械工业出版社，2023.

[5] 王丽姐. 二手车鉴定与评估[M]. 上海：上海交通大学出版社，2016.

[6] 李俊亚，孙焕新. 新能源汽车技术[M]. 上海：上海交通大学出版社，2015.

[7] 张飞. 二手车鉴定与评估[M]. 北京：机械工业出版社，2017.

[8] 卞良勇. 二手车鉴定与评估[M]. 北京：人民交通出版社，2018.